区块链+技术与实践

主　编　王小峰　施珍妮　申屠青春
副主编　冯晓奇　丘奂阳　张毅俊　陈　浩

清华大学出版社

北　京

内 容 简 介

  市场上一直缺乏介绍区块链技术与开发实践的系统性教材，本书旨在为读者提供学习区块链基础技术和开发实践的捷径，希望本书能够给读者带来帮助。"让学习层次变得更宏观，让学习过程变得更轻松，让学习所获变得更通用"是本书的编写理念与特色。本书首先剖析了区块链的技术与哲学本质，介绍了区块链的三个重要发展阶段；然后系统讲解了区块链技术的基本组成与通用学习方法；最后展开实战应用，包括数据防篡改解决医患纠纷，去中心化、中介化协同的智慧应用等非常有趣且有现实社会意义的内容。

  本书适合作为相关专业本科和研究生教材，也适合作为信息系统、计算社会科学研究者的自学书籍。

本书封面贴有清华大学出版社防伪标签，无标签者不得销售。
版权所有，侵权必究。举报：010-62782989，beiqinquan@tup.tsinghua.edu.cn。

图书在版编目(CIP)数据

区块链+技术与实践 / 王小峰，施珍妮，申屠青春主编. —北京：清华大学出版社，2022.1
ISBN 978-7-302-59545-8

Ⅰ.①区… Ⅱ.①王… ②施… ③申… Ⅲ.①区块链技术－研究 Ⅳ.①F713.361.3

中国版本图书馆 CIP 数据核字(2021)第 229972 号

责任编辑：王　定
封面设计：周晓亮
版式设计：思创景点
责任校对：成凤进
责任印制：宋　林

出版发行：清华大学出版社
　　　　　网　　址：http://www.tup.com.cn，http://www.wqbook.com
　　　　　地　　址：北京清华大学学研大厦 A 座　　　邮　编：100084
　　　　　社 总 机：010-62770175　　　　　　　　　　邮　购：010-62786544
　　　　　投稿与读者服务：010-62776969，c-service@tup.tsinghua.edu.cn
　　　　　质 量 反 馈：010-62772015，zhiliang@tup.tsinghua.edu.cn
印 装 者：小森印刷霸州有限公司
经　　销：全国新华书店
开　　本：185mm×260mm　　　印　张：15.75　　　字　数：364 千字
版　　次：2022 年 2 月第 1 版　　印　次：2022 年 2 月第 1 次印刷
定　　价：59.80 元

产品编号：083706-01

编 写 组

主　编：王小峰　　施珍妮　　申屠青春

副主编：冯晓奇　　丘奂阳　　张毅俊　　陈　浩

编　者：陈威宇　　黄登尧　　岳公正　　陈　亮

基金支持：

国家社会科学基金(20BGL218)

教育部人文社会科学研究规划青年基金(19C10590013)

中国博士后科学基金(2016M602370)

广东省哲学社会科学基金(GD18CGL12)

前　　言

随着互联网、大数据、人工智能、区块链等技术的发展，科学技术已经不再只是人类社会的生活背景，而是真正关系到人类整体的生存与发展。多学科相结合，以各学科的视角和专业背景促进人类的自由与科学发展，是科研工作者在当今时代最重要的研究课题，这反映在人文社会科学领域即哲学社会科学。

2019年10月24日，习近平总书记在中央政治局第十八次集体学习时强调："区块链技术的集成应用在新的技术革新和产业变革中起着重要作用。我们要把区块链作为核心技术自主创新的重要突破口，明确主攻方向，加大投入力度，着力攻克一批关键核心技术，加快推动区块链技术和产业创新发展。"科技的发展影响着国家的前途和命运，同样关乎人民健康生活的福祉。总书记指出，要探索"区块链+"在民生领域的运用，积极推动区块链技术在教育、就业、养老、精准脱贫、医疗健康、商品防伪、食品安全、公益、社会救助等领域的应用，为人民群众提供更加智能、更加便捷、更加优质的公共服务。

笔者从事计算机领域的教学与开发工作十余年，转型并进入深圳大学新闻与传播学院(人文社会科学领域)任教，具有跨学科的背景。笔者在教学、科研上经历各种"水土不服"的阵痛，也在梳理人文社科、自然哲学的脉络关系的过程中得到了"让世界在内心中逐渐合理起来"的哲学愉悦，或是出于心血来潮，或是仅为满足个人教学科研的需要，在参考技术资料及科研实践之余，基于近年来对人文社科、自然哲学的统一思考编写了此书。

本书首先深入浅出地阐述了什么是区块链。

区块链究竟是什么？狭义地说，区块链是比特币的底层技术。不过，区块链经过近几年的发展，已经成为一种独立的革命性技术，而比特币正是区块链的最大、最成功的应用。

从技术层面来看，区块链是一个基于共识机制、去中心化的公开数据库。共识机制是指在分布式系统中保证数据一致性的算法；去中心化是指所有参与区块链的节点都是权力对等的，没有高低之分，同时也指所有人可以平等、自由地参与区块链网络，唯一的限制就是个人自己的选择；公开数据库意味所有人都可以看到过往的区块和交易，没法造假和改写。因此，我们可以总结如下：区块链是由许多对等节点组成，通过共识算法保证区块数据和交易数据的一致性，从而形成的一个分布式账本。

从价值层面来看，区块链是一个价值互联网，可用于传递价值。目前的互联网仅用来传递消息，但是不能可靠地传递价值；而比特币区块链却可以在全球范围内自由地传递比特币(比特币本身是否有价值尚有争议)，并且保证不被双花、不被冒用。从这个角度来说，区块链是记录价值传递消息和价值本身转移的一个可信账本。

本书还梳理出区块链技术发展的三个阶段：比特币系统、以太坊系统、Fabric联盟技术框架，并分别进行深入阐述。

2009年1月3日，以比特币为代表的产品横空出世，区块链技术初次得到关注。在此阶段，除了比特币产品，区块链技术没有通用技术框架，不能进行泛化开发。2013年年底，Vitalik Buterin发布并推出了名为以太坊的开源的区块链底层系统，像安卓系统一样，以太坊提供了非常丰富的API和接口，任何人都能在区块链上实现智能合约并快速开发出各种各样的去中心化应用。2015年以来，随着以比特币和以太坊为代表的公有链技术平台、以R3 Corda为代表的私有链平台和联盟区块链的代表作品Hyperledger名下的Fabric等技术与平台的推出，人们逐渐认识到区块链技术其实是一种社会化编程技术。其中，联盟区块链是一种实现创新社会治理的重要技术手段。

本书所有案例均基于实际科研项目，两个经典项目分别致力于解决医患纠纷(数据的绝对不可篡改；笔者的教育部人文社科青年基金立项项目，已完成，书中做了完整介绍)、智慧医疗(数字处方的链上流转；笔者的国家社科基金立项项目，在研，书中做了部分介绍)。在这些工作与科研的基础上，笔者正着手与深圳市司法局、深圳市特区建设发展集团等单位合作，建设基于区块链的智慧法智园区(跨部门去中心化、去中介化数据协同，筹建，预研)，这些实际应用不仅能极大地提升读者的学习兴趣，也给读者进行科研工作的社会实践提供了重要借鉴。

本书的编写分工情况具体如下：深圳大学传播学院网络新媒体系王小峰副教授(计算机博士、公共管理博士后)、武汉大学政治与公共管理学院施珍妮博士、银联科技CEO申屠青春先生(投票链创始人、金链盟常务副秘书长)负责全书的规划设计、主编与统稿。施珍妮博士编写了第1章和附录，并协助申屠青春博士整理编写了第2章；深圳市卫生健康发展研究和数据管理中心宣传合作部冯晓奇部长、深圳市妇幼保健院信息部丘奂阳主任、深圳市眼科医院设备科张毅俊主任、深圳市中山大学第八附属医院信息部陈浩主任四位副主编负责编写第3~5章；湖南文理学院岳公正教授(新加坡世界科技产业化研究院执行院长)和东莞市卓智知识产权服务有限公司陈亮总经理编写了第6章；深圳市特区建设发展集团运营部陈威宇部长和信息中心黄登尧主任参与了全书的资料收集和部分章节的撰写，并提出了"区块链+司法"的计算社会框架原型。

本书免费提供教学课件、程序源代码，读者可扫二维码获取。

　　教学课件　　　　　程序源代码

由于作者水平有限，本书难免存在遗漏，敬请读者批评与指正，我们将在后续的工作中不断调整、改进并推出修订版本。

深圳大学王小峰
2021年10月30日夜
于深圳市福田区安托山

目 录

第 1 章 区块链技术概述 ············· 1
1.1 区块链 1.0：数字货币带来的
      启示 ························· 1
   1.1.1 数字是如何成为货币的 ······ 2
   1.1.2 区块和区块链的由来 ········ 6
1.2 区块链 2.0：区块链开发
      框架 ························ 10
   1.2.1 以太坊的通俗介绍 ········· 10
   1.2.2 智能合约的定义、原理与
           应用场景 ················ 13
1.3 区块链 3.0：数据主权与可
      编程信任社会 ················ 15
   1.3.1 数据主权与可编程信任
           社会 ···················· 15
   1.3.2 超级账本开源子项目 Fabric ··· 15
   1.3.3 Fabric 的数据一致性共识
           算法 ···················· 16
1.4 区块链的定义与模型 ········· 18
   1.4.1 区块链的通用定义 ········· 18
   1.4.2 区块链基础架构的 6 层
           模型 ···················· 19
总结与提高 ························· 21
习题 ······························· 21

第 2 章 区块链 1.0：比特币区块链
         开发 ······················ 22
2.1 bitcoind 客户端的编译过程 ····· 22
   2.1.1 Ubuntu 下的实验环境准备 ··· 22
   2.1.2 Ubuntu 下获得 bitcoind
           源代码 ·················· 23
   2.1.3 Ubuntu 下编译 bitcoind ···· 24

   2.1.4 兼容和切换编译器版本 ······ 24
2.2 交易的本质与执行 ············ 25
   2.2.1 比特币地址 ·············· 25
   2.2.2 交易的本质 ·············· 27
   2.2.3 bitcoin 的脚本系统 ········ 27
2.3 bitcoind 源代码剖析 ············ 30
   2.3.1 主要模块 ················ 31
   2.3.2 初始化和启动 ············ 33
   2.3.3 P2P 网络 ················ 34
   2.3.4 交易和区块 ·············· 42
   2.3.5 脚本系统 ················ 42
   2.3.6 挖矿 ···················· 44
   2.3.7 私钥 ···················· 46
2.4 修改源代码实战 ·············· 46
   2.4.1 建立私链 ················ 46
   2.4.2 优化改进 ················ 49
2.5 通过命令行或 API 与 bitcoind
      交互 ························ 50
   2.5.1 命令行调用 ·············· 50
   2.5.2 RPC API 调用 ············ 50
2.6 挖矿、矿机、矿场和矿池 ······ 50
   2.6.1 挖矿就是区块产生的过程 ···· 51
   2.6.2 挖矿难度 ················ 53
   2.6.3 矿机、矿场与矿池的区别 ···· 56
总结与提高 ························· 58
习题 ······························· 59

第 3 章 区块链 2.0：以太坊技术
         与实践 ···················· 60
3.1 以太坊概述 ·················· 60
   3.1.1 以太坊是通用的去中心化
           应用开发框架 ············ 60

3.1.2 以太坊，可编程的世界
电脑 ·················· 62
3.1.3 以太坊如何工作 ·········· 63
3.2 以太坊的运行原理和技术
实践 ························ 64
3.2.1 以太坊的运行原理 ········ 64
3.2.2 以太坊的技术实践 ········ 66
3.3 使用 NodeJS 开发基于以太坊
的 DApp ···················· 70
3.3.1 基于 Web3.js 的投票 DApp 的
项目规划 ················ 70
3.3.2 从零开始实现一个投票
DApp ·················· 71
3.3.3 一个有委托功能的投票
DApp ·················· 83
3.4 使用 truffle 开发 DApp
案例实战 ···················· 87
3.4.1 安装 truffle 和依赖环境 ····· 88
3.4.2 一个 DApp demo ········· 88
总结与提高 ························ 90
习题 ····························· 91

第 4 章 区块链 3.0：Fabric 技术
原理 ··················· 92
4.1 Fabirc 是一种社会编程框架 ···· 92
4.1.1 从宏观上理解区块链 1.0、2.0、
3.0 ···················· 92
4.1.2 超级账本 Hyperledger 的
项目背景 ················ 93
4.1.3 Fabric 是 Hyperledger 最重要
的子项目 ················ 95
4.2 Fabric 1.0 的基础架构 ········ 95
4.2.1 区块链数据结构 ·········· 96
4.2.2 交易 ·················· 97
4.2.3 节点 ·················· 97
4.3 交易背书的基本流程 ········ 100
4.3.1 客户端创建交易后发送给它
选择的背书节点 ········· 101

4.3.2 背书节点模拟交易，然后
生成背书签名 ··········· 102
4.3.3 提交客户端获取交易的背书，
通过排序服务广播 ······· 103
4.3.4 排序服务投递交易消息给
所有节点 ·············· 103
总结与提高 ······················· 104
习题 ···························· 105

第 5 章 Fabric 联盟区块链技术实践
——联盟区块链+电子病历
实现医患纠纷治理 ······· 106
5.1 项目概述 ················· 106
5.1.1 项目的意义 ············· 106
5.1.2 确定项目技术总体方案 ···· 107
5.2 医疗纠纷治理系统设计与
基础资源建立 ·············· 109
5.2.1 医院院内医疗业务数据
流程梳理 ·············· 110
5.2.2 医疗纠纷调研分析 ······· 110
5.2.3 技术架构与方案设计 ····· 111
5.2.4 基础系统资源的建立
与分配 ················ 114
5.3 基于 Fabric 架设电子病历
区块链分布式网络 ··········· 118
5.3.1 基础环境配置 ··········· 119
5.3.2 组建 Fabric 联盟区块链
集群网络 ·············· 122
5.3.3 RPC 调用 Fabric 操作区块链
程序 ·················· 128
5.4 查询与比对系统的设计与
治理实现 ·················· 130
5.4.1 数据采集系统的技术
实现 ·················· 133
5.4.2 数据上链系统的技术
实现 ·················· 137
5.4.3 查询与对比治理系统的
技术实现 ·············· 154

第6章 区块链产业发展趋势分析 ⋯⋯ 157

6.1 区块链产业概念分析 ⋯⋯⋯⋯ 157
6.2 世界区块链产业发展趋势 ⋯⋯ 158
- 6.2.1 各国政府普遍支持区块链技术发展 ⋯⋯⋯⋯⋯⋯ 158
- 6.2.2 区块链产业规模持续增长 ⋯ 159
- 6.2.3 区块链行业应用不断拓展 ⋯ 159
- 6.2.4 区块链核心技术趋于成熟 ⋯⋯⋯⋯⋯⋯⋯⋯⋯ 162
- 6.2.5 标准制定初显成效 ⋯⋯⋯ 162
- 6.2.6 政府监管体系不断完善 ⋯⋯ 163

6.3 中国区块链产业发展趋势 ⋯⋯ 164
- 6.3.1 基本态势 ⋯⋯⋯⋯⋯⋯⋯ 164
- 6.3.2 主要问题 ⋯⋯⋯⋯⋯⋯⋯ 166
- 6.3.3 改革创新 ⋯⋯⋯⋯⋯⋯⋯ 168

6.4 IPFS 挑战 Web 和云存储产业 ⋯⋯⋯⋯⋯⋯⋯⋯⋯ 169
- 6.4.1 IPFS 是什么 ⋯⋯⋯⋯⋯ 169
- 6.4.2 为什么需要 IPFS ⋯⋯⋯⋯ 170
- 6.4.3 IPFS 工作原理 ⋯⋯⋯⋯⋯ 171
- 6.4.4 IPFS 的应用价值有哪些 ⋯ 173

附录 ⋯⋯⋯⋯⋯⋯⋯⋯⋯⋯⋯⋯⋯ 175
- 附录 A 区块链专业术语表 ⋯⋯⋯ 175
- 附录 B bitcoin 命令行列表与 RPC API 列表 ⋯⋯⋯⋯⋯⋯ 179
- 附录 C Fabric 联盟链 ⋯⋯⋯⋯⋯ 186
- 附录 D 大文件哈希校验评测 ⋯⋯ 235
- 附录 E 区块链相关企业和组织 ⋯ 236

参考文献 ⋯⋯⋯⋯⋯⋯⋯⋯⋯⋯⋯ 239

第1章 区块链技术概述

近年来,加密数字货币(如比特币等)及与其相关的社会事件让一种叫作区块链的技术走进了公众的视野。区块链技术实现了多方参与、智能协同、分布式对等、共享与透明的网络规则,不仅成为前沿金融科技的核心代表技术,还逐渐获得了各个行业、领域甚至政府机关和国际组织的高度重视。在国务院印发的《"十三五"国家信息化规划》中,区块链技术被重点列入,迎来了重大的发展机遇。虽然比特币并不被各国政府认定为货币(甚至连其财富属性也备受质疑),但区块链已被公认为自互联网诞生以来最具颠覆性的技术之一。

事实上,区块链技术的发展从诞生以来已经历了三个阶段,如图 1-1 所示。

图 1-1 区块链技术的发展史

(1) 2009 年 1 月 3 日,以比特币(BitCoin)为代表的产品横空出世,区块链技术初次得到关注。在此发展阶段,除了比特币产品,区块链技术没有通用技术框架,不能进行泛化开发(只能在比特币产品上进行二次开发,即其应用仅限用于数字货币)。

(2) 2013 年年底,Vitalik Buterin 发布并推出了名为以太坊(ethereum)的开源的区块链底层系统,像安卓一样,以太坊提供了非常丰富的 API 和接口,任何人都能在区块链上实现智能合约并快速开发出各种各样的去中心化应用。目前已经有超过 200 多个应用在以太坊上开发。

(3) 随着以比特币和以太坊为代表的公有链技术平台、以 R3 Corda 为代表的私有链平台和联盟区块链的代表作品 HYPERLEDGER 名下的 Fabric 等技术与平台的推出,人们逐渐认识到区块链技术其实是一种社会化编程技术。在我国,深圳前海微众银行、上海万向区块链股份公司、矩阵元技术(深圳)有限公司已联合宣布将三方研发的区块链底层平台 BCOS(block chain open source)完全开源,其重点应用领域即以联盟区块链实现创新社会治理。

1.1 区块链 1.0:数字货币带来的启示

货币是可以用作交易媒介、储藏价值或延期支付标准的记账单位。关于货币的本质，学术界仍存在大量的争论。在宏观经济学中，货币不仅是指现金，还可以是各种有形和无形的资产。从现代货币银行学角度来看，货币本质上是一种所有者与市场关于交换权的契约，可以理解为一种具备法律效应的借条。

货币的契约本质决定了货币可以有不同的表现形式，如一般等价物、贵金属、纸币、电子货币等。

1.1.1 数字是如何成为货币的

货币是伴随着商品价值形式的不断发展变化而最终产生的。商品价值形式经历了以下4个不同的发展变化阶段，当价值形式发展到第四个阶段时，货币就产生了。

- 简单的或偶然的价值形式阶段。在这一阶段，一种商品的价值仅仅是简单的或偶然的表现在与它相交换的另外一种商品上。
- 总和的或扩大的价值形式阶段。在这一阶段，一种商品的价值表现在与它相交换的一系列商品上。
- 一般价值形式阶段。在这一阶段，所有商品的价值都表现在作为一般等价物的商品上。
- 货币形式阶段。在这一阶段，所有商品的价值都表现在作为固定的一般等价物的金或银上。

1. 物质成为货币要具备的三个货币属性

货币的形态如图 1-2 所示。自然界中的任何物质(包括实体的和虚拟的)，只要它具备了一定的属性，就都有成为货币的资质(注意，货币不一定是法币，法币的铸币权归主权国家所有，神圣不可侵犯)。例如黄金，早在 19 世纪之前的数千年历史中，人类总共生产的黄金不到 1 万吨(稀缺性)；黄金的化学性质稳定，具有很强的抗腐蚀性(持久性)；尽管储量不尽相同，但黄金普遍分布在世界各地，具备很好的群体认可性(共识性)。正是因为黄金很好地具备了稀缺性、持久性、共识性，因此古往今来人们自然而然地将黄金作为了一般等价物。

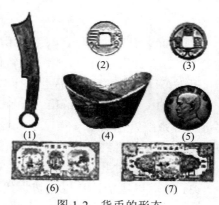

图 1-2 货币的形态

(1) 不可轻易获得：稀缺性。货币作为价值的载体，其本身应该具备稀缺性(不可轻易获得和替代)。例如木材、石头等唾手可及的物质，因为不具备稀缺性，就绝不可能成为货币。

(2) 便于保存与流转：持久性。货币作为价值的载体，会流转在价值的所有者之间，因此其本身应该容易保存、不轻易流失，即应该具备持久性。例如水银，全世界的储量只有 70 万吨，但其容易挥发而不具备持久性(毒性暂不讨论)，因此不可能成为货币。

(3) 普遍的群体认可：共识性。翡翠、宝石等物质具备一定的稀缺性和持久性，但由于其分布范围较小,并不为世界各国都承认为价值的载体,因此它们也没有像黄金一样成为全球通用的硬通货。

2. 算法赋予数字货币以货币属性(以比特币为例)

比特币的工作原理如图 1-3 所示。

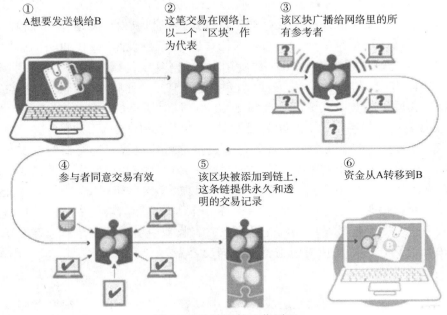

图 1-3　比特币的工作原理

比特币核心程序的工作原理可以简单表述为如下几个步骤。

(1) 交易消息广播:所有比特币的交易结果会作为消息广播给所有矿工用户,矿工用户将这些消息记录到自己的账本(这个记录的过程其实就是挖矿,而作为奖赏,矿工将获得一定数量的原始数字货币)。注意,普通用户维护自己的账本,矿工维护世界总账本。

(2) 挖矿(记录和确认交易):注意,挖矿是比特币程序最核心、最重要的技术原理。

- 首先,参与维护总账本其实是通过货币发行而获得原始数字货币的方式(另一种获得的方式,就是通过实际交易转账),这就会吸引庞大的群体参与到挖矿工作中来。在这个阶段,挖矿的奖赏机制赋予了共识性。
- 其次,广大的矿工群体会竞争记账权(获得记账权者挖矿成功,获得算法奖赏。如前所述,这其实就是数字货币的发行过程),这个过程采用基于工作量证明的共识算法。在这个阶段,获得记账权需要投入大量的算力,这就赋予了稀缺性。
- 最后,获得记账权的矿工将自己收到的交易打包成数据区块,并广播给其他所有矿工,所有矿工对收到的交易数据进行验证确认后(矿工群体人人参与记账,赋予了持久性),将新的区块存入区块链数据库系统。在区块链数据库中,由于任何一个区块都由上一个区块计算出来,任何区块的篡改都会牵一发动全身。篡改数据的算力投入的成本远高于篡改数据的收益,使得矿工没有作弊的动机,再次加强了持久性。

通过上面的原理剖析可以看到，比特币通过算法保障被赋予了三个货币属性：①基于工作量证明的共识算法，其哈希难度赋予了稀缺性；②分布式存储与基于时序的密码记账赋予了持久性；③挖矿的奖赏机制赋予了共识性。

3. 关于挖矿的补充说明

(1) 新比特币的生成过程被称为挖矿，是因为它的产生过程类似于贵金属的挖矿过程。原始的比特币是通过挖矿发行的，这种奖励机制被设计为速度递减模式：矿工通过创造一个新区块得到的比特币数量大约每四年(准确说是每210 000个区块)减少一半。2009年1月每个区块奖励50个比特币，2012年11月减半为每个区块奖励25个比特币，2016年7月再次减半为每个新区块奖励12.5个比特币。基于这个奖励机制，比特币挖矿奖励以指数方式递减，直到2140年，届时所有的比特币(共20 999 999 980个)全部发行完毕。换句话说，2140年之后，不会再有新的比特币被发行。

(2) 矿工们同时也会获取交易费。每笔交易都可能包含一笔交易费，交易费是每笔交易记录的输入和输出的差额。在挖矿过程中成功"挖出"新区块的矿工，可以从该区块包含的所有交易中得到"小费抽成"。目前，这笔费用占矿工收入的0.5%或更少，大部分收益仍来自挖矿所得的原始比特币奖励。然而随着挖矿奖励的递减，以及每个区块中包含的交易数量增加，交易费在矿工收益中所占的比重将会逐渐增加。显然，2140年之后，矿工的所有收益都只来自交易费。

4. 共识算法解析

所谓共识，是指大家的意见达成一致。其实在现实生活中，有很多需要达成共识的场景，比如开会讨论、投票选举、双方或多方签订合作协议等。在传统的软件结构中这几乎就不是问题，因为有一个中心服务器存在，也就是所谓的主库，其他的从库向主库看齐就行了。在实际生活中，很多事情人们也都是按照这种思路来做的，比如企业老板发布一个通知，员工照着做。但是区块链是一个分布式的对等网络结构，在这个结构中没有哪个节点是"老大"，一切都要商量着来。在区块链系统中，如何让每个节点通过一个规则将各自的数据保持一致是一个核心问题，这个问题的解决方案就是制定一套共识算法。

如上所述，区块链中的共识算法其实就是一个规则，让每个对等的分布式节点都按照这个规则去确认各自的数据，并最终保证所有节点上数据的一致性。暂且抛开共识算法的实现原理，先想一想生活中我们会如何解决这样一个问题：一群人开会，而这群人中没有领导或者老大，大家都各抒己见，那么最后如何产生决议呢？一般会在某一个时间段中选出记录员(例如每个人轮流做记录员)，记录员负责记录和汇总大家讲话的内容，并让大家就每个意见进行投票表决，最终支持者最多的意见形成决议，这种思路其实就是一种共识思想。对这种思想而言，如果参与人数确定且数值较小，还好处理；如果人数众多或根本难以确定(动态变化)，那就很难达成共识，因为工作效率太低了！这就需要通过一种机制筛选出最有代表性的人，具体到共识算法就是筛选出具有代表性的节点。

如何筛选呢？其实就是设置一组条件，就像筛选运动员一样，给一组指标让大家来完成，谁能更好地完成指标，谁就有机会被选上。在区块链系统中，存在多种这样的筛选方案,比如 PoW(proof of work,工作量证明)、PoS(proof of stake,权益证明)、DPoS(delegate proof of stake,委托权益证明)、PBFT(practical byzantine fault tolerance,实用拜占庭容错)等,各种不同的算法,其本质上就是不同的记录员筛选规则。

(1) PoW 挖矿算法及分析。PoW 是指获得多少货币,取决于挖矿贡献的有效工作。也就是说,计算机性能越好,所分的矿就会越多,这就是根据工作证明来执行货币的分配。大部分的数值货币,比如比特币、莱特币等,都是采用基于 PoW 算法(算力越高、挖矿时间越长,获得的货币就越多)的共识。

比特币的挖矿算法其实就是通过一个哈希函数找到一个满足当前难度的 nonce(包含在区块头里面)的值,哈希函数的输入数据的长度是任意的,将产生一个固定且绝不雷同的值,可将其视为输出的数字指纹。对于特定输入,哈希函数的结果每次都不一样,任何实现相同哈希函数的人都可以计算和验证。每个加密哈希函数的主要特征就是不同的输入几乎不可能出现相同的数字指纹。因此,相对于随机选择输入,有意地选择输入去生成一个想要的哈希值几乎是不可能的。

矿工用一些交易构建一个候选区块,接下来这个矿工会计算这个区块头的哈希值,判断其是否小于当前目标值,如果这个值小于目标值,矿工会修改这个 nonce 的值,然后再试一次。通常来说,一个矿工会做成千上万次哈希运算来得到一个合适的 nonce 的值,使得区块头的哈希值满足当前难度。这也是 PoW 算法的由来。

可见,PoW 要求出示一定的证明来表明矿工付出的工作量,这个证明可以是直接记录,也可以用概率表示,其中对于由小概率事件累计的工作,出示结果等同于证明了工作量(因为不太可能直接得到小概率结果)。在比特币和其他类比特币的系统中,PoW 是以合乎要求的哈希值作为工作结果。由于矿工要取得合法的计算结果需要一定量的计算,因此得到合法的计算结果就已经可以证明其完成了一定量的计算。

(2) PoS 挖矿算法及分析。简单来说,PoS 就是一个根据持有货币的量和时间,发放利息的制度。在 PoS 算法中,有一个名词叫币龄,每个币每天产生 1 币龄,比如持有 100 个币,总共持有了 30 天,那么此时币龄就为 3000;这个时候,如果验证了一个 PoS 区块,币龄就会被清空为 0;每被清空 365 币龄,将会从区块中获得 0.05 个币的利息(可理解为年利率 5%)。那么在这个案例中,利息 = 3000 * 5% / 365 个币 = 0.41 个币。

以现有的比特币运行发展情况来看,比特币每年的挖矿产量都在不断减半,可以预计随着比特币产量不断降低,矿工人数也会越来越少,这样就会导致整个比特币网络的稳定性出现问题。PoS 算法鼓励大家都去打开钱包客户端程序,因为只有这样才可以验证 PoS 区块并获得利息,同时也增加了网络的健壮性。还有一个担忧就是当矿工人数降低,比特币很可能会被一些高算力的人或团队进行 51%攻击,如果采用 PoS 算法,即便有人拥有了全网 51%的算力,也未必能够进行 51%攻击,因为这还要求攻击者持有全球 51%的货币量,而这是更加难以达到的门槛。比特币好像是一个永远不会膨胀的体系,因为它的货币总量看起来貌似是固定的,但实际上比特币是一个货币紧缩的体系,因为其总存在丢失(钱包密码丢失、货币私钥丢失等)的可能,而 PoS 采用类似年利率这样的方式,则可以在一定程度上缓解这个问题。

(3) DPoS 挖矿算法及分析。DPoS 是一种保障加密货币网络安全的算法。它在尝试解决比特币采用的传统工作量证明机制以及以太币 2.0 所采用的股份证明机制问题的同时,还能通过实施科技式的民主以抵消中心化所带来的负面效应。

通俗地讲,DPoS 机制是让每个货币持有者对整个系统资源中想当代表的人进行投票,而获得最多票数的若干个代表进行交易打包计算。这可以理解为有若干个矿池,而矿池彼此的权利是完全相等的。那些握着选票的人可以随时通过投票更换这些代表(矿池),例如只要他们提供的算力不稳定(计算机宕机或者试图利用手中的权力作恶),他们将会立刻被愤怒的选民们踢出整个系统,而后备代表可以随时顶上去。从某种角度来看,DPoS 有点像一些国家的议会制度,只不过不是每四年选举一次,而是时时刻刻都在选举过程中。

1.1.2 区块和区块链的由来

1. 区块结构

比特币网络中,数据以文件的形式被永久记录,称之为区块。一个区块是一些或所有最新比特币交易的记录集,且未被其他先前的区块记录。区块可以想象为一个城市记录者的记录本上的单独一页纸(对房地产产权的变更记录)或者股票交易所的总账本。在绝大多数情况下,新区块被加到记录最后,一旦写上,就再也不能改变或删除。每个区块记录了它被创建之前发生的所有事件。

每个区块都包括一个被称为"魔数"的常数 0xD9B4BEF9、区块的大小、区块头、区块所包含的交易数量,以及一些或者所有近期的新交易。在每个区块中,对整个区块链起决定作用的是区块头,如表 1-1 所示。

表 1-1 区块头示意图

数据项	说明	更新时间	大小/B
Version(版本)	区域版本号	更新软件后,它指定了一个新版本号	4
hashPrevBlock (前一区块的哈希值)	前一区块的 256 位哈希值	新的区块进来时	32
hashMerkleRoot Merkele 根节点哈希值	基于一个区块中所有交易的 256 位哈希值	接受一个交易时	32
Time(时间戳)	从 1970-01-01 00:00 UTC 开始到现在,以秒为单位的当前时间戳	每几秒就更新	4
Bits(当前目标哈希值)	压缩格式的当前目标哈希值	当挖矿难度调整时	4
Nonce(随机数)	从 0 开始的 32 位随机	产生哈希值时(每次产生哈希值时随机数都要增长)	4

这里的 hashPrevBlock 的数值就是区块连成区块链的关键字段,该字段使得各个区块之间可以连接起来,形成一个巨大的"链条"。每个区块都必须指向前一个区块,否则无法通过验证。这个区块链条一直追溯到源头,也就是指向创世区块。很显然,创世区块的 hashPrevBlock 的值为零或者为空。在区块头中,最关键的一个数据项是随机数 Nonce。这串数字是一个答案,而这个答案对于每个区块是唯一的。

- 这个答案很难获得。

- 有效答案有多个，不过只需要找到一个答案就可以了。
- 其他区块对有效答案的验证很容易。

正是因为问题很难解答，没有固定的算法可以求出答案，所以唯一的做法就是不断尝试，找寻这个答案的做法就是"挖矿"，同时有很多人在"挖矿"，他们之间是相互竞争的关系。

区块内包含许多交易，它们通过 Merkle 根节点间接被哈希，因为所有交易不可能直接被哈希，哈希包含一个交易的区块所花的时间，和哈希包含 1 万个交易的区块所花的时间一样。

目标哈希值的压缩格式是一个特殊的浮点编码类型，首字节是指数(仅使用了 5 个最低位)，后 3 个字节是尾数，它能表示 256 位的数值。一个区块头的 SHA256 值必定要小于或等于目标哈希值，该区块才能被网络所接受，目标哈希值越低，产生一个新区块的难度越大。

Merkle 树是哈希的二叉树。在 bitcoin 中使用两次 SHA256 算法来生成 Merkle 树，如果叶子个数为奇数，则要重复计算最后一个叶子的两次 SHA256 值，以达到偶数叶子节点的要求。计算过程：首先按照区块中交易的两次 SHA256 值，然后按照哈希值大小排序，生成最底层。第二层的每个元素是相连续的两个哈希值的两次哈希值，重复这个过程，直到某一层只有一个哈希值，这就是 Merkle 根。例如，想象有 3 个交易 a、b、c，生成过程如下：

```
d1 = dhash(a)
d2 = dhash(b)
d3 = dhash(c)
d4 = dhash(c)              # 只有 3 个元素，是奇数，因而把最后一个元素重算一次
d5 = dhash(d1 concat d2)
d6 = dhash(d3 concat d4)
d7 = dhash(d5 concat d6)
```

这里的 d7 就是以上 3 个交易的 Merkle 根。需要注意的是，Merkle 树的哈希值是小头位序(即高位在后，一种数字在计算机中的表示形式)。对于某些实现和计算，在哈希计算前应该先按位反转，在哈希计算后再反转一次。

2. 创世区块

创世区块是指区块链的第一个区块，现在的比特币客户端版本把该区块号定为 0，以前的版本把该区块号定为 1。以下是创世区块的一种表示，它出现在以前的比特币代码的注释中，第一个代码段定义了创建该区块所需的所有变量，第二个代码段是标准的区块类格式，包含第一个代码段中缩短版本的数据。

```
GetHash()= 0x000000000019d6689c085ae165831e934ff763ae46a2a6c172b3f1b60a8ce26f
hashMerkleRoot = 0x4a5e1e4baab89f3a32518a88c31bc87f618f76673e2cc77ab212
7b7afdeda33b
txNew.vin[0].scriptSig = 4866047994 0x736B6E616220726F662074756F6C6961 6220646E6
```

```
F63657320666F206B6E697262206E6F20726F6C6C65636E61684320393030322F6E614A2
F33302073656D695420656854
    txNew.vout[0].nValue      = 5000000000
    txNew.vout[0].scriptPubKey =
    0x5F1DF16B2B704C8A578D0BBAF74D385CDE12C11EE50455F3C438EF4C3FBCF649B6
DE611FEAE06279A60939E028A8D65C10B73071A6F16719274855FEB0FD8A6704
OP_CHECKSIG
    block.nVersion = 1
    block.nTime    = 1231006505
    block.nBits    = 0x1d00ffff
    block.nNonce   = 2083236893

    CBlock(hash=000000000019d6, ver=1, hashPrevBlock=00000000000000, hashMerkleRoot
=4a5e1e, nTime=1231006505, nBits=1d00ffff, nNonce=2083236893, vtx=1)
        CTransaction(hash=4a5e1e, ver=1, vin.size=1, vout.size=1, nLockTime=0)
            CTxIn(COutPoint(000000, -1), coinbase 04ffff001d0104455468652054696d65
732030332f4a616e2f32303039204368616e63656c6c6f72206f6e206272696e6b206f66
207365636f6e64206261696c6f757420666f722062616e6b73)
            CTxOut(nValue=50.00000000, scriptPubKey=0x5F1DF16B2B704C8A578D0B)
        vMerkleTree: 4a5e1e
```

3. 区块链的原理

区块链是所有比特币节点共享的交易数据库，这些节点基于比特币协议参与到比特币网络中。区块链包含每个曾在比特币系统执行过的交易，根据这个信息，人们可以找到任何时候任一个地址中的币的数量。

每个区块包含前一个区块的哈希值，这就使得从创世区块到当前区块形成了一条区块链，每个区块必定按时间顺序跟随在前一个区块之后，区块链结构如图1-4所示。如果不知道前一个区块的哈希值就没法生成当前区块，要改变一个已经在区块链中存在一段时间的区块，从计算上来说是不可行的。因为如果它被改变，它之后的每个区块必须随之改变。这些特性使得双花比特币非常困难，区块链是比特币的最大创新。

如果一个区块是最长区块链的最后一个区块，诚实的矿工只会在这个区块的基础上生成后续区块(创建新区块时通过引用该区块来实现)。"长度"是被计算成区块链的所有联合难度，而不是区块数目，尽管这个区别仅仅在防御几个潜在攻击时有用。如果一个区块链中的所有区块和交易有效,则该区块链有效,并且要以创世区块开头。

对于区块链中的任何区块来说，只有一条通向创世区块的路径。然而，从创世区块出发，却可能有分叉。当两个区块产生的时间仅相差几秒时，可能会产生包含一个区块的分叉。当出现以上现象时，矿工节点会根据收到区块的时间，在先收到的区块基础上继续挖矿。哪个区块的后续区块先出现，这个区块就被包括进主链，因为这条块链更长。在修正需要向后兼容的程序bug后，出现过更严重的分叉。

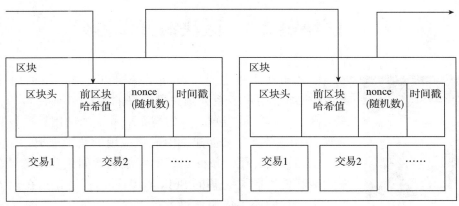

图 1-4 区块链结构示意图

短块链(或有效块链)中的区块没有作用,当比特币客户端转向另一个长块链时,短块链中所有有效的交易将被重新加入交易队列池中,将被包括在另一个块中。短块链中的区块收益不会在长块链中出现,因而这些收益实际上是丢失了,这就是比特币网络强化的 100 个区块成熟时间的存在原因。

短块链中的区块经常被称为"孤立"区块,这是因为长块链中的生产交易没有父区块,因而这些生产交易在交易列表的 RPC 调用中表现为孤立。几个矿池误解了这些信息并且把这些区块叫作"孤儿",事实上这些区块都有父区块,可能还有子区块。

4. 区块链的技术本质

如前所述,比特币产品诞生后,人们基于比特币的数据结构(链式区块)创造了"区块链"这个名词。如今,区块链特指一种综合了分布式数据存储、点对点传输、加密数据、共识计算等技术,具有去中心化、共识自治、不可篡改等特征的计算机网络。在该网络中,信息一旦经过验证并被添加到区块链网络中,即实现了数据的分布式存储和主权保障,数据不仅无法被私自篡改,还可实现数据的主权归属和追溯功能。

从宏观上来看,区块链技术可以构建一种新型网络,网络中的每个节点都能够在去中心化的环境中实现自治的数据信任。简单来说,区块链是一种达成信任的工具。

通俗地讲,区块链通过算法实现了区块链网络中节点与节点之间的秩序,以及流转与传播在区块链网络中数据的归属,基于这种实现了朴素约定的网络秩序和数据契约的设计,使得区块链被认为是一种社会可编程技术框架,并可为社会的各个领域提供新的治理模式(跨域组织信任与协同),如图 1-5 所示。

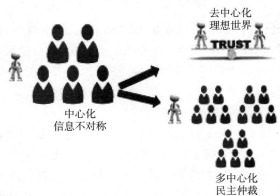

图 1-5 区块链技术是一种面向人工社会编程的新技术与新的社会治理模式

1.2 区块链2.0：区块链开发框架

图1-6 以太坊创始人 Vitalik Buterin

比特币在本质上是一种完全基于点对点网络的电子现金系统，只能给用户一系列预先设定好的操作(例如比特币交易)。随着区块链技术的发展，人们需要一种更加通用、友好且能使用真正的编程语言来创建去中心化应用的开发框架。

以太坊允许用户按照自己的意愿任意创建复杂的操作，开发者能够使用图灵完备的Solidity编程语言创建出在以太坊虚拟器上运行的通用应用，这就是"区块链2.0"。图1-6为以太坊创始人Vitalik Buterin。

1.2.1 以太坊的通俗介绍

1. 以太坊和比特币的关系

比特币开创了去中心化密码货币的先河，十多年的时间已经充分检验了区块链技术的可行性和安全性。比特币的区块链事实上是一套分布式的数据库，如果再在其中加入一个符号——比特币，并规定一套协议使得这个符号可以在数据库上安全地转移，以及无须信任的第三方，这些特征的组合完美地构造了一个货币传输体系——比特币网络。

然而，比特币系统并不完美，其中协议的扩展性存在不足，例如比特币网络里只有一种符号——比特币，用户无法自定义另外的符号，这些符号可以是代表公司的股票或者债务凭证等，这就损失了一些功能。另外，比特币协议定义了一套基于堆栈的脚本语言(可用于实现多重签名、外带数据等)，然而该脚本语言由于过分强调安全而不具备图灵完备，因此并不足以构建更高级的应用，如去中心化交易所等。而以太坊从设计上就是为了解决这种扩展性不足的问题。

2. 图灵机和以太坊的图灵完备语言

图灵机(turing machine)是图灵在1936年发表的 *On Computable Numbers, with an Application to the Entscheidungsproblem*(《论可计算数及其在判定性问题上的应用》)中提出的数学模型。图灵在文章中证明了只要图灵机可以被实现，那么就可以用来解决任何可计算问题。

图灵机模型的结构如图1-7所示。

- 一条无限长的纸带被分成一个个相邻的格子，每个格子都可以写至多一个字符。
- 一个字符表，即字符的集合，它包含纸带上能出现的所有字符。其中包含一个特殊的空白字符，意思是此格子没有任何字符。
- 一个读写头，可理解为指向其中一个格子的指针。它可以读取、擦除、写入当前格子的内容，此外也可以每次向左或右移动一个格子。

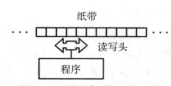

图1-7 图灵机模型的结构

- 一个状态寄存器,它追踪运算过程中整个机器的每一个状态(运行或终止)。当这个状态从运行变为终止,则运算结束,机器停机并交回控制权。简单来说,它对应着有限状态机里的"状态"。
- 一个有限的指令集,它记录着读写头在特定情况下应该执行的行为。可以想象读写头随身有一本操作指南,里面记录着很多条类似于"当你身处编号 53 的格子并看到其内容为 0 时,擦除,改写为 1,并向右移一格;此外,令下一状态为运行"这样的命令。其实在某种意义上,这个指令集就对应着程序员所写的程序。

在计算开始前,纸带可以是完全空白的,也可以在某些格子里预先写上部分字符作为输入。运算开始时,读写头从某一位置开始,严格按照此刻的配置,即当前所处位置和当前格子内容来一步步地对照指令集进行操作,直到状态变为停止,运算结束。而后纸带上留下的信息,即字符的序列(比如…011001…)便作为输出,由人来解码为自然语言。

图灵机是一种抽象的计算模型,将人们使用纸笔进行数学运算的过程进行抽象,由虚拟的机器代替人类进行数学运算。图灵机的本质是人类思维在异度空间的映射,数据则是这种映射和其自运行的结果。

注意,以上只是图灵机模型的内容,而非具体的实现。所谓的纸带和读写头都只是图灵提出的抽象概念。例如,算盘虽然不是图灵机(因为它没有无限长的纸带,即无限的存储空间),但它的行为与图灵机一致:每一串算珠都是纸带上的一格,一串算珠上展示的数字记录着当前格中的字符(可以是空白,可以是 1、2、3、4、5);人类的手即读写头,可以更改每串算珠的状态;算盘的运行遵循人脑中的算法(选择、循环、因果、条件等),当算法结束,算盘停机。

在计算机领域或者自动机领域,我们研究的一切问题都是计算问题,可泛指一切与计算相关的问题。

图灵完备性是针对一套数据操作规则而言的概念,该数据操作规则可以是计算机里具体实现了的指令集,也可以是一种编程语言,当这套规则可以实现图灵机模型里的全部功能时,就称它具有图灵完备性。编程语言图灵不完备的常见原因有循环或递归受限(无法写不终止的程序,如 while(true){};),因为这会导致无法实现类似数组或列表这样的数据结构(不能模拟纸带),采用这样的编程语言实现的程序在功能上就有局限性。因此,判定图灵完备的简单方法就是看该语言是否具备 if…else 控制流、while 循环等功能。如今主流的编程语言(C++、Java、Python 等)都是图灵完备的语言。

当然图灵不完备也不总是没有意义的,有些场景需要限制语言本身,如限制循环和递归,可以保证该语言编写的程序一定是终止的。例如,比特币脚本语言就被特意设计为非图灵完备的,具有一定的局限性,它基于堆栈,遵循从左向右处理的简单原则(类似 FORTH 语言),没有循环语句和复杂的条件控制语句。恰恰由于存在这种局限性,也就没办法执行一些死循环或者一些能够导致 DOS 攻击的恶意代码,从而也就避免了比特币网络受到 DOS 攻击。

以太坊上运行的程序又称为智能合约,可以理解为在区块链上(以太坊基于区块链技术架构)可以自动执行的(由事件驱动的)、以代码形式编写的合同(特殊的交易)。其默认采用的编程语言是 Solidity，它和 JavaScript 相似，是一种图灵完备的编程语言(可以实现一切计算功能)，用来开发合约并编译成以太坊虚拟机字节代码(源文件扩展名以.sol 结尾)。这就使得以太坊比特币系统更加具备扩展性，可以用来开发基于区块链技术的各种去中心化应用(decentralized application，DApp)。

3. 区块链、去中心化应用、比特币、以太坊之间的关系

以太坊是一个建立在区块链技术之上的去中心化应用平台，它允许任何人在平台中建立和运行基于区块链技术的 DApp。简单来说，如果去中心化应用是 App，那么以太坊是 Android 平台。基于 Android Framework 可以开发 Android App，那么基于以太坊可以开发出基于区块链技术的 DApp。

(1) 区块链是一种综合技术，因比特币的实现架构(数据区块、链式迭代、共识算法)而得名。

(2) 去中心化应用程序是一种新的数据记录与传播的方案，可以在大规模分布式网络中实现数据记录的实时性、一致性、合法性和可信性(深圳大学，张胜利)。

(3) 在以太坊出现之前，实现区块链去中心化应用的唯一方式是修改比特币的源代码，例如加密算法、共识机制、网络协议等，这样修改出来的应用通常应用于数字货币领域，如果需要应用于其他领域，则其工作量将是非常浩大的。

(4) 以太坊平台对底层区块链技术进行了封装，区块链应用开发者可以直接基于以太坊平台进行开发，开发者只需要专注于应用本身的开发，从而大大降低了难度。

目前已经围绕以太坊形成了一个较为完善的开发生态圈，有开源社区的支持，可以选择多种开发框架和工具。借助以太坊，可以创建更加丰富的去中心化应用程序(不再局限于数字货币领域)，可以实现去中心化自治组织、跨组织协同应用，是一种提高数据主权、改善生产关系、高效率建立信任的"社会编程"框架。

4. 区块链应用的三大架构类型

随着区块链技术的不断发展，区块链应用程序(即基于区块链技术的 DApp)在宏观上演化出了三种架构：公有链、私有链和联盟链。这三种架构并没有绝对的优势与劣势，需要根据不同的应用场景来选择合适的区块链架构类型。

(1) 公有链：公有的区块链，读写权限对所有人开放。任何人都可以随时进入公有链系统中读取数据、发送可确认交易、竞争记录存储，因为没有任何人或机构可以控制或者篡改其中数据的读写，公有链通常被认为是完全去中心化的。公有链一般会通过某种奖励机制(通常是代币)鼓励参与者竞争记账，来确保数据的安全性。比特币、以太坊都是典型的公有链。主要特点：所有数据公开透明；是高度去中心化的分布式数据库，数据几乎无法篡改；吞吐量低，运作速度慢。

(2) 私有链：私有的区块链，读写权限由某个组织和机构控制，参与节点的资格会被严格限制。由于参与的节点是有限和可控的，因此私有链往往具有极快的交易速度、更好的隐私保护、更低的交易成本，不容易被恶意攻击，并且能够做到身份认证等特殊安全要求。主要特点：属于中心化数据库，能防止机构内单节点篡改数据；运作成本低(无须奖励机制)、交易速度非常快。蚂蚁金服的区块链应用是典型的私有链应用。

(3) 联盟链：联盟区块链本质上是私有链的一种，只是私有程度低(读写权限对通过授权并加入联盟的所有节点开放，由联盟内成员节点共同维护)，因此比纯粹的私有链更具可信度，但其权限设计要求比私有链更复杂。主要特点：由若干个机构共同参与管理，具备一定的去中心化属性，是公有链和私有链的结合版。1.3.3 节介绍的 Fabric 超级账本就是典型的联盟链应用框架。

1.2.2 智能合约的定义、原理与应用场景

比特币的交易是可以编程的，但是比特币脚本有很多限制，能够编写的程序也有限，而以太坊则更加完备(在计算机科学术语中，称它为是图灵完备的)，可以像使用任何高级语言一样来编写几乎可以做任何事情的程序(智能合约)。智能合约是代码和数据(状态)的集合，可以理解为在区块链上可以自动执行的(由事件驱动的)、以代码形式编写的合同(特殊的交易)。

智能合约非常适合对信任、安全和持久性要求较高的应用场景，比如数字货币、数字资产、投票、保险、金融应用、预测市场、产权所有权管理、物联网、点对点交易等。虽然目前除数字货币之外，真正落地的智能合约应用还不多，但相信未来 1～3 年，各种应用会遍地开花。

"智能合约"这个词其实并不陌生，从其被提出大概已经有几十年的历史。笼统来说，智能合约就是一套以数字形式定义的承诺，合约参与方按规定执行合约上承诺的协议。比如我们常见的自动售货机本质上就可以理解为一个智能合约，通过数字方式来控制合约。智能合约具有动态性和主动执行的属性。

智能合约是指建立一套个人、机构以及财产之间的关系，是一种达成一致性认识的协定。像抵押、产权划分这些操作都可以做成一种智能合约模型来约束人的行为。以我们常见的购买虚拟商品为例，当买家已经购买并完成付款，那么自动售货机制就自动发货。由此可见，只要参与者达成协定，智能合约给予参与方的权利和义务就可以像一台计算机一样自动执行。

从技术层面来说，智能合约的执行机制就像计算机语言的 if…then 条件判断语句，某一个事件发生了，那么随之而来另一件事就会自动发生；反之，要发生某件事的条件哪怕有一个达不到，这件事也不会发生。在某种意义上智能合约本身也是一个系统参与者，可以对接收到的信息进行回应，也可以接收和存储一些有用信息。

要实现智能合约，首先需要使用计算机语言编写合同中的条款，然后将编写的程序部署到区块链上去执行。从计算机用户的角度来看，智能合约可以限定为更容易理解的智能合约代码。智能合约最早的形式是比特币中的扩展脚本，由于比特币设计之初并没有考虑智能合约，因此这种扩展脚本受到诸多限制，后来以太坊平台设计了合约编程语言 Solidity，提供了执行合约的虚拟机，进一步提升了智能合约的表述能力。而 Fabric 的智能合约直接采用 Java、Go 这些传统编程语言编写，功能和权限更加强大。由于区块链智能合约在商业上的应用面临法律效力问题，因此现有智能合约一般会在代码中存储一份相应的法律合同文本文件，以应对法律风险。目前，除了法律合同，智能合约已经应用到了更多的场景中，如数字化交易所、供应链、物流等。

1. 智能合约的定义

随着区块链技术的应用和发展，区块链几大关键技术正在快速演进，如共识算法、智能合约、跨链事务、隐私保护等，与用户最相关的是能为用户带来价值的、运行在区块链之上的智能合约。智能合约可以看作一个跨学科的复合名词，合约取自法律上的合同概念，智能指的是能自动执行的计算机程序，智能合约就是能像计算机程序一样自动执行的法律合同。

2. 智能合约的原理

智能合约的实现需要底层协议的支持，这个协议需要考虑诸多因素，具体的执行过程也是基于上文提到的脚本执行过程。以比特币脚本为例，可以在脚本语言中嵌入已经达成一致协定的合约语言来进行智能资产的管理，同时来约束参与方的行为。

基于区块链的智能合约需要同时具有事务处理和保存机制，事务处理无须多言，这是智能合约的根本，保存机制可以让智能合约的执行过程有迹可查。类似于一个完备的状态机，状态机的每个状态以及对于特定事件的响应都保存在区块链中。当一个特定时间的触发条件都满足时，该合约就会自动执行。作为一个事务处理模块，本身不会产生额外的智能合约，也不会对其合约语言进行修改，目的只是让一组复杂的、带有触发条件的、达成一致协定的多种事务自动触发执行，其流程可以简单概括为以下几步。

(1) 共识：多方用户或机构共同参与完成一个协定。
(2) 上链：上述合约以区块链的形式存入区块链并随全网传播。
(3) 执行：合约在区块链上执行并记录。

从比特币到以太坊，区块链架构的演变如图 1-8 所示。

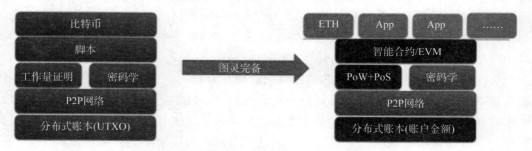

图 1-8　从比特币到以太坊，区块链架构的演变

3. 智能合约的应用场景

从智能合约的定义以及原理来看，生活中能使用智能合约的案例太多，房租租赁、彩票发行、购买保险、遗嘱的设立等都可以采用智能合约的形式来发布。比如房屋租赁的智能合约，只有当租赁者以某种形式签订了租房合同并且提交了房租，智能合约系统就将入住的一些条件提供给租赁者，比如钥匙之类的。当然，这些实现的前提需要通过互联网工具的辅助。设立遗嘱的过程也类似，立遗嘱者事先设定好遗产分配机制，只要达到条件，遗嘱上的事项就自动执行，这样可以免去很多不必要的纠纷。

诚然，智能合约在具体的实施中还依然存在一些问题和挑战，如安全性问题和意外性问题。安全性问题不仅仅是指智能合约的安全问题,同样也是指整个区块链体系的安全问题,因为智能合约的执行需要借助区块链的执行,而区块链的不可逆特性会在一定程度上影响智能合约的执行,比如一个误操作的损失需要用户自己承担。意外性问题指的是智能合约就是一个状态机系统,而一个复杂的状态机,其触发条件以及人们可以想到的那些事务可能会有缺陷,正如计算机程序语言的 bug 一样,这些都是在事情发生后才可以去解决的,而这种意外的发生也很难完全避免。

1.3 区块链 3.0:数据主权与可编程信任社会

随着区块链技术的进一步发展,其去中心化、数据防伪等功能在其他领域也逐步受到重视。人们开始认识到,区块链的应用不仅仅局限在金融领域,而且能够扩展到任何有需求的领域,比如仲裁、公证、域名、审计、医疗、邮件、投票、签证、物流等,其应用范围将扩大到整个社会,在为现实社会的治理提供新理念和新模式的同时,也把治理领域向网络空间延伸,这就是区块链 3.0。

1.3.1 数据主权与可编程信任社会

在互联网中,一切都可以被数据化,数据的主权、可信共享与社会的信任体系将是数字文明的最本质目标。基于数据主权和社会信任促进了社会积累知识技术所需的区块链网络的形成,并将以不可思议的方式发挥作用。基于区块链技术实现的信任机制减少了整个社会联系和交易的成本,这使得社会的管理阶层不着眼于某一特定阶层或群体的利益,而是注重各个阶层、各个群体的利益最大化,实现全体社会成员利益的整体提升与共享。

1.3.2 超级账本开源子项目 Fabric

Fabric 是 Linux 基金会发起创建的开源区块链分布式账本 Hyperledger 的一个开源子项目,可以把它想象成一个由自定义组织的全体成员共同维护的一个超级账本,没有中心机构拥揽权力,每次数据交换都是全网公开且安全的,其信用逻辑由全体成员共同见证。

Hyperledger Fabric(以下简称 Fabric)的项目执行总监 Brian Behlendorf 表示,Fabric 着重于性能和可靠性,以及推动区块链和分布式账本技术的跨行业协作,可用于全球供应链管理、金融交易、资产账和去中心化的社交网络等场景,但无意以此来构建一种加密货币,目前已经迎来了 1.0 版本(上一个稳定版是 0.6 版)。Fabric 是一款基于 Linux 架构开发的具有企业应用价值的软件,能够帮助开发者在云端创建及运行区块链网络、实现分布式自治组织(decentralized autonomous organization,DAO),并面向可编程信用社会进行有意义的实验。图 1-9 所示为比特币系统、以太坊、Fabric 三者在技术体系上的详细对比。

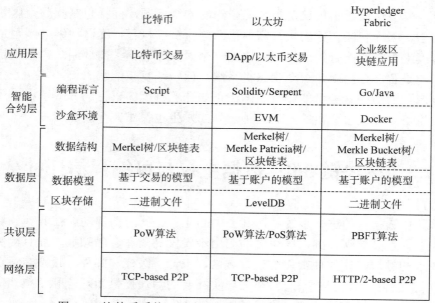

图 1-9 比特币系统、以太坊、Fabric 在技术体系上的对比

1.3.3 Fabric 的数据一致性共识算法

如前所述，区块链中最重要的便是共识算法：比特币使用的是 PoS 算法；以太币使用的是 PoS 算法，算力不再重要；PoS 的变体 DPoS 进一步削减算力的浪费，同时也加强了区块链的安全性。

但是，对于不需要货币体系的联盟链或私有链而言，上述共识算法并不能够提供绝对信任的节点以及高效的需求。因此对于这样的区块链，传统的一致性算法成为首选，如 PBFT(拜占庭容错算法)、PAXOS(基于消息传递的一致性算法)、RAFT(zookeeper 核心算法)。这里主要介绍 PBFT 算法。

PBFT 算法基于拜占庭将军问题，一致性的确保主要分为三个阶段：预准备(pre-prepare)、准备(prepare)和确认(commit)。其流程如图 1-10 所示。

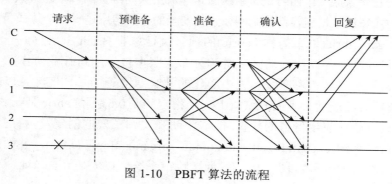

图 1-10 PBFT 算法的流程

其中 C 为发送请求端，0、1、2、3 为服务端，3 为宕机的服务端，具体步骤如下。
- 请求：请求端 C 发送请求到任意节点，这里是 0。
- 预准备：服务端 0 收到 C 的请求后进行广播，扩散至 1、2、3。

- 准备：1、2、3 收到记录后并再次广播，1→0、2、3，2→0、1、3，3 因为宕机无法广播。
- 确认：0、1、2、3 节点在准备阶段，若收到超过一定数量的相同请求，则进入确认阶段，广播确认请求。
- 反馈：0、1、2、3 节点在确认阶段，若收到超过一定数量的相同请求，则对 C 进行反馈。

根据上述流程，在 $N \geq 3F+1$ 的情况下一致性是可能解决，N 为总计算机数，F 为有问题的计算机总数。

当 $N=4$，$F=0$ 时，数据如表 1-2 所示。

表 1-2　$N=4$，$F=0$ 时各节点数据

节点	得到数据	最终数据
0	1 1 1 1	1
1	1 1 1 1	1
2	1 1 1 1	1
3	1 1 1 1	1

当 $N=4$，$F=1$ 时，数据如表 1-3 所示。

表 1-3　$N=4$，$F=1$ 时各节点数据

节点	得到数据	最终数据
0	1 1 1 0	1
1	1 1 0 1	1
2	1 0 1 1	1
3	0 1 1 1	1

当 $N=4$，$F=2$ 时，数据如表 1-4 所示。

表 1-4　$N=4$，$F=2$ 时各节点数据

节点	得到数据	最终数据
0	1 1 0 0	NA
1	1 0 0 1	NA
2	0 0 1 1	NA
3	0 1 1 0	NA

由此可以看出，PBFT 算法能够很好地容纳将近 1/3 的节点误差，Hyperledger Fabric V0.6 就选用了该算法作为共识算法。

事实上，Fabric 从 V1.0 以后的版本开始，支持的共识算法有三种：solo 模式、PBFT 算法和 Kafka 模式。

- solo 模式：用于开发测试的单点共识，尚未应用于生产环境。
- PBFT 算法：Fabric V0.6 等旧版本中的主流共识算法，该算法支持 3F+1 的节点集群，F 代表恶意节点的数量。这种算法性能太低(每秒处理的交易量较少，通常<100)。

- Kafka 模式(本项目采用的模式)：Fabric 从 V1.0 版本开始基于 Kafka，其基于 zookeeper 进行 Paxos 算法选举，是一种支持多通道分区的集群时序服务。Kafka 支持 2F+1 节点集群，F 代表失效节点个数，虽然可以容忍部分节点失效，但不能容忍恶意节点。由于其事实上存在 orderer 排序(基于一个中心化的 Kafka 集群)，因此运行效率非常高(每秒处理的交易量至少≥300)。HyperLedger 超级账本白皮书表明，未来新版本的 Fabric 将会同时支持 PBFT 和 Kafka，以便用户根据实际需求进行选择。

1.4 区块链的定义与模型

在区块链产生之前，互联网应用大多是中心化的，其数据大多存储在图 1-11 所示的关系数据库中。与此对应的，基于区块链技术开发出来的是去中心化应用，其数据则大多存储在分布式的区块链数据库中。下面，我们将提出区块链的通用定义及其描述模型。

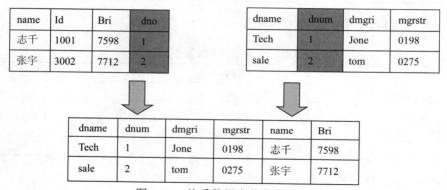

图 1-11 关系数据库的数据结构

1.4.1 区块链的通用定义

区块链是一个信息技术领域的术语。从本质上讲，它是一个共享数据库，存储于其中的数据或信息具有不可伪造、全程留痕、可以追溯、公开透明、集体维护等特征。基于这些特征，区块链技术奠定了坚实的可信基础，创造了可靠的合作机制，具有广阔的运用前景。

(1) 独特的"块-链"数据结构。在图 1-11 所示的关系数据库中，其数据结构是由很多行数据记录组成的一张张数据表。除分布式特性外，区块链采用"块-链"数据结构，用块来批量存储不断增长的记录列表(也被称为交易，transaction)，并且将各存储批次以密码学算法连接起来，就像一条链，如图 1-12 所示。

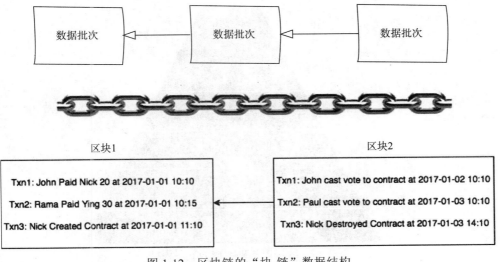

图 1-12 区块链的"块-链"数据结构

(2) 不可篡改性。在传统的关系数据库中，可以很容易地更新一条数据记录。但是，在区块链中，数据一旦写入就无法再更新了。

由于区块链里的每个区块都存储了前一个区块内容的哈希值，因此如果有任何区块的内容被篡改，则被篡改的区块之后的所有区块的哈希值也将随之改变，这种牵一发而动全身的设计使算法能够轻松检测并拒绝篡改行为。也就是说，区块链的一个显著特点是数据一旦写入链中，就不可篡改或重写，并且区块链是一直增长的。

(3) 去中心化。区块链其实是一个完全去中心化的分布式数据库，任何节点都可以参与该数据库的读写，并且网络上存在大量的区块链副本(例如全节点)，显然一切事情都会变得比中心化的应用环境复杂得多。例如，如何保证所有副本都已同步到最新状态；如何保证所有交易都被广播到所有运行和维护区块链副本的节点计算机上；如何防止恶意参与者篡改区块链；等等。

1.4.2 区块链基础架构的 6 层模型

如图 1-13 所示，区块链基础架构可分为 6 层：数据层、网络层、共识层、激励层、合约层、应用层。每层分别完成一项核心功能，各层之间互相配合，实现一个去中心化的信任机制。

(1) 数据层。数据层主要描述区块链技术的物理形式。区块链系统设计的技术人员首先建立的一个起始节点，即创世区块，之后在同样规则下创建规格相同的区块，通过一个链式的结构依次相连组成一条主链条。随着运行时间的增长，新的区块通过验证后不断地被添加到主链上，主链也会不断地延长。

每个区块中包含了许多技术，如时间戳技术，它可以确保每个区块按时间顺序相连接；再如哈希函数，它能够确保交易信息不被篡改。

(2) 网络层。网络层的主要目的是实现区块链网络中节点之间的信息交流。区块链网络本质上是一个 P2P(点对点)网络。每个节点既接收信息，也产生信息。节点之间通过维护一个共同的区块链来保持通信。

图 1-13 区块链基础架构的 6 层模型

区块链的网络中,每个节点都可以创造新的区块,在新区块被创造后会以广播的形式通知其他节点,其他节点会对这个区块进行验证,当全区块链网络中超过 51%的用户验证通过后,这个新区块就可以被添加到主链上了。

(3) 共识层。在区块链的世界里,全网要依据一个统一的、大家一致同意的规则来维护更新区块链系统这个总账本,类似于更新数据的规则。让高度分散的节点在去中心化的区块链网络中高效达成共识是区块链的核心技术之一,也是区块链社区的治理机制。

共识层能让高度分散的节点在去中心化的系统中高效地针对区块数据的有效性达成共识。区块链中比较常用的共识机制主要有工作量证明、权益证明和委托权益证明三种。

(4) 激励层。激励层的主要功能是提供一定的激励措施,鼓励节点参与区块链的安全验证工作。以比特币为例,在比特币总量达到 2100 万枚之前,奖励机制有两种:新区块产生后,奖励机制是系统奖励的比特币和每笔交易扣除的比特币(手续费);当比特币总量达到 2100 万枚时,新产生的区块将不再生成比特币,这时奖励机制主要是每笔交易扣除的手续费。

需要注意的是,激励层一般只有公有链才具备,因为公有链必须依赖全网节点共同维护数据,所以必须有一套激励机制才能激励全网节点参与区块链系统的建设和维护,进而保证区块链系统的安全性和可靠性。

(5) 合约层。合约层主要是指各种脚本代码、算法机制及智能合约等。以比特币为例,比特币是一种可编程的货币,合约层封装的脚本中规定了比特币的交易方式和过程中涉及的种种细节。

(6) 应用层。应用层封装了区块链的各种应用场景和案例,比如基于区块链的跨境支付平台 OKLink,以及我们现在说的"区块链+"就是所谓的应用层。

注意,数据层、网络层和共识层是构建区块链应用的必要因素,没有这三者,该应用将不能称为真正意义上的区块链应用。而激励层、合约层和应用层则不是每个区块链应用的必要因素。

总结与提高

本章对区块链进行追根溯源，比特币产品诞生后，人们基于比特币的数据结构(链式区块)创造了"区块链"这个名词。如今，区块链特指一种综合了分布式数据存储、点对点传输、加密数据、共识计算等技术，具有去中心化、共识自治、不可篡改等特征的分布式数据库。区块链技术可以用于构建一种新型网络，网络中的每个节点都能够在去中心化的环境中实现自治的数据信任。简单来说，区块链是一种达成信任的工具。本章还介绍了区块链技术及其系列产品从诞生以来经历的三个阶段。

习　题

1. 试述共识算法(例如 PoW、PoS、DPoS)的优点和缺点，并查找与收集其他共识算法的资料。
2. 参考附录 B，了解拜占庭容错算法，并试着用编程语言(Java 或 Python)进行实现。

第2章 区块链1.0：比特币区块链开发

本章假定本书受众是了解 C++语言的程序开发者，且已经深刻理解比特币的相关概念，包括挖矿、交易、区块链、哈希函数、公私钥、签名等，除非特别必要，本章基本略过概念解释。下面从一个程序开发者的视角对比特币相关代码进行剖析，从而使读者可以自行编译、阅读、修改、运行及开发第三方应用。

2.1 bitcoind 客户端的编译过程

如前所述，比特币是一种去中心化的软件，只有客户端而无服务器端软件。比特币软件的官方客户端有两个版本：一个是图形界面的版本，通常被称为 Bitcoin；还有一个简洁命令行的版本，通常被称为 bitcoind。它们都是开放源代码的，两个版本相互兼容，有同样的命令行参数，读取相同的配置文件，读写相同的数据文件。可以任选 Bitcoin 客户端或 bitcoind 客户端中的一个来运行(包括源代码分析、编译、运行、观察和实验)，如果尝试同时运行两个客户端，会提示已经有一个客户端在运行并且自动退出。

作为程序开发人员，建议重点研究 bitcoind，因为 Bitcoin 与 bitcoind 的差异化部分仅仅在于 GUI(面向终端用户的图形界面)，完全不涉及比特币和区块链的底层技术，因此大可以放心地忽略，对后续的研究与实践工作也毫无影响。

bitcoind 支持在 Linux、Mac、Windows 等平台编译运行，下面选择 Ubuntu 14.04 版本作为开发测试环境，这也是目前在阿里云和 linode 等云服务器中部署产品选择的常用版本。Mac、Windows 平台下的编译和运行请读者自行学习。

2.1.1 Ubuntu 下的实验环境准备

首先要安装 Ubuntu Linux 环境，如果习惯使用 Windows，也可以在 VMware 下安装虚拟环境。

在 Ubuntu 14.04 中按 Ctrl+Alt+T 快捷键，启动 Terminal/shell。如图 2-1 和图 2-2 所示，分别执行如下两个命令，用来更新安装源和安装必备实验环境(各种工具和依赖库)。

```
sudo apt-get update
sudo apt-get install git autoconf make gcc g++ libdb-dev libdb++-dev
libboost-all-dev zlib1g-dev libssl-dev build-essential libminiupnpc-dev
```

```
libtool    pkg-config    libevent-dev    libzmq3-dev    libqt4-core    libqt4-gui
libqt4-dev
```

图 2-1　更新安装源

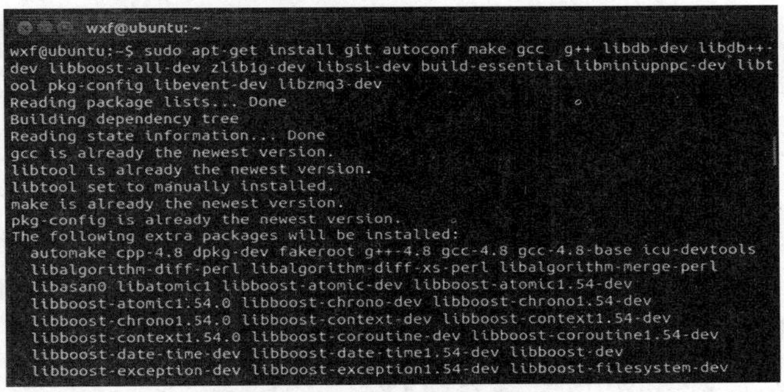

图 2-2　安装必备实验环境

2.1.2　Ubuntu 下获得 bitcoind 源代码

如图 2-3 所示，顺次执行如下命令：

```
git config --global core.compression -1
git clone -b v0.12.1 --depth=1 https://github.com/bitcoin/bitcoin.git
```

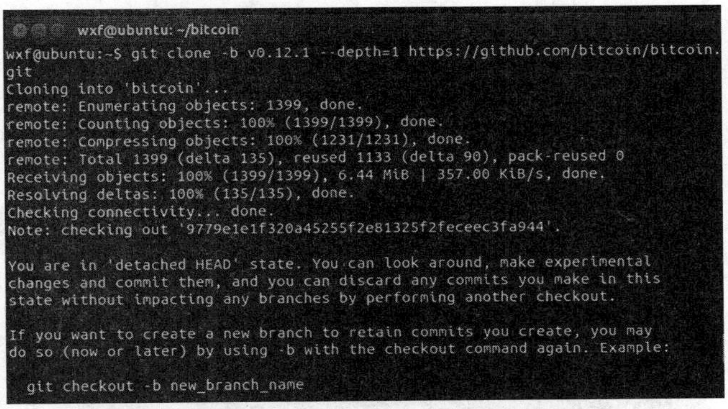

图 2-3　从 github 下载 bitcoin 源代码

开始在当前目录下载 bitcoin 源代码(本书选择经典版本 bitcoin v0.12.1 作为研究对象)。下载完毕后执行 chmod 777 -R　bitcoin 及 cd bitcoin，进入 bitcoin 主目录。

2.1.3 Ubuntu 下编译 bitcoind

编译过程如下。
- 生成编译源码所需要的库配置：sudo ./autogen.sh。
- 生成 makefile 文件：./configure --with-incompatible-bdb。
- 编译：make。其中编译好的 bitcoind、bitcoin-tx 和 bitcoin-cli 保存在 src 目录下。
- 安装编译好的二进制文件(可选)：make install。
- 运行：执行图形化客户端程序或全节点挖矿客户端程序。
- bitcoin-qt 或 bitcoind -server –printtoconcole。

注意：不要在编译上大费周章(不同版本的 bitcoin 对 gcc、g++的版本要求不同，不同版本的 gcc、g++的兼容与切换技巧不同)，下载源代码并基本编译成功后，应当立即着手开始了解源代码的框架结构(类似于作文的大纲)，理解核心代码、快速上手和进入开发阶段才是王道，2.3 节和 2.4 节将分析 bitcoind 的核心源代码，并基于源代码进行简单的修改实验。

2.1.4 兼容和切换编译器版本

在上述实验的过程中，可能会提示缺少 C++17 环境支持，遇到该提示的读者可以通过安装 gcc/g++ ver9 以解决问题，在这个过程中不提倡卸载低版本的 gcc/g++编译器，而应将两种版本的编译器以兼容的切换方式进行共存管理。

1. 安装 gcc/g++到 ver9 以支持 C++17

```
sudo add-apt-repository ppa:ubuntu-toolchain-r/test
sudo apt-get update
sudo apt-get install g++-9
```

注意，g++是 C++编译器，gcc 是 C 编译器，安装 g++ ver9 的同时也会安装 gcc ver9。

2. 切换 gcc 和 g++到 ver9

(1) 切换 gcc 到 ver9，如图 2-4 所示。

```
sudo update-alternatives --install /usr/bin/gcc gcc /usr/bin/gcc-4.9 40
sudo update-alternatives --install /usr/bin/gcc gcc /usr/bin/gcc-5 50
sudo update-alternatives --config gcc
```

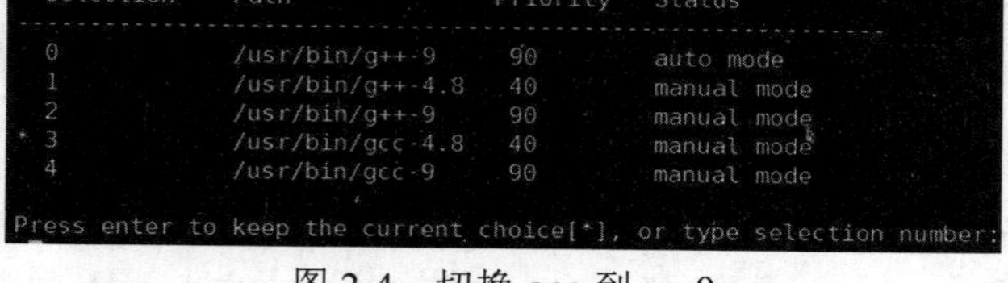

图 2-4 切换 gcc 到 ver9

输入选项 4 后按 Enter 键，运行 gcc -v 查看，发现 gcc 已经切换到 ver9。

(2) 切换 g++ 到 ver9，如图 2-5 所示。

```
sudo update-alternatives --install /usr/bin/g++ g++ /usr/bin/g++-5 50
sudo update-alternatives --install /usr/bin/g++ g++ /usr/bin/g++-4.9 40
sudo update-alternatives --config g++
```

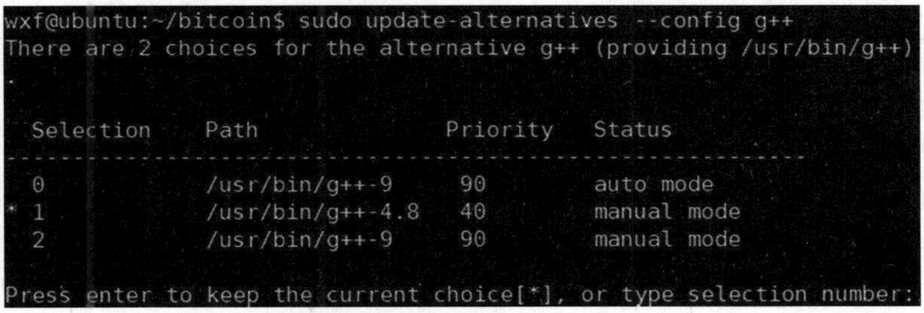

图 2-5　切换 g++ 到 ver9

直接按 Enter 键选择默认 90 模式或输入 2 后按 Enter 键，运行 g++ -v 查看，发现 g++ 已经切换到 ver9。

2.2　交易的本质与执行

我们来看一下区块链 1.0(比特币时代)在维基百科上的官方定义：区块链是一个基于比特币协议的、不需要许可的分布式数据库，它维护了一个持续增长的不可被篡改和修改的数据记录列表，即使对于数据库节点的运营者们也是如此。事实上，区块链 1.0(尤指比特币)就是用区块和链条的方式将交易记录组织起来的不可篡改的分布式数据库，那么"交易"指的是什么呢？下文将对此进行介绍。

2.2.1　比特币地址

比特币地址是一个由数字和字母组成的字符串，可以与任何想给你比特币的人分享。由公钥(一个同样由数字和字母组成的字符串)生成的比特币地址以数字"1"开头。下面是一个比特币地址的例子：

```
1J7mdg5rbQyUHENYdx39WVWK7fsLpEoXZy
```

在交易中，比特币地址通常作为收款方出现。如果把比特币交易比作一张支票，比特币地址就是收款人，也就是要写入收款人一栏的内容。一张支票的收款人可能是某个银行账户，也可能是某个公司、机构。支票不需要指定一个特定的账户，而是用一个普通的名字作为收款人，这使它成为一种相当灵活的支付工具。与此类似，比特币地址的使用也使比特币交易变得很灵活。比特币地址可以代表一对公钥和私钥的所有者，也可以代表其他事物。

比特币地址与公钥不同。比特币地址是由公钥经过单向的哈希函数生成的。通常用户见到的比特币地址是经过Base58Check 编码的(第 3 章会介绍这种编码算法)，这种编码使用了 58 个字符(一种 Base58 数字系统)和校验码，提高了可读性，避免了歧义并有效防止了在地址转录和输入中产生的错误。Base58Check 编码也被用于比特币的其他地方，例如比特币地址、私钥、加密的密钥和脚本哈希中，用来提高可读性和录入的正确性。图 2-6 和图 2-7 所示为从公钥生成比特币地址的流程。

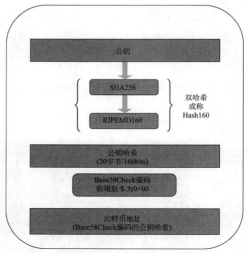

图 2-6 从公钥生成比特币地址的流程(概览)

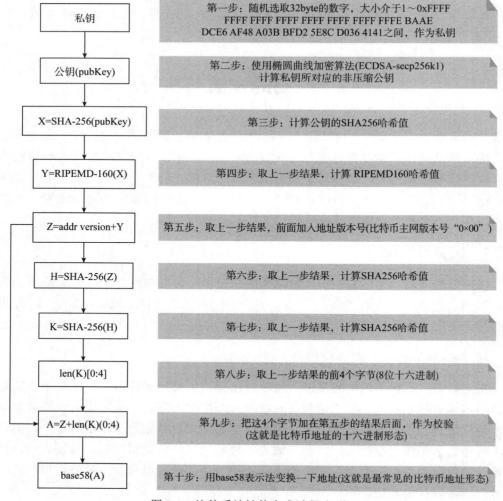

图 2-7 比特币地址的生成过程(细节)

2.2.2 交易的本质

交易本质上就是带有一组输入列表和输出列表的数据结构，其中就包括了交易的额度及来源，表 2-1 所示为比特币交易的数据格式。

表 2-1 比特币交易数据格式

数据项	描述	大小
版本号	目前为 1	4 字节
输入数量	正整数 VI = VarInt	1~9 字节
输入列表	每块的第一个交易的第一个输入叫作 coinbase(早期版本中内容被忽略)	<in-counter>许多输入
输出数量	正整数 VI = VarInt	1~9 字节
输出列表	块中的第一个交易的输出是花掉挖矿得到的比特币	<out-counter>许多输出
锁定时间 lock_time	如果非 0 并且序列号小于 0xFFFFFFFF，是指块序列号；如果交易已经终结，则是指时间戳	4 字节

只有一个输入及一个输出的简单交易如图 2-8 所示。

```
Input:
Previous tx: f5d8ee39a430901c91a5917b9f2dc19d6d1a0e9cea205b009ca73dd04470b9a6
Index: 0
scriptSig: 304502206e21798a42fae0e854281abd38bacd1aeed3ee3738d9e1446618c4571d10
90db022100e2ac980643b0b82c0e88ffdfec6b64e3e6ba35e7ba5fdd7d5d6cc8d25c6b241501


Output:
Value: 5000000000
scriptPubKey: OP_DUP OP_HASH160 404371705fa9bd789a2fcd52d2c580b65d35549d
OP_EQUALVERIFY OP_CHECKSIG
```

图 2-8 一个简单的交易

这个交易的 0 号输出中导入了 50 个比特币，输出则发送了 50 个比特币到一个比特币地址(这里用十六进制表示：404371705fa9bd789a2fcd52d2c580b65d35549d，而非用正常的 Base58 表示)。如果接收者想花掉这些钱，他需要首先创建自己的交易 B，再引用交易 A 的 0 号输出作为 B 交易的输入。

2.2.3 bitcoin 的脚本系统

1. 脚本系统

比特币在交易中使用脚本系统，与 Forth(一种编译语言)一样，脚本是简单的、基于堆栈的，并且从左向右处理，它特意被设计成非图灵完整，没有 loop 语句。

一个脚本本质上是众多指令的列表，这些指令记录在每个交易中，交易的接收者想花掉发送给他的比特币，这些指令就是描述接收者如何获得这些比特币的。一个典型的发送比特币到目标地址 D 的脚本要求接收者提供以下两个条件，才能花掉发给他的比特币：

(1) 一个公钥，当进行哈希生成比特币地址时，生成的地址是嵌入在脚本中的目标地址 D。

(2) 一个签名，证明接收者保存与上述公钥相对应的私钥。

脚本可以灵活改变花掉比特币的条件，举个例子，脚本系统可能会同时要求两个私钥、几个私钥或无须任何私钥等。

如果联合脚本中未导致失败并且堆栈顶元素为真(非零)，表明交易有效。原先发送币的一方控制脚本运行，以便比特币在下一个交易中使用。想花掉币的另一方必须把以前记录的运行为真的脚本放到输入区。

堆栈保存着字节向量，当用作数字时，字节向量被解释成小尾序的变长整数，最重要的位决定整数的正负号。这样 0x81 代表−1，0x80 是 0 的另外一种表示方式(称之为负 0)。正 0 用一个 NULL 长度向量表示。字节向量可以解析为布尔值，这里 False 表示 0，True 表示非 0。

我们先讨论单输入单输出的比特币交易，因为这样描述起来更方便且不影响对脚本的理解，以下面一个交易哈希值 9c50cee8d50e273100987bb12ec46208cb04a1d5b68c9bea84fd4a04854b5eb1 为例介绍。

这是一个单输入单输出交易，我们要关注的数据如图 2-9 所示。

```
Hash:
9c50cee8d50e273100987bb12ec46208cb04a1d5b68c9bea84fd4a04854b5eb1
输入交易：
前导输入的 Hash：
437b95ae15f87c7a8ab4f51db5d3c877b972ef92f26fbc6d3c4663d1bc750149
输入脚本 scriptSig：
3045022100efe12e2584bbd346bccfe67fd50a54191e4f45f945e385365828
4358d9c062ad02200121e00b6297c0874650d00b786971f5b4601e32b3f8
1afa9f9f8108e93c752201
038b29d4fbbd12619d45c84c83cb4330337ab1b1a3737250f29cec679d7551148a
输出交易：
转账值：0.05010000 btc
输出脚本 scriptPubKey：
OP_DUP OP_HASH160 be10f0a78f5ac63e8746f7f2e62a5663eed05788
OP_EQUALVERIFY OP_CHECKSIG
Output:
Value: 5000000000
scriptPubKey: OP_DUP OP_HASH160
404371705fa9bd789a2fcd52d2c580b65d35549d
OP_EQUALVERIFY OP_CHECKSIG
```

图 2-9 单输入单输出交易

假设 Alice 是转账发送者，Bob 是接受者。那么输入交易表明 Alice 要动用的比特币的来源，输出交易表明 Alice 要转账的数额和转账对象——Bob。

2. 交易是如何通过脚本系统完成的

Alice 转账给 Bob 的时候，输出交易中给出了 Bob 的钱包地址(等价于公钥哈希)；当 Bob 想要转账给 Carol 的时候，他要证明自己拥有这个钱包地址对应的私钥，所以在输入交易中给出了自己的公钥以及使用私钥对交易的签名。看下面的实例：

交易 a：

9c50cee8d50e273100987bb12ec46208cb04a1d5b68c9bea84fd4a04854b5eb1

交易 b：

62fadb313b74854a818de4b4c0dc2e2049282b28ec88091a9497321203fb016e

交易 b 中有一个输入交易引用了交易 a 的输出交易，它们的脚本是一对题与解。

题：交易 a 的输出脚本，若干个脚本指令和转账接收方的公钥哈希。

OP_DUP OP_HASH160 be10f0a78f5ac63e8746f7f2e62a5663eed05788 OP_EQUALVERIFY OP_CHECKSIG

解：交易 b 的输入脚本是一串字符，这么一长串字符只包含两个元素：签名和公钥。

3046022100ba1427639c9f67f2ca1088d0140318a98cb1e84f604dc90ae00ed7a5f9c61cab02210094233d018f2f014a5864c9e0795f13735780cafd51b950f503534a6af246aca30103a63ab88e75116b313c6de384496328df2656156b8ac48c75505cd20a4890f5ab

下面来看这两段脚本是如何执行，来完成解题过程的。

首先执行的是输入脚本。因为脚本是从左向右执行的，那么先入栈的是签名，随后是公钥，接着执行的是输出脚本。从左向右执行，第一个指令是 OP_DUP，复制栈顶元素，如图 2-10 所示。

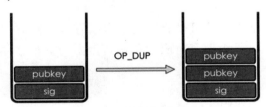

图 2-10 复制栈顶元素

OP_HASH160 计算栈顶元素哈希并得到 pubkeyhash，如图 2-11 所示。

图 2-11 栈顶元素 HASH160

如图 2-12 所示，将输出脚本中的公钥哈希入栈，为了和前面计算得到的哈希区别，称它为 pubkeyhash'。

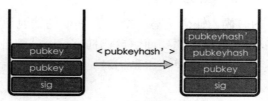

图 2-12　公钥哈希入栈

如图 2-13 所示，OP_EQUALVERIFY 检查栈顶前两元素是否相等，如果相等继续执行；否则，中断执行，返回失败。

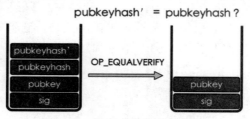

图 2-13　检查哈希值是否相等

如图 2-14 所示，OP_CHECKSIG 使用栈顶前两元素执行签名校验操作，如果相等，返回成功；否则，返回失败。

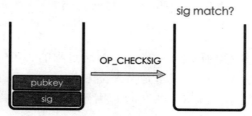

图 2-14　返回结果

这样一串指令执行下来，就可以验证这道数学题是否做对了，也就验明了想要花费钱包地址中比特币的人是否拥有对应的私钥。上面的执行过程可以在脚本模拟器中执行，能够看到每步执行的状态。

2.3　bitcoind 源代码剖析

如 2.1 节所述，本书选择经典版本 bitcoin v0.12.1 作为重点分析对象，后面提到的代码行数等描述都统一基于该对象。本节将针对几大功能模块，重点分析其核心数据结构及功能流程。读者一旦明白了主要脉络，就可以按图索骥了解 bitcoin 的代码全貌。

在 2.1 节已经获得了 bitcoin 源代码，在 bitcoin 源代码目录执行命令：

```
git checkout v0.12.1
```

运行结果显示：9779e1e。

这样，我们就准备好了 bitcoin v0.12.1 的源代码。

2.3.1 主要模块

1. 模块介绍

bitcoind 客户端由如下几个主要模块组成。

（1）初始化和启动。在启动阶段，客户端执行多种初始化任务，最后启动多线程处理并发操作。

（2）P2P 网络。本地节点利用多种技术发现其他节点并与之建立网络连接后，接收节点消息并利用 socket 发送消息到其他节点。

（3）区块交换。节点向其他节点广播自己存在的区块并互相交换区块，从而建立区块链。节点收到数据块的同时，会验证数据块是否合法，并将内存中与数据块重复的交易信息清除。

（4）交易交换。节点之间互相交换并传输交易，客户端把交易关联到本地钱包的比特币地址。交易信息会被广播到全网节点，每个节点都会验证交易的前一个动作是否合法，如果合法，就将交易保存在内存中，等待进入数据区块。

（5）挖矿。利用工作证明生产数据块的动作叫作挖矿。

（6）钱包服务。
- 客户端利用本地钱包创建交易。
- 客户端把交易与本地钱包的地址关联起来。
- 客户端提供管理本地钱包的服务。

（7）RPC 接口服务。客户端提供基于 HTTP 的 JSON-RPC 接口来执行多种操作功能并管理本地钱包。

（8）GUI 界面。bitcoin-qt 提供图形操作界面，由于该部分不涉及比特币的核心代码逻辑，后续的代码分析不涉及这部分。

（9）bitcoin 的默认目录。bitcoin 默认的数据目录如表 2-2 所示。

表 2-2 bitcoin 默认的数据目录

操作系统	bitcoin 默认数据目录	bitcoin.conf 配置文件默认路径
Windows	%APPDATA%\Bitcoin\	C:\Users\username\AppData\Roaming\Bitcoin\bitcoin.conf
Linux	$HOME/.bitcoin/	/home/username/.bitcoin/bitcoin.conf
Mac OSX	$HOME/Library/Application Support/Bitcoin/	/Users/username/Library/Application Support/Bitcoin/bitcoin.conf

2. 默认目录与子目录中的重要文件

默认目录与子目录中的文件说明如表 2-3 所示。

表 2-3 默认目录与子目录中的文件说明

文件名	说明
bitcoin.conf	bitcoin 配置文件，bitcoind 启动的时候会读取这个文件
debug.log	调试信息文件，各种日志写入并存储在该文件
peers.dat	peer 的信息
wallet.dat	钱包文件，保存私钥和相关交易记录，非常重要
blocks	区块链的数据存储目录
chainstate	区块链的状态存储目录
testnet3	测试链的数据目录，在 bitcoin.conf 配置 testnet=1 即可使用测试网络。测试链有不同的起始块，详见 https://en.bitcoin.it/wiki/Running_Bitcoin

3. 主要入口函数

主要入口函数及其所在的文件如表 2-4 所示。

表 2-4 主要入口函数及其所在的文件

文件	重要函数
bitcoind.cpp	main、AppInit
bitcoin-cli.cpp	main、AppInitRPC、CommandLineRPC、CallRPC
bitcoin-tx.cpp	main、AppInitRawTx、CommandLineRawTx、MutateTx、OutputTx
init.cpp	AppInit2

4. 主要的线程

表 2-4 中的函数 AppInit2 会开启线程组和多个独立线程，注意所有的网络线程都在同一个线程组，由于 bitcoind 是多线程程序，这就意味着有多个函数在并发执行。表 2-5 所示为主要的线程及其所在的文件，可分析函数里的层层调用，逐渐进入模块的内部实现。

表 2-5 主要的线程及其所在的文件

线程	说明	所在文件
ThreadScriptCheck	脚本检查	main.cpp
AppInitServers	RPC、REST 服务入口	init.cpp
ThreadImport	区块导入	init.cpp
TorControlThread	Tor 连接线程	torcontrol.cpp
StartNode	节点启动入口	net.cpp
Discover	节点发现	net.cpp
ThreadDNSAddressSeed	dns 地址种子解析	net.cpp
ThreadSocketHandler	接受外部连接，socket 消息接收与发送	net.cpp

(续表)

线程	说明	所在文件
ThreadOpenAddedConnections	addnode 向外连接	net.cpp
ThreadOpenConnections	主动向外连接	net.cpp
ThreadMessageHandler	消息处理	net.cpp
BitcoinMiner	挖矿入口	miner.cpp
ThreadFlushWalletDB	周期性刷新钱包数据到存储文件	walletdb.cpp

2.3.2 初始化和启动

分析代码，在 bitcoind.cpp 文件的第 179 行找到 bitcoind 代码入口：

```
int main(int argc, char* argv[])
{
    SetupEnvironment();
    // Connect bitcoind signal handlers
    noui_connect();
    return (AppInit(argc, argv) ? 0 : 1);
}
```

main()函数中，SetupEnvironment()用来准备环境，noui_connect()用来链接 bitcoind 的信号处理，AppInit()是进入程序基本初始化。

AppInit()主要做了以下几件事。

- 调用 ParseParameters 解析命令行参数。
- 读取 bitcoind.conf 文件，解析配置。
- 若以 bitcoind -daemon 模式启动，则 fork()创建后台进程。
- 调用 InitLogging 配置日志。
- 调用 InitParameterInteraction 配置参数。
- 进入 AppInit2 函数，进行核心初始化。

AppInit2 在 init.cpp 文件的第 786 行，AppInit2 里包含 bitcoin 的大部分初始程序，包括读取区块索引、加载区块、加载钱包，以及初始化其他线程，分 12 步进行。

```
/** Initialize bitcoin.
 *  @pre Parameters should be parsed and config file should be read.
 */
bool AppInit2(boost::thread_group& threadGroup, CScheduler& scheduler)
{
    // ************ Step 1: setup(安装网络环境，挂接事件处理器等)
    // *********** Step 2: parameter interactions(进一步的参数交互设置，
如区块裁剪 prune 和 txindex 的冲突检查、文件描述符的限制检查等)
```

```
            // ************ Step 3: parameter-to-internal-flags(参数转换为内部变
量,这样外部参数的设置转换成程序内部的状态)
            // ************ Step 4: application initialization: dir lock,
daemonize, pidfile, debug log(初始化 ECC,目录锁检查,保证只有一个 bitcoind 运行等)
            // ************ Step 5: verify wallet database integrity(若启用钱包
功能,会检查钱包数据库的完整性)
            // ************ Step 6: network initialization(网络初始化)
            // ************ Step 7: load block chain(加载区块链数据,即 blocks 目
录下的数据)
            // ************ Step 8: load wallet(若启用钱包功能,则加载钱包)
            // ************Step 9: data directory maintenance(若是裁剪模式,则进
行 blockstore 的裁剪)
            // ************ Step 10: import blocks(导入数据块)
            // ************Step 11: start node(启动节点服务,监听网络 P2P 请求,若
启用-gen 挖矿参数,则调用 GenerateBitcoins 启动数个挖矿线程 BitcoinMiner)
            // ************Step 12: finished(完成)
    }
```

2.3.3 P2P 网络

1. 网络处理线程

P2P 网络部分主要在 net.cpp 和 netbase.cpp 文件中,netbase.cpp 文件中主要是辅助函数,下面主要分析 net.cpp 文件。

- 函数 ThreadDNSAddressSeed 负责解析从 DNS seed 解析出 IP 地址并加入 IP 地址管理器 CAddrMan。
- 函数 ThreadOpenConnections 负责连接其他比特币节点的 IP,包括通过-connect 直接配置的 IP 地址,以及通过 DNS seed 解析出的 IP 地址。
- 函数 ThreadOpenAddedConnections 负责处理以-addnode 方式添加的节点连接。
- 函数 ThreadSocketHandler 负责监听端口接受其他节点的进入连接、把无用节点进行断开处理、节点的消息处理。

(1) 选择节点地址的规则。如果用户通过-connect 配置了地址,则程序只会连接这些 IP 节点。连接好这些节点后,程序进入 500ms 的死循环。连接节点通过 OpenNetworkConnection 函数,若 FindNode 发现连接已经建立,则 OpenNetworkConnection 直接返回,否则通过 ConnectNode 建立连接,生成 CNode 对象,并把 CNode 加入数组 vector<CNode*> vNodes。

(2) 连接数限制。程序向外的连接默认最大为 MAX_OUTBOUND_CONNECTIONS,默认 8 个,通过 CSemaphore 进行流控。

程序的接入连接默认最多为 DEFAULT_MAX_PEER_CONNECTIONS-MAX_

OUTBOUND_CONNECTIONS＝(128-8)个=120 个。

(3) 消息处理。ThreadSocketHandler 遍历 vNodes 连接向量，处理 socket 中数据的接收与发送操作。函数接收 ReceiveMsgBytes 数据，解析出一条完整消息后插入消息接收队列 vRecvMsg。

SocketSendData 遍历消息发送队列 vSendMsg 发送数据(SendMessages 把消息插入发送队列 vSendMsg)。

ThreadMessageHandler 通过调用 ProcessMessages 处理接收到的消息(用信号建立联系)。

ProcessMessages 是比特币协议的核心处理入口部分，解析消息头，然后分发到 ProcessMessage 进行具体消息的处理。

SendMessages 是消息的发送部分，内部调用 PushMessage 进行数据打包。

注意，ProcessMessages 和 SendMessages 不在 net.cpp 中，而是在 main.cpp 中。

2. 网络类型

表 2-6 所示为网络类型及相关信息。

表 2-6 网络类型及相关信息

网络	默认端口	魔数	nBits 参数的最大值
Mainnet	8333	0xf9beb4d9	0x1d00ffff
Testnet	18333	0x0b110907	0x1d00ffff
Regtest	18444	0xfabfb5da	0x207fffff

3. 消息报文格式

表 2-7 所示为消息报文格式。

表 2-7 消息报文格式

字段	大小/B	说明
message start	4	魔数 magic，鉴别网络类型
command	12	消息类型，不足长度全部补\0，如 version\0\0\0\0
payload size	4	数据长度，消息长度最大为 MAX_PROTOCOL_MESSAGE_LENGTH=2MB
checksum	4	校验和，SHA256(SHA256(payload))的前 4 字节，对于 VERACK、GETADDR 和 SENDHEADERS 这种无 payload 的消息，则固定为 0x5df6e0e2 (SHA256(SHA256(<empty string>)))
payload	x	数据。注意：比特币的消息报文中，绝大多数整数都使用小端编码，只有 IP 地址或端口号使用大端编码

4. 消息类型

图 2-15 所示是比特币 P2P 协议请求和响应消息概览。

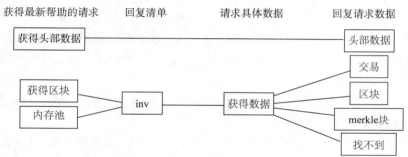

图 2-15 比特币 P2P 协议请求和响应消息返回结果概览

其中，消息类型定义在 allNetMessageTypes 数组变量里，具体说明如表 2-8 所示。

表 2-8 消息类型

消息类型	说明
version	当主动连接上对方时，发送 version 消息，监听方只有收到 version 消息才会回复 version 和 verack 消息
verack	版本确认消息
addr	转发网络上的节点地址列表消息
getaddr	主动请求节点回复一个 addr 消息，以便快速更新本地地址库
getblocks	发送此消息，以期返回一个包含编号从 hash_start 到 hash_stop 的区块列表的 inv 消息。若 hash_start 到 hash_stop 的区块数超过 500，则在 500 处截止。欲获取后面的区块散列，需要重新发送 getblocks 消息
getheaders	获取包含编号 hash_start 到 hash_stop 的至多 2000 个区块的 header 包。要获取之后的区块散列，需要重新发送 getheaders 消息。这个消息用于快速下载不包含相关交易的区块链
inv	节点通过此消息可以宣告它拥有的对象信息。"我有这些 blocks/txs…"这个消息一般当一个新块或交易转发时主动发送，也可以用于应答 getblocks 消息
headers	返回区块的头部以应答 getheaders
getdata	getdata 用于应答 inv 消息来获取指定对象，它通常在接收到 inv 包并滤去已有元素后发送到对方节点获取未有元素。当对方收到 getdata 消息，回复 block 或 tx 消息
sendheaders	指示节点优先用 headers 消息代替 inv 消息接收新块通告。新添加于 BIP130、Bitcoin Core 0.12.0、protocol version 70012
tx	回复 getdata 消息，发送 tx 内容
block	回复 getdata 消息，发送 block 内容
mempool	收集内存池交易
ping	检查连接是否在线
pong	确认 ping 消息
alert	alert 消息用于在节点间转发通知使其传遍整个网络，如版本升级
filterload	用于 Bloom Filter
filteradd	用于 Bloom Filter
filterclear	用于 Bloom Filter
reject	告知对方节点上一(几)个消息被拒绝
notfound	收到 getdata 消息时返回，告知对方没有发现 tx 或者 block 消息

表 2-8 中包含了大部分的消息类型，下面介绍前 16 种消息类型的具体说明。

(1) version 消息。version 的消息结构见表 2-9。

表 2-9 version 消息结构

字段尺寸/B	描述	数据类型	说明
4	version	uint32_t	节点使用的协议版本标识号
8	services	uint64_t	提供的服务特性(bitfield) NODE_NETWORK NODE_GETUTXO NODE_BLOOM 具体参见 protocol.h 的 nServices flags
8	timestamp	uint64_t	以秒计算的标准 UNIX 时间戳
26	addr_me	net_addr	发送者地址信息
version≥106			
26	addr_you	net_addr	接收者地址信息
8	nonce	uint64_t	节点的随机唯一 ID
1×?	sub_version_num	var_str	子版本字串
version≥209			
4	start_height	uint32_t	发送节点拥有的最新区块
1	relay_txes/blocks_only	uint8_t	是否转发 tx invs

主动连接上对方节点时，发的第一条消息是 version 消息，CNode 构造函数里的代码片段如下：

```
// Be shy and don't send version until we hear
if (hSocket != INVALID_SOCKET && !fInbound)
    PushVersion();
```

当节点收到 version 消息后，操作如下：
- 若对方已经发送过一次，则回复一个 reject 消息，消息体 REJECT_DUPLICATE。
- 若对方的协议 version <MIN_PEER_PROTO_VERSION，则回复一个 reject 消息，消息体 REJECT_OBSOLETE。
- 然后连续回复 version 消息、verack 消息。
- 若自己是监听节点，则回复 addr 消息发送自己的地址和端口；若对方为 fOneShot，大于 CADDR_TIME_VERSION 或本地地址库不足 1000 个，则回复 getaddr 消息。
- 若本地接收过告警消息，则转发 alert 消息。
- 最后，记录对方时间戳和本地时间戳之差。

到此，网络的通道层正式建立连接。

若节点不发 version 消息就发其他消息，超过 DEFAULT_BANSCORE_ THRESHOLD ＝100 次会被 ban 掉。

(2) verack 消息。当收到 verack 消息时，设置对方节点状态为"连接成功"，若对方节点协议版本大于 SENDHEADERS_VERSION＝70012，则发送 sendheaders 消息。

(3) addr 消息。addr 消息用于转发网络上的节点地址列表。其消息结构如表 2-10 所示。

表 2-10 addr 消息结构

字段尺寸/B	描述	数据类型	说明
1+	count	var_int	IP 地址数，最大为 1000
30×?	addr_list	addr_vect[]	IP 地址入口

其中，IP 地址入口字段的结构如表 2-11 所示。

表 2-11 IP 地址入口字段的结构

字段尺寸/B	描述	数据类型	说明
4	time	uint32	节点公告 IP 地址的时间戳
8	services	uint64_t	同 version 节点的 services
16	IP address	char	IP 地址，大端子节序
2	port	uint16_t	IP 端口，大端子节序

(4) getaddr 消息。主动请求节点回复一个 addr 消息，以便快速更新本地地址库，没有消息体 payload。

(5) getblocks 消息。发送此消息以期返回一个包含编号从 hash_start 到 hash_stop 的区块列表的 inv 消息。若 hash_start 到 hash_stop 的区块数超过 500，则在 500 处截止。欲获取后面的区块散列，需要重新发送 getblocks 消息。其消息结构如表 2-12 所示。

表 2-12 getblocks 消息结构

字段尺寸/B	描述	数据类型	说明
4	version	uint32_t	同 version 节点的协议版本号 version
1+	count	var_int	hash_start 的数量，一般为 1~200
32+	hash_start	char[32]	发送节点已知的最新区块散列
32	hash_stop	char[32]	请求的最后一个区块的散列，若要获得尽可能多的区块则设为 0，最多返回 500 个

(6) getheaders 消息。获取包含编号 hash_star 到 hash_stop 的至多 2000 个区块的 header 包。要获取之后的区块散列，需要重新发送 getheaders 消息。这个消息用于快速下载不包含相关交易的区块链，其消息结构如表 2-13 所示。

表 2-13 getheaders 消息结构

字段尺寸/B	描述	数据类型	说明
4	version	uint32_t	同 version 节点的协议版本号 version
1+	hash 数	var_int	hash_start 的数量
32+	hash_start	char[32]	发送节点已知的最新区块散列
32	hash_stop	char[32]	请求的最后一个区块的散列，若要获得尽可能多的区块则设为 0，最多返回 2000 个

(7) inv 消息。inv 消息用于发送本节点的交易和区块列表。其消息结构如表 2-14 所示。

表 2-14 inv 消息结构

字段尺寸/B	描述	数据类型	说明
1+	count	var_int	清单数量
36×?	inventory	inv_vect[]	清单数据

其中，inventory 的结构如表 2-15 所示。

表 2-15 inventory 的结构

字段尺寸/B	描述	数据类型	说明
4	type	int	清单类型：MSG_TX、MSG_BLOCK、MSG_FILTERED_BLOCK
32	hash	uint256/char[32]	清单哈希值，SHA256(SHA256(object))

(8) headers 消息。headers 消息用于返回区块的头部以应答 getheaders，其消息结构如表 2-16 所示。

表 2-16 headers 消息结构

字段尺寸/B	描述	数据类型	说明
1×?	count	var_int	区块头数量，最大为 2000。当区块数为 2000 时，则继续发送 getheaders 消息请求更多 headers；当区块数小于 2000 时，可以认为已经遍历到对方节点的区块链最新点了
81×?	headers	block_header_ex[]	区块头和 tx count

其中，block_header_ex 结构如表 2-17 所示。

表 2-17 block_header_ex 结构

字段尺寸/B	描述	数据类型	说明
4	version	uint32_t	区块版本信息，基于创建该区块的软件版本
32	prev_block	char[32]	该区块前一区块的散列
32	merkle_root	char[32]	与该区块相关的全部交易之散列(Merkle 树)，Merkle 树是哈希的二叉树，在比特币中使用两次 SHA256 算法来生成 Merkle 树，如果叶子个数为奇数，则要重复计算最后一个叶子的两次 SHA256 值，以达到偶数叶子节点的要求
4	timestamp	uint32_t	记录区块创建时间的时间戳
4	bits	uint32_t	创建区块的计算难度
4	nonce	uint32_t	用于生成这一区块的 nonce 值
1	txn_count	uint8_t	交易数，这个值总是 0

(9) getdata 消息。消息内容同 inv 消息，当收到对方节点的 inv 消息后，回复 getdata 消息到对方节点去获取自己不存在的 block 或 tx。

(10) sendheaders 消息。指示节点优先用 headers 消息代替 inv 消息接收新块通知，没有消息体 payload。

(11) tx 消息。tx 消息描述一笔比特币交易,用于应答 getdata 消息,其消息结构如表 2-18 所示。

表 2-18 tx 消息结构

字段尺寸/B	描述	数据类型	说明
4	version	uint32_t	交易数据格式版本
1+	tx_in count	var_int	交易的输入数
41+	tx_in	tx_in[]	交易输入或比特币来源列表
1+	tx_out count	var_int	交易的输出数
8+	tx_out	tx_out[]	交易输出或比特币去向列表
4	lock_time	uint32_t	—

lock_time 为锁定交易的期限或区块数目。若该交易的所有输入 tx_in 的 sequence 字段为 uint32_t 最大值(0xFFFFFFFF),则忽略该字段的逻辑检查。

- 当 sequence< 0xFFFFFFFF 且 lock_time==0 时,该交易可立即被打包。
- 当 sequence< 0xFFFFFFFF 且 lock_time!=0 时:

当 lock_time<500000000 时,lock_time 代表区块数,该交易只能被打包进时间大于或等于 lock_time 的区块;

当 lock_time≥500000000 时,lock_time 代表 Unix 时间戳,该交易只能等到当前时间大于或等于 lock_time 时才能被打包进区块。

tx_in 的结构如表 2-19 所示,一个支付的输入用"旧"的 txid 及其 output 索引(vout,即 output vector)鉴别"钱"的来源。

表 2-19 tx_in 的结构

字段尺寸/B	描述	数据类型	说明
36	previous_tx_output	OutPoint	对前一输出的引用,即需要出示账单的 txid,也就是说,一个人花的任何一笔钱都应该有人转入
1+	script length	var_int	signature script 的长度
1×?	script signature	uchar[]	用于确认交易授权的计算脚本,一个人对这笔交易的签名就是用自己的私钥对 previous_output 的引用做哈希,因为只有一个人能做这个哈希,宣誓了自己的拥有权
4	sequence	uint32_t	发送者定义的交易版本,用于在交易被写入区块之前更改交易

OutPoint 的结构如表 2-20 所示。

表 2-20 OutPoint 的结构

字段尺寸/B	描述	数据类型	说明
32	hash	char[32]	交易哈希
4	index	uint32_t	指定 tx 输出的索引,第一笔输出的索引是 0,以此类推

接收方 tx_out 的结构如表 2-21 所示。

表 2-21 tx_out 的结构

字段尺寸/B	描述	数据类型	说明
8	value	uint64_t	要发多少，交易的比特币数量(单位是 0.00000001)
1+	pk_script length	var_int	pk_script 的长度
1×?	pk_script	uchar[]	一般为对方的公钥,比特币账户就是一段公钥,script 由一系列与交易相关的信息和操作组成,详情请参考 script.h 和 script.cpp 文件，2.3.5 节对此做了分析

(12) block 消息。block 消息用于响应请求交易信息的 getdata 消息，其消息结构如表 2-22 所示。注意，block 消息结构和 headers 消息结构的区别在于 block 消息有 txn_count、txns 描述。

表 2-22 block 消息结构

字段尺寸/B	描述	数据类型	说明
4	version	uint32_t	区块版本信息，基于创建该区块的软件版本
32	prev_block	char[32]	该区块前一区块的散列
32	merkle_root	char[32]	与该区块相关的全部交易的散列(Merkle 树)
4	timestamp	uint32_t	记录区块创建时间的时间戳
4	bits	uint32_t	这一区块的计算难度
4	nonce	uint32_t	用于生成该区块的 nonce 值
1×?	txn_count	var_int	交易数量
1×?	txns	tx[]	交易，以 tx 格式存储

一个区块的第一笔交易必须是生成比特币的交易，它不包含任何输入交易，而是生成比特币，这些比特币通常被完成这个区块的人获得。这样的交易被称作 coinbase 交易。由于每个区块只有一个 coinbase 交易,它无须执行脚本即被 bitcoin 客户端接受。

如果一笔交易不是 coinbase 交易，它会引用前一笔交易的散列和其他交易的输出作为这笔交易的输入，执行这笔交易输入部分的脚本，然后引用的交易输出部分的脚本会被执行。如果栈顶的元素为真，则交易被认可。

(13) mempool 消息。mempool 消息用于收集内存池交易，没有消息体 payload。

(14) ping 消息。ping 消息用于检查连接是否在线，其消息结构如表 2-23 所示。

表 2-23 ping 消息结构

字段尺寸/B	描述	数据类型	说明
8	nonce	uint64_t	随机数

(15) pong 消息。pong 消息的内容同 ping 消息，当收到对方节点的 ping 消息后，回复 pong 消息表明连接还在线。

(16) alert 消息。alert 消息用于在节点间发送通知，使其传遍整个网络。如果签名验证这个 alert 来自 bitcoin 的核心开发组，建议将这条消息显示给终端用户。交易尝试，尤其是客户端之间的自动交易，则建议停止。消息文字应当记入记录文件并传到每个用户。alert 的消息结构如表 2-24 所示。

表 2-24 alert 消息结构

字段尺寸/B	描述	数据类型	说明
1×?	message	var_str	向网络中所有节点发出的系统消息
1×?	signature	var_str	可由公钥验证 Satoshi 授权或创建此信息的签名

2.3.4 交易和区块

2.3.3 节已经分析了区块和交易在协议中的结构，block 和 tx 的定义在 primitives 文件夹中。

交易就是从比特币地址的余额中支付给某个比特币地址。简单来说，就是钱从哪里来，花到哪里去，类似会计的三重记账法。

当签名一个账单并把签单发送到全世界以后，所有收到这个单子的客户端会校验这个单子对不对，比如会校验签名、发送人、是否有那么多钱。

如果这个交易经过计算认为没问题了，基本上就算转账成功了，等待打包进入区块，进而进入区块链。区块即收集上面广播的 tx 加上挖矿的 coinbase tx 作为一个整体记录，等待被"挖矿"记入区块链。

引用 Wu Hao 的伪代码，一目了然，清晰明了。

```
function sendBTC(amount)
{
    sourceTXs = pickConfirmedTransactionsToBeSpent(amount)
    tx = generateTX(sourceTXs, targetAddrs, amount, fee)
    signedTx = sign(tx, privateKeysOfAllInputAddress)
    broadcast(signedTx)
}
```

具体到每笔交易，又分几种类型：
- 支付到比特币一般地址的交易 Pay-to-PubkeyHash Tx(P2PKH Tx)。
- 支付到比特币多签地址的交易 Pay-to-Script-Hash Tx(P2SH Tx)。
- 比特币挖矿生成的交易 Generation coinbaseTx(Coinbase Tx)。

以上各种交易的验证依赖脚本系统，详见 2.3.5 节。

2.3.5 脚本系统

脚本的本质就是实现逻辑的动态控制过程，比如游戏中经常用 lua 脚本控制游戏逻辑。比特币使用的脚本系统是一个基于栈的、从左到右的系统。为了安全考虑，特意将此系统设计成没有循环的非图灵完备系统。

比特币的脚本系统主要用于对交易的当前输入和其上一笔交易的输出进行身份校验，从而确认该笔交易是否有效。上一笔交易的输出脚本就是拥有者宣告谁能消费这笔钱的锁，当前交易的输入脚本就是打开这把锁的钥匙,从而宣告拥有这笔钱,完成钱的转移,即交易的核心。脚本系统就是智能合约,采用脚本系统的比特币则成为第一种可编程的货币。

脚本的执行需要解析引擎,主要代码在 script 文件夹中,下面以最为常用的典型脚本 P2PKH 为例,从概念上分析整个脚本执行过程。

P2PKH 脚本的组成元素如下。

公钥脚本:OP_DUP OP_HASH160 <PubKeyHash> OP_EQUALVERIFY OP_CHECKSIG

签名脚本:<sig><pubkey>

在送入脚本解析器前,把签名脚本附在公钥脚本前面,整体构成如下:

<Sig><PubKey> OP_DUP OP_HASH160 <PubkeyHash> OP_EQUALVERIFY OP_CHECKSIG

这里,OP_是 operation(操作数)的缩写,以 OP_开头的脚本都是操作数。表 2-25 展示了脚本状态的迁移过程。

表 2-25 脚本的状态迁移过程

步骤	操作动作	脚本状态迁移	栈状态迁移
初始状态	初始无操作	初始脚本: <Sig><PubKey> OP_DUP OP_HASH160 <PubkeyHash> OP_EQUALVERIFY OP_CHECKSIG	初始栈为空[]
第 1 步	把 Sig 签名数据压入栈顶,即压栈<Sig>	剩余脚本:<PubKey> OP_DUP OP_HASH160 <PubkeyHash> OP_EQUALVERIFY OP_CHECKSIG	栈状态: [<Sig>]
第 2 步	把 PubKey 数据压入栈顶,即压栈<PubKey>	剩余脚本:OP_DUP OP_HASH160 <PubkeyHash> OP_EQUALVERIFY OP_CHECKSIG	栈状态: [<PubKey>] [<Sig>]
第 3 步	执行 OP_DUP,复制栈顶元素	剩余脚本:OP_HASH160 <PubkeyHash> OP_EQUALVERIFY OP_CHECKSIG	栈状态: [<PubKey>] [<PubKey>] [<Sig>]
第 4 步	把栈顶元素(也就是 PubKey)做 OP_HASH160 计算后得到<PubKeyHashX>	剩余脚本:<PubkeyHash> OP_EQUALVERIFY OP_CHECKSIG	栈状态: [<PubKeyHashX>] [<PubKey>] [<Sig>]
第 5 步	把剩余脚本里的第一个元素数据压入栈顶,即压栈<PubkeyHash>	剩余脚本:OP_EQUALVERIFY OP_CHECKSIG	栈状态: [<PubKeyHash>] [<PubKeyHashX>] [<PubKey>] [<Sig>]

(续表)

步骤	操作动作	脚本状态迁移	栈状态迁移
第 6 步	OP_EQUALVERIFY 检查栈顶前面两个元素是否相等,如果相等继续执行脚本,否则中断执行	剩余脚本:OP_CHECKSIG	栈状态: [\<PubKey>] [\<Sig>]
第 7 步	OP_CHECKSIG 校验签名,返回 Result。至此,整个脚本执行完毕	剩余脚本:空	栈状态: [\<Result>]

2.3.6 挖矿

挖矿在本质上是基于 Hashcash 算法(工作量证明算法),打包区块进区块链并且生成新币 coinbase 的过程。也就是说,挖矿有两个重要目的:一是产生新币,二是打包转移旧币。

1. Hashcash 算法原理

Hashcash 算法的原理如图 2-15 所示。

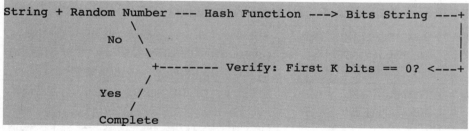

图 2-15 Hashcach 算法的原理

生产方:一串含有信息的 bit 串,首先产生一个随机数 PP,将其合并后再进行哈希运算(如 SHA1);若哈希运算后的 bit 串的头 K(K 根据挖矿的难度而定)个 bit 全部是 0,那么过程结束,发送原始的 bit 串以及找到的随机数 PP 至接收者;否则,重新生成随机数 PP。

验证方:简单验证收到的 bit 串和随机数 PP,检验是否经过哈希运算后的 bit 串的头 K 个 bit 全部是 0,若是,则有效。

通过数论及密码学设计,可以保证至少存在 1 个 $P \in [1, 2K]$,使得其满足头 K 个 bit 全部是 0。而为寻找这一个神奇的随机数 PP,只能暴力破解来寻找解。

不难看出,Hashcash 算法具有如下性质:

- 理论上,其计算复杂度为指数级,需要进行大量的哈希运算,而实际上执行 Hashcash 算法所需要的计算量和 K 的大小直接相关,所以 Hashcash 算法的计算难度是可调节的。
- 验证阶段的计算量和 K 的大小无关。

2. 比特币的 PoW 机制始自 Hashcash 算法

比特币使用的 PoW 机制类似于 Hashcash 算法，但是有几点变化：
- Hashcash 通常只能将难度翻倍或减半，而比特币则有更为复杂的调整策略。
- Hashcash 通常使用一轮 SHA1 算法，而每个比特币的开采需要两轮 SHA256 计算。
- 用于识别每个区块的 SHA256 散列，使用这个结构的前 6 个字段(version、prev_block、merkle_root、timestamp、bits、nonce，后接标准 SHA256 填充，共 2 个 64 字节块)而非整个区块计算。计算散列是 SHA256 算法，只需要处理 2 个块。由于 nonce 字段在第 2 个块里，在挖矿过程中，第 1 个块保持不变，因此只需要处理第 2 个块。

由于哈希运算需要消耗大量 CPU 时间，系统会定时发放比特币以奖励贡献计算资源的系统维护者，比特币就此在网络中产生，这也是比特币产生的唯一方式，称为挖矿。

2. 挖矿的逻辑实现

这里引用 Wu Hao 的伪代码，可以帮助读者进一步理解挖矿逻辑。

```
function mine()
{
    while(true)
    {
        longestChain = getLongestValidChain()
        -- A number that changes every time, so that you don't waste time
        -- trying to calculate a valid blockHash with the same input.
        nonce = getNewNonce()
        currentTXs = getUnconfirmedTransactionsFromNetwork()
        newBlock = getNewBlock(longestChain, currentTX, nonce)
        -- http://en.wikipedia.org/wiki/SHA-2
        -- and this is what all the "mining machines" are doing.
        blockHash = sha256(newBlock)
        if(meetReqirements(blockHash))
        {
            broadcast(newBlock)
            -- Now the height the block chain is incremented by 1
            -- (if the new block is accepted by other peers),
            -- and all the TXs in the new block are "confirmed"
        }
    }
}
```

具体的代码请参考 miner.h 和 miner.cpp 文件。

2.3.7 私钥

开发者可以剖析钱包这个概念，因为钱包在比特币中不过是用户自身的私钥、地址、交易的存储地。因为根据私钥可以导出公钥，公钥又可以导出地址，地址可以在区块链查询到交易，所以钱包的核心就是私钥的保存与使用。私钥就是钥匙，脚本系统保证可以用这把钥匙去打开区块链里的一把或多把锁，从而宣告拥有的比特币余额。所以一定要保管好私钥，而不是钱包。

既然只需要保管好私钥就行了，那么为什么有很多比特币钱包提供商呢？简单来说，它们只是提供安全、方便的方案，比如 HD 钱包方案就实现了方便的私钥记忆与权限分级功能。所以钱包功能的核心就是提供私钥的安全存储管理体系，其他的概念，比如 SPV 或 Fullnode 模式、移动端、Web 端、多签等，都是基于此的延伸。从纯技术角度来看，钱包完全可以从比特币核心中剥离。因此，这里也不多讲钱包体系，只专注私钥、公钥、地址的推导。

key.h 文件里有私钥 CPrivKey 的定义，封装私钥定义 CKey 中有内存存储定义 unsigned char vch[32]。

vch 用来存储 key 的数据，即私钥的长度是 32 字节。在 key.cpp 中，MakeNewKey 为生成新 key 的函数，内部调用椭圆曲线数字签名算法(ECDSA)库 secp256k1(https://github.com/bitcoin-core/secp256k1)来检查生成的随机数是否满足要求。生成的私钥可以推导出(调用 GetPubKey)对应的唯一公钥。

pubkey.h 文件里有公钥的定义 CPubKey，公钥分为压缩和非压缩两种。压缩公钥以 0x02、0x03 开头，占 33 字节；非压缩公钥以 0x04、0x06、0x07 开头，占 65 字节。

非压缩公钥可以按照一定的规则推导出比特币地址。对于压缩公钥，只须取公钥的一部分。

2.4 修改源代码实战

了解了 bitcoin 源代码的整体框架后，就可以进入实战环节，通常是修改源代码中的参数，建立和运行 bitcoin 私链(区别于官方的公有链)，比对修改前后的源代码和观察运行情况，以达到理解和运用源代码的目标。

2.4.1 建立私链

最简单的建立私链的方式就是修改参数，一般 chainparams.cpp 中有关于链的关键参数定义，如 main、test、regtest 等。

1. 修改创世区块参数

(1) 修改创世区块 coinbase 信息。下面这段代码 CreateGenesisBlock 是创世区块交易,中本聪用 2009 年 1 月 3 日在报纸上的一个标题 pszTimestamp 作为 coinbase 的内容,目的是证明这个创世区块的产生迟于 2009 年 1 月 3 日,以表明在这之前没有预挖比特币,作为时间凭证。

```
static CBlock CreateGenesisBlock(uint32_t nTime, uint32_t nNonce,
uint32_t nBits, int32_t nVersion, const CAmount& genesisReward)
    {
        const char* pszTimestamp = "The Times 03/Jan/2009 Chancellor on brink of second bailout for banks";
        const CScript genesisOutputScript = CScript() << ParseHex("04678afdb0fe5548271967f1a67130b7105cd6a828e03909a67962e0ea1f61deb649f6bc3f4cef38c4f35504e51ec112de5c384df7ba0b8d578a4c702b6bf11d5f") << OP_CHECKSIG;
        return CreateGenesisBlock(pszTimestamp, genesisOutputScript, nTime, nNonce, nBits, nVersion, genesisReward);
    }
```

创世区块建立:

```
genesis = CreateGenesisBlock(1231006505, 2083236893, 0x1d00ffff, 1, 50 * COIN);
```

1231006505 代表区块链发布的 UNIX 时间,可以在这里把北京时间转换成为 UNIX 时间。

(2) 修改挖矿难度。其中,参数 0x1d00ffff 为 nBits,nBits 参数可以和 powHash 互相转换。

```
consensus.powLimit = uint256S("00000000ffffffffffffffffffffffffffffffffffffffffffffffffffffffff")
```

consensus.powLimit 代表最低难度。

2083236893 为 nonce 值,nonce 这个值的发现只能从 0 开始遍历,使得 PoW 挖矿的哈希值满足最低难度 consensus.powLimit,nonce 不会只有一个,但是只要找到一个就满足 nBits 条件,即可获得奖励了。

(3) 修改货币总量:

```
consensus.nSubsidyHalvingInterval = 210000;
```

(4) 修改区块奖励的初始数额:

```
genesis = CreateGenesisBlock(1231006505, 2083236893, 0x1d00ffff, 1, 50 * COIN);
```

这里的 50 * COIN 即初始区块奖励的数额。

(5) 修改难度，调节周期：

consensus.nPowTargetTimespan = 14 * 24 * 60 * 60; // 两周调整一次难度

consensus.nPowTargetSpacing = 10 * 60;//区块时间，平均每 10 分钟出一个块，若时间太短，因为传播需要时间，区块链容易分叉

consensus.nMinerConfirmationWindow = 2016; // nPowTargetTimespan / nPowTargetSpacing

2. 修改网络协议头的魔数

pchMessageStart 是协议头里的魔数值，可修改为任意 4 字节。

```
pchMessageStart[0] = 0xf9;
pchMessageStart[1] = 0xbe;
pchMessageStart[2] = 0xb4;
pchMessageStart[3] = 0xd9;
```

3. 修改网络监听端口

```
nDefaultPort = 8333;//chainparams.cpp 中
nRPCPort = 8332;//chainparamsbase.cpp 中
```

4. 修改种子连接定义

```
vSeeds.push_back(CDNSSeedData("bitcoin.sipa.be", "seed.bitcoin.sipa.be")); // Pieter Wuille
vSeeds.push_back(CDNSSeedData("bluematt.me", "dnsseed.bluematt.me")); // Matt Corallo
vSeeds.push_back(CDNSSeedData("dashjr.org", "dnsseed.bitcoin.dashjr.org")); // Luke Dashjr
vSeeds.push_back(CDNSSeedData("bitcoinstats.com", "seed.bitcoinstats.com")); // Christian Decker
vSeeds.push_back(CDNSSeedData("xf2.org", "bitseed.xf2.org")); // Jeff Garzik
vSeeds.push_back(CDNSSeedData("bitcoin.jonasschnelli.ch", "seed.bitcoin.jonasschnelli.ch")); // Jonas Schnelli
```

5. 修改比特币地址的前缀

```
base58Prefixes[PUBKEY_ADDRESS] = std::vector<unsigned char>(1,0);
base58Prefixes[SCRIPT_ADDRESS] = std::vector<unsigned char>(1,5);
base58Prefixes[SECRET_KEY] =    std::vector<unsigned char>(1,128);
base58Prefixes[EXT_PUBLIC_KEY] =                                     = boost::assign::list_of(0x04)(0x88)(0xB2)(0x1E).convert_to_container<std::vector<unsigned char>>();
```

```
base58Prefixes[EXT_SECRET_KEY]                                              =
boost::assign::list_of(0x04)(0x88)(0xAD)(0xE4).convert_to_container<std:
:vector<unsigned char>>();
```

6. 修改 coinbase 成熟确认数

在 consensus.h 中：

```
/** Coinbase transaction outputs can only be spent after this number of
new blocks (network rule) */
static const int COINBASE_MATURITY = 100;
```

7. 修改 checkpoint

```
checkpointData = (CCheckpointData) {          };
```

这里，可以填入创世区块的 check points，主要目的是防止网络分叉，现在还没有值，启动一次 bitcoind，从日志里找到这个值并填入。

8. 修改 publickey

```
vAlertPubKey = ParseHex("04302390343f91cc401d56d68b123028bf52e5fca
1939df127f63c6467cdf9c8e2c14b61104cf817d0b780da337893ecc4aaff1309e536162
dabbdb45200ca2b0a");
```

9. 修改 scriptPubKey

```
const CScript genesisOutputScript = CScript() << ParseHex ("04678afdb
0fe5548271967f1a67130b7105cd6a828e03909a67962e0ea1f61deb649f6bc3f4cef38c
4f35504e51ec112de5c384df7ba0b8d578a4c702b6bf11d5f") << OP_CHECKSIG;
```

10. 修改挖矿算法

在 miner.cpp 中修改 ScanHash。

2.4.2 优化改进

Bitcoin Core (bitcoind)的原始设计效率有问题，并不适合做 Bitcoin 服务器。这里简单总结一下，由于每项改进都可以抽出来具体描述，限于篇幅，具体内容可参考如下：

- 剥离钱包：参考 https://github.com/btcsuite/btcd 的设计。
- 连接改进：提高连接节点总数量。
- 存储查询：区块链数据库替换优化，参考基于 PostgreSQL 的区块浏览器开源实现 https://github.com/haobtc/openblockchain。
- 协议优化：压缩区块 Compact Block，隔离认证 Segregated Witness，已被添加到 bitcoin v0.13 版本。
- 传输优化：快速传播 block，参考 https://github.com/bitcoinfibre/bitcoinfibre。

- 链外优化：闪电网络，参考 http://lightning.network/ 和 https://github.com/ElementsProject/lightning。
- 挖矿优化：Stratum 协议，参考 https://en.bitcoin.it/wiki/Stratum_mining_protocol。
- 匿名优化：ZCASH 协议，参考 https://z.cash/。

2.5 通过命令行或 API 与 bitcoind 交互

bitcoind 支持命令行(本地)和 RPC API(本地、远程)两种方式进行交互操作。

2.5.1 命令行调用

可以通过命令行或配置文件传入参数启动 bitcoind，以达到与 bitcoind 交互的作用。

2.5.2 RPC API 调用

bitcoind 提供了基于 JSON RPC 的二次开发接口，应用开发者可以使用各种开发语言(如 JavaScript、Java、C#、PHP、Python 等)访问 bitcoind 的功能，也可以通过命令行工具 bitcoin-cli 等访问(命令行直接使用 API 进行编程，方便进行交互方式测试)，是在应用中集成 bitcoind 各种功能的理想实现途径。

事实上，RPC API 可以通过多种方式调用开发，以 getbestblockhash(返回最优链上最近区块的哈希)为例。

(1) 通过 bitcoind-qt 调用：可以通过单击"帮助/调试窗口/控制台"进入 Bitcoin Core 的 RPC 控制台，输入 help 命令可以浏览所有的 RPC 命令，输入 help getbestblockhash 命令可以查看 getbestblockhash 命令的详细帮助，包括输入、输出及说明。

(2) 通过 bitcoind-cli 调用(开始前，可以使用 help 命令查看可用的比特币 RPC 命令列表)：先运行 bitcoind，然后运行 bitcoin-cli getbestblockhash。

(3) 通过 HTTP 客户端的 curl 调用：

```
curl --user myusername --data-binary '{"jsonrpc": "1.0", "id":"curltest",
"method": "getbestblockhash", "params": [] }' -H 'content-type: text/plain;'
http://127.0.0.1:8332/
```

(4) 通过语言库调用：语言库包括 python 库 https://github.com/jgarzik/python-bitcoinrpc，更多其他语言库参考 https://en.bitcoin.it/wiki/API_reference_(JSON-RPC)。

2.6 挖矿、矿机、矿场和矿池

在比特币的世界里，谁拥有算力，谁就拥有了控制权。本节将重点介绍挖矿(矿工、挖矿的人或计算机节点)、矿机、矿场和矿池。

2.6.1 挖矿就是区块产生的过程

比特币的挖矿和节点软件是基于对等网络、数字签名、交互式证明系统的零知识证明来发起和验证交易的。节点向网络广播交易，这些广播出来的交易在经过矿工的验证后，矿工用自己的工作证明结果来表达确认，确认后的交易会被打包到数据块中，数据块会串起来形成连续的数据块链。中本聪本人设计了第一版的比特币挖矿程序，该程序随后被开发为广泛使用的第一代挖矿软件 bitcoind，这一代软件流行于 2009 年到 2010 年年中。

比特币网络中，数据以文件的形式被永久记录，称为区块。一个区块是一些或所有最新比特币交易的记录集，且未被其他先前的区块记录。可以将区块想象为一个城市记录者的记录本上的单独一页纸(对房地产产权的变更记录)或者股票交易所的总账本。在绝大多数情况下，新区块被加到记录最后，一旦写上，就再也不能改变或删除。每个区块记录了它被创建之前发生的所有事件。一个区块的结构如表 2-26 所示。

表 2-26 区块的结构

数据项	描述	长度
Magic no(魔法数)	总是 0xD9B4BEF9	4 字节
Blocksize(区块大小)	到区块结束的字节长度	4 字节
Blockheader(区块头)	包含 6 个数据项	80 字节
Transaction counter(交易数量)	正整数 VI = VarInt	1~9 字节
transactions(交易)	交易列表(非空)	<Transaction counter>许多交易

每个区块都包括了一个被称为魔法数的常数 0xD9B4BEF9、区块的大小、区块头、区块所包含的交易数量以及一些或者所有近期的新交易。在每个区块中，对整个区块链起决定作用的是区块头，接下来将对每个字段都做出比较详细的解释。

每个比特币的节点都会收集所有尚未确认的交易，并将其归集到一个数据块中，这个数据块会和前面一个数据块集成在一起。矿工节点会附加一个随机调整数，并计算前一个数据块的 SHA256 哈希运算值。挖矿节点不断进行尝试，直到找到的随机调整数使得产生的哈希值低于某个特定的目标。由于哈希运算是不可逆的，找到符合要求的随机调整数非常困难，需要一个可以预计总次数的不断试错的过程。这时，工作量证明机制就发挥作用了。当一个节点找到了符合要求的解，那么它就可以向全网广播自己的结果，其他节点就可以接收这个新解出来的数据块，并检验其是否符合规则。如果其他节点通过计算哈希值发现确实满足要求(比特币要求的运算目标)，那么该数据块有效，其他的节点就会接受该数据块，并将其附加在自己已有的链条之后。

当挖矿时，会经常对区块头进行哈希运算，正在挖的区块也会时常更新，一个区块头包含很多数据项。区块内包含许多交易，它们通过 Merkle 根节点间接被哈希，因为所有交易不可能直接被哈希，哈希包含一个交易的区块所花的时间，和哈希包含 1 万个交易的区块所花的时间一样。

目标哈希值的压缩格式是一个特殊的浮点编码类型，首字节是指数(仅使用了 5 个最低位)；后 3 字节是尾数，能表示 256 位的数值。一个区块头的 SHA256 值必定要小于或等于目标哈希值，该区块才能被网络所接受，目标哈希值越低，产生一个新区块的难度越大。

上述大部分数据项对所有用户是一致的，可能在时间戳上有些区别。如果当前区块的时间戳大于前 11 个区块的平均时间戳，并且小于网络调整时间+2 小时，则认为该时间戳是有效的。其中，网络调整时间是指与相连接的所有节点的平均时间。当节点 A 连接到节点 B 时，A 从 B 处得到一个 UTC 标准的时间戳，A 先转换成本地 UTC 标准时间保存起来。网络调整时间等于所有节点的本地 UTC 时间+所有相连节点的偏移量平均值。然而，该网络时间永远不会调整到超过本地系统时间 70min 以上。

nonce 随机数通常不同，但是它以严格的线性方式增长，从 0 开始，每次哈希运算时都会增长，当 nonce 溢出时(此事经常发生)，生产交易的 extraNonce 项会增长，将改变 Merkle 树的根节点。

假定针对这些数据项，人们经常会独自产生同样序列号的哈希值，最快的 CPU 通常会赢。然而，两人产生同样的 Merkle 根节点基本(或近似)是不可能的，因为区块中的第一个交易是生产交易并且"发送"到某人独一无二的比特币地址。因为一个人的区块与其他人的区块不同，产生的哈希值也肯定(近似肯定)不同，一个人计算的每个哈希值和网络中的其他人一样，都有同样的获胜机会。

比特币使用：SHA256(SHA256(区块头))计算哈希值，但要注意字节序。

例如：以下 Python 代码用于计算某一区块的哈希值，使用 2011 年 6 月的区块号 125552 的最小哈希值。该区块头建立在 6 个数据项之上，并且以十六进制的小头端结尾方式连接在一起。

```
>>> import hashlib
>>> header_hex = ("01000000" +
"81cd02ab7e569e8bcd9317e2fe99f2de44d49ab2b8851ba4a308000000000000" +
"e320b6c2fffc8d750423db8b1eb942ae710e951ed797f7affc8892b0f1fc122b" +
 "c7f5d74d" +
 "f2b9441a" +
 "42a14695")
>>> header_bin = header_hex.decode('hex')
>>> hash = hashlib.sha256(hashlib.sha256(header_bin).digest()).digest()
>>> hash.encode('hex_codec')
'1dbd981fe6985776b644b173a4d0385ddc1aa2a829688d1e0000000000000000'
>>> hash[::-1].encode('hex_codec')
'00000000000000001e8d6829a8a21adc5d38d0a473b144b6765798e61f98bd1d'
```

注意：实际的哈希值是一串256位的数值，首部有许多零。当以大头端十六进制常数方式打印或存储时，它的首部有许多零；如果它以小头端打印或存储，零就会变换到尾部，即小头端表示法用字节串中的低位地址显示最小位的数，就是小头端表示。blockexplorer的输出把哈希值显示为大头端表示的数值，因为数字的表示通常首部数字是最大数字，从左向右读。

2.6.2 挖矿难度

挖矿难度是对挖矿困难程度的度量，如前所述，有效的区块必须有一个哈希值，而该哈希值又必须小于给定的目标哈希值，所谓挖矿难度，实际上就是一个符合既定目标哈希值的困难程度。此外，比特币网络还有一个全局的区块难度，而矿池也会有一个自定义的共享难度用来设定产生股份的最低难度。

每产生2016个区块，挖矿难度将会改变一次，计算公式和相关描述如下。

- 计算公式：difficulty = difficulty_1_target / current_target。其中，目标(target)是一个256位长的数值。
- 测量难度的方法不同，得到的 difficulty_1_target 可能不同。一般来说，它表示一个哈希值，前32位为0，后续部分为1(称为矿池难度或pdiff)。
- 比特币协议把目标哈希值表示成一个固定精度的自定义浮点类型，因而，比特币客户端用该值来估计难度(称为bdiff)。
- 难度被存储在区块中，每个块存储一个十六制的目标哈希值的压缩表达式(称为Bits)，目标哈希值可用预先定义的公式计算出来。

例如，如果区块中压缩的目标哈希值为0x1b0404cb，那么十六进制的目标哈希如下所示：

```
0x0404cb * 2^(8*(0x1b - 3)) =
0x00000000000404CB000000000000000000000000000000000000000000000000
```

因而，目标哈希值为0x1b0404cb时，难度为

```
0x00000000FFFF0000000000000000000000000000000000000000000000000000 /
0x00000000000404CB000000000000000000000000000000000000000000000000
= 16307.420938523983 (bdiff)
```

或者，

```
0x00000000FFFFFFFFFFFFFFFFFFFFFFFFFFFFFFFFFFFFFFFFFFFFFFFFFFFFFFFF /
0x00000000000404CB000000000000000000000000000000000000000000000000
= 16307.669773817162 (pdiff)
```

其中，0x00000000FFFFFFFFFFFFFFFFFFFFFFFFFFFFFFFFFFFFFFFFFFFFFFFFFFFFFFFF是挖矿机使用的最大目标哈希值。而0x00000000FFFF000000000000000000000000

0000000000000000000000000000000 则是比特币网络使用的浮点编码类型，后面的位数被缩短。

下面介绍一个快速计算比特币难度的方法，它的算法使用修改的泰勒序列(可以参考 wikipedia 上的教程)，并且依赖记录来转换难度计算。

```cpp
#include <iostream>
#include <cmath>
inline float fast_log(float val)
{
    int * const exp_ptr = reinterpret_cast <int *>(&val);
    int x = *exp_ptr;
    const int log_2 = ((x >> 23) & 255) - 128;
    x &= ~(255 << 23);
    x += 127 << 23;
    *exp_ptr = x;

    val = ((-1.0f/3) * val + 2) * val - 2.0f/3;
    return ((val + log_2) * 0.69314718f);
}

float difficulty(unsigned int bits)
{
    static double max_body = fast_log(0x00ffff), scaland = fast_log(256);
    return exp(max_body - fast_log(bits & 0x00ffffff) + scaland * (0x1d - ((bits & 0xff000000) >> 24)));
}
int main()
{
    std::cout << difficulty(0x1b0404cb) << std::endl;
    return 0;
}
```

如果要看以上一般难度计算的数字原理，则 Python 代码如下：

```python
import decimal, math
l = math.log
e = math.e
print 0x00ffff * 2**(8*(0x1d - 3)) / float(0x0404cb * 2**(8*(0x1b - 3)))
print l(0x00ffff * 2**(8*(0x1d - 3)) / float(0x0404cb * 2**(8*(0x1b -
```

3))))
    print l(0x00ffff * 2**(8*(0x1d - 3))) - l(0x0404cb * 2**(8*(0x1b - 3)))
    print l(0x00ffff) + l(2**(8*(0x1d - 3))) - l(0x0404cb) - l(2**(8*(0x1b - 3)))
    print l(0x00ffff) + (8*(0x1d - 3))*l(2) - l(0x0404cb) - (8*(0x1b - 3))*l(2)
    print l(0x00ffff / float(0x0404cb)) + (8*(0x1d - 3))*l(2) - (8*(0x1b - 3))*l(2)
    print l(0x00ffff / float(0x0404cb)) + (0x1d - 0x1b)*l(2**8)

- 前一个难度可以通过 http://blockexplorer.com/q/getdifficulty 来获得，下一个难度可以通过 http://blockexplorer.com/q/estimate 来获得。难度的变化情况可以查看 http://bitcoin.sipa.be/。
- 最大难度大约为 maximum_target / 1 (因为 0 会导致无穷大)，这是一个非常大的数值，大约为 2^{224}；当 maximum_target 为最小值 1 时，最小难度值为 1。
- 难度由以前 2016 个区块的产生时间确定，每 2016 个区块改变一次。预计每隔 10min 产生一个区块，因而产生 2016 个区块要花费 2 周时间。如果前 2016 个区块的产生时间多于两周，则难度会降低；否则，难度就会增加。

为了找到新区块，该区块的哈希值必须小于目标哈希值，实际上是一个 $0 \sim 2^{256}-1$ 的随机数。难度 1 的偏移量为

$$0xffff * 2^{208}$$

难度 D 的偏移量为

$$(0xffff * 2^{208})/D$$

在难度 D 的情况下，为了找到新区块，预期要计算的哈希数量为

$$D * 2^{256} / (0xffff * 2^{208})$$

或者

$$D * 2^{48} / 0xffff$$

难度的设定是为了以每 10min 一个区块的速度产生 2016 个区块，因而 600s 内计算 ($D * 2^{48}$ / 0xffff) 个哈希值就意味着产生 2016 个区块的网络哈希速率(算力)为

$$D * 2^{48} / 0xffff / 600$$

该式可以进一步简化为

$$D * 2^{32} / 600$$

以上公式有较好的精度。

在难度 1 的情况下，算力是 7Mhashes/s，难度是 5 006 860 589，这就意味着以前 2016 个区块被找到，其平均算力为 5 006 860 589 * 2^{32} / 600≈35.840(Phashes/s)。

发现一个区块的平均时间可以用以下公式估计：

$$时间 = 难度 * 2\wedge32 / 算力$$

其中，难度是当前的难度，算力是矿机的计算能力，以 hashes/s 为单位，时间是找到的两个区块之间的平均时间。例如，使用 Python 计算，算力为 1Ghashes/s 的矿机，难度在 20 000 时，产生一个新区块的时间为

```
$ python -c "print 20000 * 2**32 / 10**9 / 60 / 60.0"
23.85
```

即找到一个新区块要花费近 1 天。其中**表示指数。

2.6.3 矿机、矿场与矿池的区别

随着生成区块的难度逐步增加，挖矿过程变成了一个以算力换取概率的竞赛，普通计算机节点要生成一个区块成为不可能的事情(需要拥有突出的计算能力，否则需要花费巨量级的时间，例如 10 万年)，矿机、矿场、矿池等设备、概念与模式应运而生。

- 矿机(见图 2-16)：针对挖矿算法而生产的特殊硬件，其芯片是根据挖矿算法进行定制化生产的，目标就是高效执行特殊算法。矿机中几乎没有存储器等通用计算机中才具有的设备，但要满足高散热性等需求。

图 2-16 矿机：针对挖矿算法而生产的特殊硬件

- 矿场(见图 2-17)：矿机设备的物理集合，就是一个专门存放矿机的机房，类似于 IDC 数据中心，要进行电力、温度、湿度等方面的排障与运维管理。

图 2-17 矿场：矿机的物理集合

- 矿池(见图 2-18)：矿机算力的逻辑集合，矿机可以来自单个节点或整个矿场，算力通过网络进行聚集和集群化管理；各个矿机都贡献出各自的计算力来共同生成区块，然后再根据各自的贡献比例来分配挖矿收益，目前国内较为著名的比特币商业矿池算力分布如图 2-19 所示。

图 2-18 矿池：矿机的算力集合、任务与收益的管理和分配

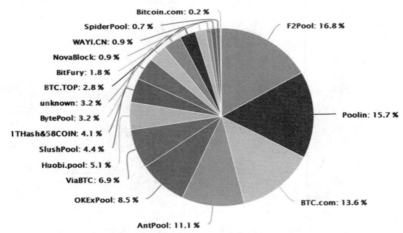

图 2-19 比特币商业矿池算力分布图(2020 年 2 月 21 日)

数据来源：https://btc.com

目前几种不同的矿池挖矿方式如下。

(1) Slush 方式。Slush 矿池基于积分制，较老的 share 将比新的 share 拥有更低的权重，以减少一轮中切换矿池的投机分子。

(2) Pay-Per-Share 方式。该方式可立即为每个 share 支付报酬。该支出来源于矿池现有的比特币资金，因此可以立即取现，而不用等待区块生成完毕或者确认。这样可以避免矿池运营者幕后操纵。这种方法减少了矿工的风险，但将风险转移给了矿池的运营者。运营者可以通过收取手续费来弥补这些风险可能造成的损失。

(3) Luke-Jr 方式。该方式借用了其他方式的长处，与 Slush 方式类似，矿工需要提供工作证明来获得 share，又与 Puddinpop 方式类似，当区块生成时马上进行支付。但是不像之前的方式，针对一个区块的share，会被再次用于生成下一个区块。为了区分参与矿工的交易传输费用,只有当矿工的余额超过 1BTC 时才进行支付。如果没有达到 1BTC,那么将在下一个区块生成时进行累计。如果矿工在一周内没有提供一个 share,那么矿池会支付剩下的余额,不管余额是多少。

(4) Triplemining 方式。该方式是将一些中等大小矿池的计算力合并起来,然后将获得奖励的 1%按照各个矿池计算力的比例分发给矿池运营者。

(5) P2Pool 方式。P2Pool 的挖矿节点工作在类似比特币区块链的一种 share 链上。由于没有中心,所以不会受到 DoS 攻击。和其他现有的矿池技术都不一样——每个节点工作的区块都包括支付给前期 share 的所有者以及该节点自己的比特币。99%的奖励(50BTC+交易费用)会平均分给矿工,另外 1%会奖励给生成区块的人。

(6) Puddinpop 方式。该方式是一种使用元哈希技术的方式,使用特定的 Puddinpop 挖矿软件,现在没有矿池用这种方式,其相关信息可到比特侠导航网查看。

目前使用较多的方式为 Pay-Per-Share,如 deepbit.net 和 btcguild.com 等均支持 PPS,矿工使用起来也比较方便。但从去中心化的角度来说,还是推荐 P2Pool,在避免 DoS 攻击的同时,也防止个别矿池拥有超大的计算力而对比特币网络造成威胁。不过 P2Pool 的使用方式比 PPS 更繁杂。

总结与提高

区块链技术是比特币的底层技术,该技术第一次被描述是在中本聪 2008 年发表的白皮书《比特币:点对点电子现金系统》中。区块链技术更多的一般性用途在白皮书中已经有所讨论,但直到几年后,区块链技术才作为通用术语出现。比特币的系统架构如图 2-20 所示。

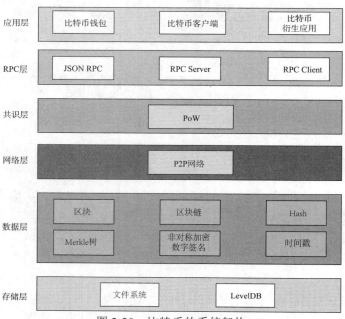

图 2-20　比特币的系统架构

一个区块链是一个分布式计算架构，里面的每个网络节点执行并记录相同的交易，交易被分组为区块。一次只能增加一个区块，每个区块有一个数学证明来保证新的区块与之前的区块保持一定的先后顺序。这样，区块链的分布式数据库就能和整个网络保持一致。个体用户与总账的互动(交易)受到安全的密码保护，更重要的是，由数学原理生成并编码到系统中的经济激励因素，将始终刺激维持和验证网络的各个节点。

习　题

1. 在 Ubuntu Linux 环境中进行 bitcoind 源代码的编译和私链修改实验。
2. 参考附录 B，针对安装好的 bitcoind 客户端进行命令行/RPC API 交互式操作。

第3章 区块链2.0：以太坊技术与实践

第 1 章讲过，比特币在本质上是一种完全基于点对点网络的电子现金系统，只能给用户一系列预先设定好的操作(例如比特币交易)。随着区块链技术的发展，人们需要一种更加通用友好、能使用真正的编程语言来创建去中心化应用的开发框架。

本章将介绍以以太坊为代表的区块链 2.0 技术。借助以太坊技术，开发者能够使用图灵完备的 Solidity 编程语言创建通用的去中心化应用。

3.1 以太坊概述

以太坊的创始人Vitalik Buterin 说过，创建以太坊的目的是创建一个自由、开放的世界电脑，它是一种有持久化存储状态的区块链系统，并提供内置了图灵完备的合约语言、可以创建合约来编写任意的状态转换功能。

3.1.1 以太坊是通用的去中心化应用开发框架

1. 中心化应用的不足：安全性、可靠性、透明性不佳

如图 3-1 所示，绝大多数典型的 Web 应用都基于客户机/服务器架构。Web 应用的服务端通常由 Java、Python、PHP 等语言实现，前端代码则由 HTML、CSS、JavaScript 实现；然后将整个应用托管在云端，比如 AWS、GoogleCloud Platform、Heroku 等，或者放在一个租用的 VPS 主机上。用户通过客户端，例如浏览器、命令行工具(curl、wget 等)与 Web 应用进行交互。

在这种架构中，总是存在一个(或一组)中心化的 Web 服务器，所有的客户端都需要与这一个(或一组)服务器进行交互。当一个客户端向服务器发出请求时，服务器处理该请求，与数据库/缓存进行交互，读/写/更新数据库，然后向客户端返回响应。这是我们熟悉的中心化架构，一切安全性、可靠性都由一个中心所决定。近年来，社会上发生的数据泄露、管理方私自篡改数据和监守自盗等不良影响事件，其本质上都是各种传统的中心化应用所带来的。

2. 区块链 1.0 的不足：不能实现通用的去中心化程序

如图 3-2 所示，比特币也就是区块链 1.0 技术的目标是实现一种完全基于点对点网络的电子现金系统，使得在线支付能够直接由一方发起并支付给另外一方，中间不需要通过任何中介机构。其不足在于，为了保障该支付系统的绝对安全，其脚本系统被设置为图灵不完备语言。也就是说，除了比特币支付系统之外，它不能应用于实现任何其他的去中心化功能程序(dcentralized application，DApp)。

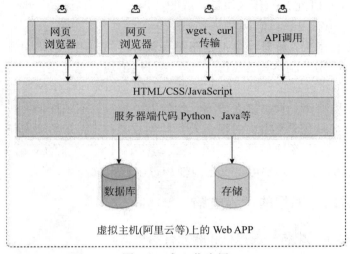

图 3-1 中心化应用

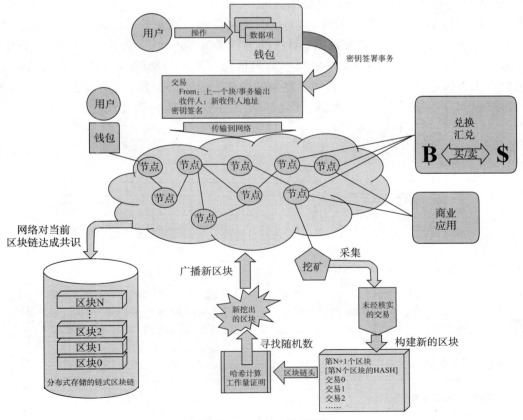

图 3-2 bitcoin 运行流程

3. 区块链 2.0：以太坊，可实现通用去中心化功能的区块链

2013 年年末，以太坊的发明者 Vitalik Buterin 建议能够通过程序重组来运行任意复杂运算的单个区块链应该包含其他程序。2014 年，Vitalik Buterin、Gavin Wood 和 Jeffrey Wilcke 开始研究新一代区块链，试图实现一个总体上完全无须信任基础的智能合约平台。

所谓去中心化应用，就是一个不存在中心服务器的应用。网络中成百上千的计算机上都可以运行该应用的副本，这使得它几乎不可能出现宕机的情况。以太坊是一个全新的、开放的区块链平台，它允许任何人在平台中建立和使用采用区块链技术运行的去中心化应用。就像比特币一样，以太坊不受任何人控制，也不归任何人所有——它是一个开放源代码项目，由全球范围内的很多人共同创建。和比特币协议有所不同的是，以太坊的设计十分灵活，极具适应性。在以太坊平台上创立新的应用十分简便，随着 Homestead 的发布，任何人都可以安全地使用该平台上的应用。

3.1.2 以太坊，可编程的世界电脑

1. 以太坊的系统架构：虚拟机和智能合约是核心

狭义上，以太坊是指一系列定义去中心化应用平台的协议，它的核心是以太坊虚拟机(EVM)，可以执行任意复杂算法的编码，图3-3 所示是以太坊的系统架构。以太坊虚拟机可执行的程序(被称为智能合约)是图灵完备的。这意味着以太坊是可编程的区块链，开发者能够使用更加友好的、真正的编程语言 Solidity，来创建在以太坊模拟机上运行的应用。因此它并不是给用户一系列预先设定好的操作(例如比特币交易)，而是允许用户按照自己的意愿任意创建复杂的操作。这样，它就可以作为通用(包括加密货币在内但并不仅限于此)的中心化区块链应用的开发框架与开发平台。

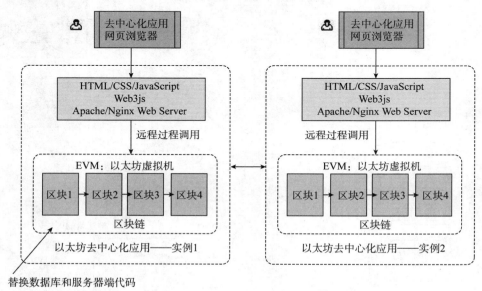

图 3-3 以太坊的系统架构

2. 以太坊的作用：独一无二的世界电脑

以太坊作为一个智能合约平台，和编程语言开发平台相似，它由企业家和开发者决定其用途。不过很明显，某些应用类型较之其他应用更能从以太坊的功能中获益。和其他区块链一样，以太坊也有一个点对点网络协议。以太坊区块链数据库由众多连接到网络的节点来维护和更新，每个网络节点都运行着以太坊模拟机并执行相同的指令。因此，可以将以太坊形象地理解为一台独一无二的世界电脑。

这个贯穿整个以太坊网络的大规模并行运算并不是为了使运算更高效。实际上，这个过程使得在以太坊上的运算比在传统计算机上更慢、更昂贵。基于以太坊网络开发 DApp 带来的好处主要体现在以下方面。

(1) 每个以太坊节点都运行着以太坊虚拟机是为了保持整个区块链的一致性。去中心化的一致使以太坊有极高的故障容错性，保证零停机，而且可以使存储在区块链上的数据保持永远不变且抗审查。

(2) 以太坊尤其适合那些在点与点之间自动进行直接交互或者跨网络促进小组协调活动的应用。例如，协调点对点市场的应用(可用于改进当今社会上绝大多数的管理逻辑与流程)或复杂财务合约的自动化。

(3) 比特币使个体能够不借助金融机构、银行或政府等其他中介来进行货币交换。以太坊的影响可能更为深远。理论上，任何复杂的金融活动或交易都能在以太坊上用编码自动且可靠地进行。除金融类应用外，任何对信任、安全和持久性要求较高的应用场景，比如资产注册、投票、管理和物联网，都会大规模地受到以太坊平台的影响。

3.1.3 以太坊如何工作

以太坊合并了很多对比特币用户来说十分熟悉的特征和技术，同时自己也进行了很多修正和创新。比特币区块链纯粹是一个关于交易的列表，而以太坊的基础单元是账户。以太坊区块链跟踪每个账户的状态，所有以太坊区块链上的状态转换都是账户之间价值和信息的转移。账户分为两类：外部账户(EOA)，由私人密钥控制；合约账户，由它们的合约代码控制，只能由外部账户"激活"。

对于大部分用户来说，外部账户与合约账户的基本区别在于：外部账户是由人类用户掌控，因为人们能够控制私钥，进而控制外部账户；而合约账户则是由合约代码管控。如果合约账户是被人类用户"控制"的，那也是因为程序设定它们可以被外部账户控制，进而被持有私钥的用户控制。"智能合约"这个流行术语指的是在合约账户中编码，即交易被发送给该账户时所运行的程序。用户可以通过在区块链中部署编码来创建新的合约。

只有当外部账户发出指令时，合约账户才会执行相应的操作。所以合约账户不可能自发地执行诸如任意数码生成或应用程序界面调用等操作，只有受外部账户调用时，它才会做这些事。这是因为以太坊要求节点能够与运算结果保持一致。

和比特币一样，以太坊用户必须向网络支付少量交易费用。这可以使以太坊区块链免受无关紧要或恶意的运算任务干扰，比如分布式拒绝服务(DDoS)攻击或无限循环。

交易的发送者必须为激活的每一步"程序"付款,包括运算和记忆储存。费用通过以太坊自有的有价代币——以太币的形式支付。

交易费用由节点收集,节点使网络生效。矿工就是以太坊网络中收集、传播、确认和执行交易的节点。矿工们将交易打包,包括许多以太坊区块链中账户"状态"的更新,打包成的数据被称为区块,矿工们会互相竞争,以使他们的区块可以添加到下一个区块链上。矿工们每挖到一个成功的区块就会得到以太币奖励,这就为人们带来了经济激励,促使人们为以太坊网络贡献硬件和电力。

和比特币网络一样,矿工们完成解决复杂数学问题的任务以便成功地"挖"到区块,这被称为工作量证明。一个运算问题,如果在算法上解决比验证解决方法需要更多数量级的资源,那么它就是工作量证明的极佳选择。为防止比特币网络中曾经发生的、由专用硬件(例如特定用途集成电路)造成的中心化现象,以太坊选择了侧重于消耗更多内存的运算问题。如果问题的解决仅需要内存和CPU,那么普通计算机就是事实上理想的挖矿硬件。这就使以太坊的工作量证明具有抗特定用途集成电路性,和比特币这种由专用硬件控制挖矿的区块链相比,能够带来更加去中心化的安全分布。

3.2 以太坊的运行原理和技术实践

本节将剖析以太坊系统的运行原理,阐述其中涉及的基本概念,并通过运行以太坊客户端和模拟器软件来进行技术实践。

3.2.1 以太坊的运行原理

如图3-4所示,在以太坊网络中,众多节点彼此连接,构成了以太坊网络。

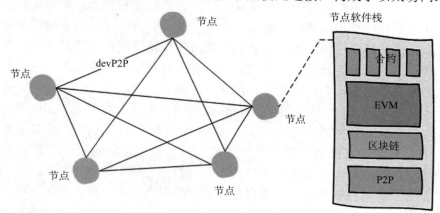

图 3-4 以太坊网络和以太坊节点

以太坊节点软件提供以下两个核心功能。
- 交易数据存储:在每个以太坊全节点中,都保存有完整的区块链数据。以太坊不仅将交易数据保存在链上,编译后的合约代码同样也保存在链上。
- 合约代码执行:以太坊全节点中,同时还提供了一个虚拟机来执行合约代码。

1. 交易数据

以太坊中每笔交易都存储在区块链上。当部署合约时，一次部署就是一笔交易；当为候选者投票时，一次投票又是另一笔交易。所有交易都是公开的，每个人都可以看到并进行验证。这个数据永远无法篡改。

为了确保网络中的所有节点都有同一份数据备份，并且没有向数据库中写入任何无效数据，以太坊目前使用工作量证明算法来保证网络安全，即通过矿工挖矿，来达成共识，将数据同步到所有节点。工作量证明不是达成共识的唯一算法，挖矿也不是区块链的唯一选择。现在，我们只需要了解，共识是指各节点的数据实现了一致，PoW只是众多用于建立共识的算法中的一种，这种算法需要通过矿工的挖矿来实现非可信环境下的可信交易。共识是目的，PoW是手段。

2. 合约代码

如图 3-5 所示，以太坊不仅仅在链上存储交易数据，它还可以在链上存储合约代码。在数据库层面，区块链的作用就是存储交易数据。那么给候选者投票或者检索投票结果的逻辑放在哪儿呢？在以太坊的世界里，可以使用 Solidity 语言来编写业务逻辑或应用代码(也就是合约)，然后将合约代码编译为以太坊字节码，并将字节码部署到区块链上。编写合约代码也可以使用其他语言，不过 Solidity 是目前较为流行的选择。

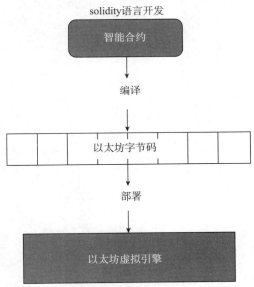

图 3-5 智能合约在以太坊上的工作原理

3. 以太坊虚拟机

以太坊区块链不仅存储数据和代码，每个节点中还包含一个虚拟机(ethereum virtual machine，EVM)来执行合约代码，听起来就像一个计算机操作系统。事实上，这一点是以太坊区别于比特币的核心：虚拟机的存在使区块链迈入了 2.0 时代，也让区块链第一次成为应用开发者的友好平台。

3.2.2 以太坊的技术实践

1. 以太坊客户端程序实操

(1) 快速安装 geth(go ethereum 客户端),由于环境依赖于 node.js,请参考 3.4.1 节,首先安装 node、npm 环境,然后依次进行如下安装:

```
sudo apt-get install software-properties-common
sudo add-apt-repository -y ppa:ethereum/ethereum
sudo apt-get update
sudo apt-get install ethereum
```

(2) 创建配置文件 genesis.json:

```
{
  "config": {
    "chainId": 666,
    "homesteadBlock": 0,
    "eip150Block": 0,
    "eip150Hash": "0x0000000000000000000000000000000000000000000000000000000000000000",
    "eip155Block": 0,
    "eip158Block": 0,
    "byzantiumBlock": 0,
    "constantinopleBlock": 0,
    "petersburgBlock": 0,
    "istanbulBlock": 0,
    "ethash": {}
  },
  "nonce": "0x0",
  "timestamp": "0x5ddf8f3e",
  "extraData": "0x0000000000000000000000000000000000000000000000000000000000000000",
  "gasLimit": "0x47b760",
  "difficulty": "0x00002",
  "mixHash": "0x0000000000000000000000000000000000000000000000000000000000000000",
  "coinbase": "0x0000000000000000000000000000000000000000",
  "alloc": { },
  "number": "0x0",
  "gasUsed": "0x0",
```

```
    "parentHash": "0x0000000000000000000000000000000000000000000000000
000000000000000"
}
```

(3) 创建本地私有节点。
- 先删除原来的创世区块(如果有)：

```
geth removedb --datadir ./eth-data
```

- 再初始化创世区块，如图 3-6 所示，执行以下命令：

```
geth --datadir ./eth-data init genesis.json
```

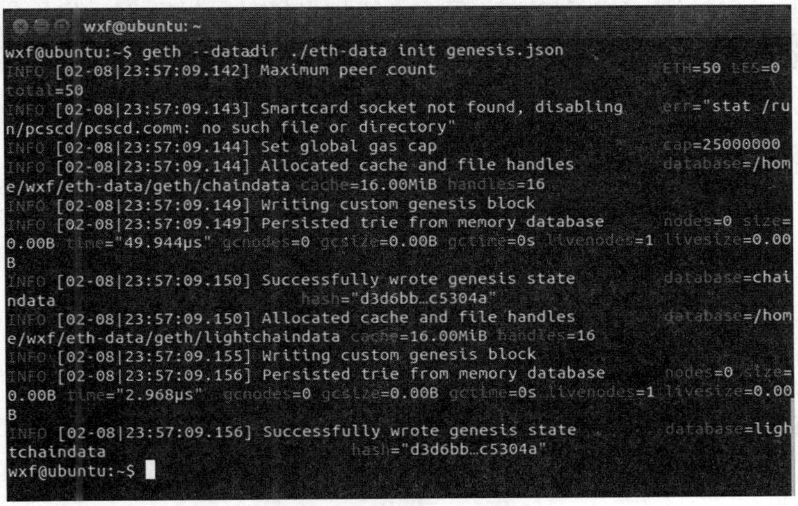

图 3-6 创建创世区块

(4) 启动控制台。
运行如下命令：

```
geth --datadir ./eth-data --dev -allow-insecure-unlock --networkid 666 --port 30000 --rpc --rpcaddr 0.0.0.0 --rpcapi  web3,eth,net,personal console
```

注意，由于这里是私有链，因此测试环境可以设置自动挖矿，这样当有交易的时候不需要人工操作，便于后续的交互学习。

(5) 与控制台交互。
如图 3-7 所示，可以通过各种命令与控制台进行交互，达到查询和操作的目的。
- 查看状态命令如下：

```
eth
```

图 3-7 与控制台交互

- 查看最新区块高度命令如下：

eth.blockNumber

- 查看同步状态命令如下：

eth.syncing,

返回 false 表示未同步或已经同步到最新了。

- 生成账户，密码为 test：

personal.newAccount('test)

- 查看账户命令如下：

eth.accounts

由于篇幅有限，这里不介绍以 docker 方式部署 geth 节点的方法，感兴趣的读者可以自行查找资料。

2. 节点仿真器 ganache 的安装与运行

安装和运行 ganache-cli。

- 安装命令如下：

sudo npm install -g ganache-cli

- 查看帮助命令如下：

ganache-cli help

- 运行命令如下：

ganache-cli

安装和运行 ganache-cli 如图 3-8 所示。

```
wxf@ubuntu:~$ ganache-cli
Ganache CLI v6.12.2 (ganache-core: 2.13.2)

Available Accounts
==================
(0) 0x20c9c9c0118526dd8A61c0D4A051996c8221f173 (100 ETH)
(1) 0x1A7e02d43302D243967a46Da70B38806c23Ef525 (100 ETH)
(2) 0x3E194aAff0dEb0fD6fA267D21E8b6E2dcab1C5A2 (100 ETH)
(3) 0xCb8831554Ed17123c3fA01A85Df07675fB592a1F (100 ETH)
(4) 0x1c30eCD771fa53b2E645C6aa9a7bA9D3B92E428E (100 ETH)
(5) 0x00DEdd91a11940cC570746F351329FcbE9917c8c (100 ETH)
(6) 0x1ea599e1974ACf6693e325b2e5ab9f729750D824 (100 ETH)
(7) 0x1a2d1A0e9d1a7FaD4735fd0F50167d85b4aD401e (100 ETH)
(8) 0x04F552852E8f4110EF01e0dEc97D9A338c86Cf4C (100 ETH)
(9) 0xee042203b1471a2beFcda47fa3C820e465B8F2b1 (100 ETH)

Private Keys
==================
(0) 0xfcee69227645e096652865fbdf85c390302a080d6fb9d1d31e1b7a6b1badd90b
(1) 0x4e179439372155f3ae6fb0aaef11787ed552e31d7610c5d823ae3bf963edb5d0
(2) 0xd8216f16699d7605adbb753b59544731d6187bfa0d28b9076563e34d8b78293f
(3) 0x317e7fa7a0af3fe154f7cd98cee99a115d1977219bf28910fe7a540c5609ac3c
(4) 0x6830f66495b6b54281bd646551888ec75055ba14fc1f32f9495a8fafdfb1d2be
(5) 0xf4802baed00a0ac2f0b8b403c23ac78745fb2d43b0acc2e988ab76aa88bd88ce
(6) 0xb1c6634339ba7f36ca6ff810f1d6c9a1470c843b446bfc47aecf4ddfbd060bce
(7) 0x09c1be4bbb2ae99e2d94930a87dbaa6ce339f825509743dc766e3fa37e136a29
(8) 0xec302ae3e2027001632d4306e83415c96e5f35ca18769255ef3b7525a94dcc56
(9) 0xb82e32dd3a2645d4ed9835dde2823e4763f1751751ffa74a479f9ccb0564da3e

HD Wallet
==================
Mnemonic:      pretty inherit ordinary breeze acid update position mystery cannon aro
Base HD Path:  m/44'/60'/0'/0/{account_index}

Gas Price
==================
20000000000

Gas Limit
==================
6721975

Call Gas Limit
==================
9007199254740991

Listening on 127.0.0.1:8545
```

图 3-8 安装和运行 ganache-cli

图 3-8 中包含了以下信息。
- 为了便于开发与测试，ganache 默认自动创建了 10 个账户，其中第一个账户是 0x20c9c9c0118526dd8A61c0D4A051996c8221f173。
- 每个账户有 100 个以太币。可以把账户视为银行账户，以太币就是以太坊生态系统中的货币。启动时，每个账户中预置 100 个以太币的余额，使用这个账户创建交易、发送、接收以太币。
- 最后一行描述了节点仿真器的监听地址和端口为 localhost:854，也就是说，在使用 web3.js 时，需要传入这个地址来告诉 web3js 库应当连接到哪个节点。

在实际应用中，其实也可以安装 GUI 版本的 ganache，下载地址为 https://www.trufflesuite.com/ganache，这里不再赘述。

3.3　使用 NodeJS 开发基于以太坊的 DApp

为了便于构建基于 Web 的 DApp，以太坊提供了一个非常方便的 JavaScript 库 Web3.js，它封装了以太坊节点的 API 协议，从而让开发者可以轻松地连接区块链节点而不必编写烦琐的 RPC 协议包。

如图 3-9 所示，我们可以在常用的 JS 框架(比如 reactjs、angularjs 等)中直接引入 Web3.js 库来构建去中心化应用。

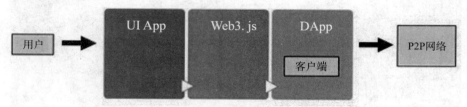

图 3-9　Web3.js 库可构建去中心化应用

3.3.1　基于 Web3.js 的投票 DApp 的项目规划

初步了解以太坊的基本概念之后，我们将着手构建一个投票 DApp(去中心化的投票应用程序)。通过实际的应用开发，可以初步了解以太坊所提供的功能，也可以加深对以太坊的认识。图 3-10 展示了该应用的整体结构。

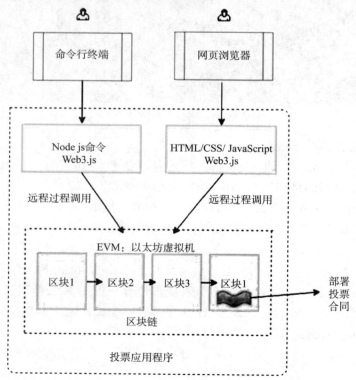

图 3-10　一个去中心化的投票应用程序的整体结构

从图 3-10 中可以看到,网页通过 HTTP 上的远程过程调用与区块链节点进行通信。Web3.js 已经封装了以太坊规定的全部 RPC 调用,因此利用它就可以与区块链进行交互,而不必手工输入那些 RPC 请求包。使用 Web3.js 的另一个好处是,可以使用自己喜欢的前端框架来构建出色的 Web 应用。由于获得一个同步的全节点相当耗时,并占用大量磁盘空间,这里简化为使用 ganache 软件来模拟区块链节点,以便快速开发并测试应用,从而将注意力集中在去中心化的思想理解与 DApp 应用逻辑开发方面。

3.3.2 从零开始实现一个投票 DApp

接下来,我们将实现一个去中心化的投票应用,设计、编写和编译合约并将其部署到区块链节点 ganache 上,如图 3-11 所示。最后,我们将分别通过命令行和网页这两种方式与区块链进行交互。

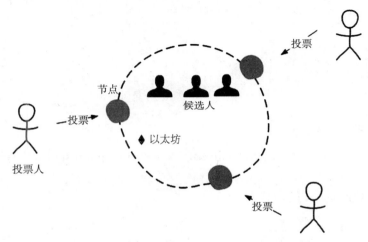

图 3-11　基于以太坊区块链的去中心化投票应用程序

1. 设计智能合约

了解节点仿真器的运行方式之后,可以开始设计第一个合约了。使用 Solidity 语言来编写合约,如果熟悉面向对象的开发,例如 Java 语言,那么学习 Solidity 非常简单,可以参考 https://docs.soliditylang.org/en/latest/index.html。可以将合约类比于 OOP 的类,合约中的属性用来声明合约的状态,而合约中的方法则提供修改状态的访问接口。图 3-12 给出了投票合约的主要接口。

基本上,投票合约 Voting 包含以下内容:
- 构造函数,用来初始化候选人名单。
- 投票方法 Vote(),每执行一次就将指定的候选人得票数加 1。
- 得票查询方法 totalVotesFor(),执行后将返回指定候选人的得票数。

需要特别指出:
- 合约状态是持久化到区块链上的,因此对合约状态的修改需要消耗以太币(这里模拟默认生成了 100 个)。
- 只有在合约部署到区块链的时候,才会调用构造函数,并且只调用一次。

- 与 Web 里每次部署代码都会覆盖旧代码不同,在区块链上部署的合约是不可改变的,也就是说,如果想更新合约并再次部署,旧的合约仍然会在区块链上存在,并且合约的状态数据也依然存在。新的部署将创建合约的一个新的实例。

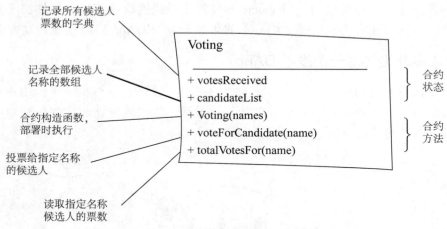

图 3-12 投票合约的主要接口

2. 编写智能合约代码

首先需要为 node 环境安装 web3 和 solc 模块:sudo npm install web3-S 和 sudo npm install solc-S。

智能合约 Voting.sol 的源代码如下:

```solidity
pragma solidity ^0.4.22;
contract Voting {
    mapping (bytes32 => uint8) public votesReceived;
    bytes32[] public candidateList;
    constructor(bytes32[] candidateNames) public {
        candidateList = candidateNames;
    }
    function totalVotesFor(bytes32 candidate) view public returns (uint8) {
        require(validCandidate(candidate));
        return votesReceived[candidate];
    }
    function voteForCandidate(bytes32 candidate) public {
        require(validCandidate(candidate));
        votesReceived[candidate] += 1;
    }
    function validCandidate(bytes32 candidate) view public returns (bool) {
        for(uint i = 0; i < candidateList.length; i++) {
```

```
            if (candidateList[i] == candidate) {
                return true;
            }
        }
        return false;
    }
}
```

(1) 将代码存储在 home.sol、dapp.sol、Voting.sol 文件中,.sol 是智能合约文件的专用扩展名。

(2) pragma solidity ^0.4.18:声明合约代码的编译器版本要求,^0.4.18 表示要求合约编译器版本不低于 0.4.18。

(3) 合约声明 contract Voting{}:contract 关键字用来声明一个合约。

(4) 字典类型 mapping:mapping(bytes32 => uint8) public votesReceived,mapping 可以类比于一个关联数组或者字典,是一个键值对。例如,votesReceived 状态的键是候选者的名字,类型为 bytes32,即 32 字节定长字符串。votesReceived 状态中每个键对应的值是一个单字节无符号整数(uint8),用来存储该候选人的得票数,如图 3-13 所示。

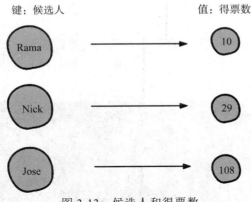

图 3-13 候选人和得票数

(5) bytes32[] public candidateList:在 JS 中,使用 votesReceived.keys 就可以获取所有的候选人姓名。但是 Solidity 中没有这样的方法,所以需要单独管理全部候选人的名称——candidateList 数组。

(6) 在 voteForCandidate()方法中,votesReceived[key]有默认值 0,所以没有进行初始化,而是直接加 1。合约方法体内的 require()语句类似于断言,只有条件为真时,合约才继续执行。

```
function voteForCandidate(bytes32 candidate) public {
    require(validCandidate(candidate));
    votesReceived[candidate] += 1;
}
```

(7) validateCandidate()方法只有在给定的候选人名称在部署合约时传入的候选人名单中时才返回真值，从而避免乱投票的行为。

```
function validCandidate(bytes32 candidate) view public returns (bool) {
    for(uint i = 0; i < candidateList.length; i++) {
        if (candidateList[i] == candidate) {
            return true;
        }
    }
    return false;
}
```

(8) 方法声明符与修饰符：在Solidity中，可以为函数应用可视性声明符，例如public、private。public 意味着可以从合约外调用函数。如果一个方法仅限合约内部调用，可以把它声明为私有(private)。点击可以查看所有的可视性说明符。

(9) 在 Solidity 中，还可以为函数声明修饰符。例如，view用来告诉编译器这个函数是只读的，也就是说，该函数的执行不会改变区块链的状态。所有的修饰符都可以看到。当前合约允许一个人多次投票，可以修改合约来保证一个人只能投一次票。

3. 编译智能合约

在这一节，我们使用 solc 库来编译合约代码。前面说过，使用 web3js 库可以通过 RPC 与区块链进行交互。因此将在 node 控制台里用这个库编译和部署合约，并与区块链进行交互，效果如图 3-14 所示。

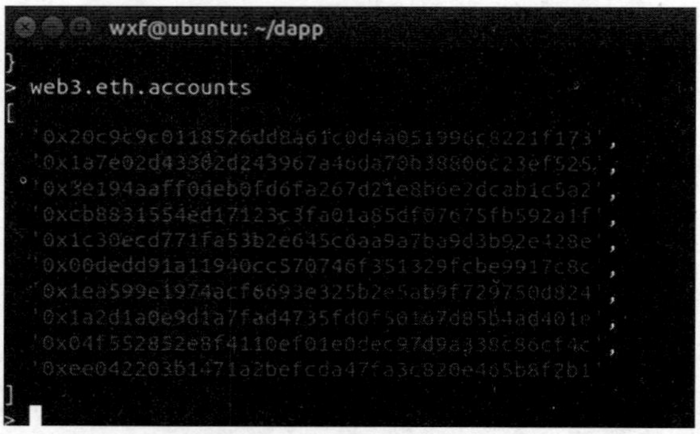

图 3-14 在 node 开发环境中，通过 web3 模块与以太坊区块链交互

如果安装 web3 失败，请指定版本号后安装：

```
sudo npm install web3@^0.20.7
```

如果编译失败，请先卸载编译器：

```
npm uninstall solc
```

然后安装版本完全匹配的编译器：

```
npm install solc@0.4.22
```

首先确保 ganache 已经在第一个终端窗口中运行:

```
~$ ganache-cli
```

然后在另一个终端中进入 repo/chapter1 目录,启动 node 控制台,初始化 web3 对象,并向本地区块链节点(http://localhost:8545)查询获取所有的账户。

```
cd home/dapp/
    ~/dapp$ node
>Web3 = require('web3')
>web3 = new Web3(new Web3.providers.HttpProvider("http://localhost:8545"))
>web3.eth.accounts
[
  '0x20c9c9c0118526dd8a61c0d4a051996c8221f173',
  '0x1a7e02d43302d243967a46da70b38806c23ef525',
  '0x3e194aaff0deb0fd6fa267d21e8b6e2dcab1c5a2',
  '0xcb8831554ed17123c3fa01a85df07675fb592a1f',
  '0x1c30ecd771fa53b2e645c6aa9a7ba9d3b92e428e',
  '0x00dedd91a11940cc570746f351329fcbe9917c8c',
  '0x1ea599e1974acf6693e325b2e5ab9f729750d824',
  '0x1a2d1a0e9d1a7fad4735fd0f50167d85b4ad401e',
  '0x04f552852e8f4110ef01e0dec97d9a338c86cf4c',
  '0xee042203b1471a2befcda47fa3c820e465b8f2b1'
]
```

要编译合约,首先需要载入 Voting.sol 文件的文本内容,然后使用编译器 solc 的 compile()方法对合约代码进行编译。

```
>code =fs.readFileSync('Voting.sol').toString()
>solc = require('solc')
>compiledCode = solc.compile(code)
```

成功编译合约后,直接在控制台输入以下命令可以查看编译结果:

```
>compiledCode
```

如图3-15 和图 3-16 所示,屏幕上显示一大段输出后,最后的结果是一个 JSON 对象,该对象中主要有以下两个重要的字段。
- compiledCode.contracts[':Voting'].bytecode:投票合约编译后的字节码,也是要部署到区块链上的代码。
- compiledCode.contracts[':Voting'].interface:投票合约的接口,被称为应用二进

制接口(application binary interface，ABI)，它声明了合约中包含的接口方法。无论何时需要与一个合约进行交互，都需要该合约的 ABI 定义。

图 3-15 成功编译后得到的 compiledCode.contracts[':Voting'].bytecode 字段

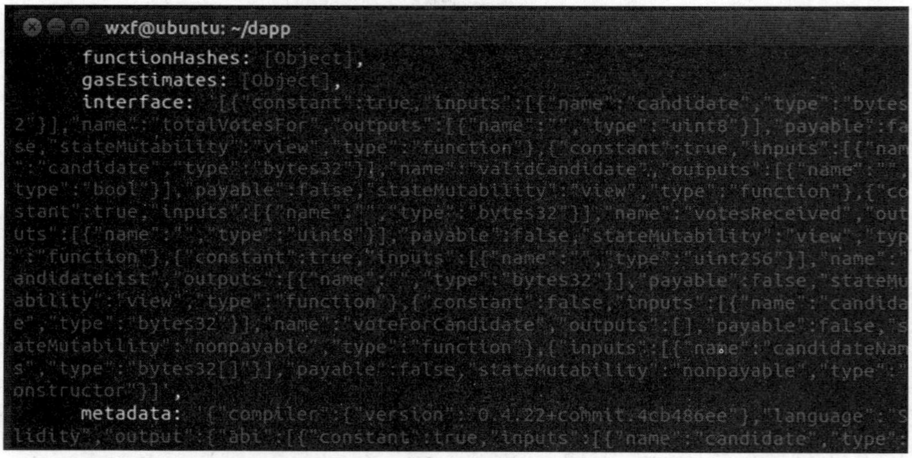

图 3-16 成功编译后得到的 compiledCode.contracts[':Voting'].interface 字段

4. 部署智能合约

接下来要将智能合约部署到区块链上，为此，需要先传入合约的 ABI 定义来创建合约对象 VotingContract，然后利用该对象完成合约在区块链上的部署和初始化。

在 node 控制台执行以下命令：

```
> abiDefinition = JSON.parse(compiledCode.contracts[':Voting'].interface)
> VotingContract = web3.eth.contract(abiDefinition)
> byteCode = compiledCode.contracts[':Voting'].bytecode
```

调用 VotingContract 对象的 new()方法将投票合约部署到区块链：

```
>deployedContract = VotingContract.new(['郭靖','乔峰','张无忌'],{data:
```

byteCode,from:web3.eth.accounts[0],gas: 4700000})

new()方法参数列表应当与合约的构造函数要求相一致。这样我们就成功部署了合约,其中,['郭靖','乔峰','张无忌']是候选者;byteCode 是部署到区块链上的字节码;from:web3.eth.accounts[0]表示区块链跟踪是谁部署了这个合约,将从这个账户扣除执行部署交易的开销,在提交交易之前,必须拥有并解锁这个账户。不过为了方便起见,ganache 默认会自动解锁这 10 个账户;gas: 4700000 表示与区块链进行交互需要花费货币,这笔钱用来付给矿工把代码部署到在区块链里,gas 花费的单位是 wei,而 1 ETH = 1e9G(10 的 9 次方)wei。执行以下命令:

>deployedContract.address'

如图 3-17 所示,智能合约被成功部署,部署地址如下:

0xb2958a3a5aa2c68bce2ce9b72cff318784d7bff5

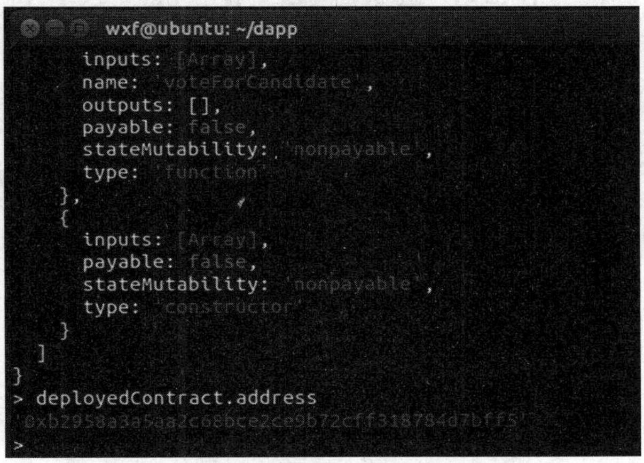

图 3-17 智能合约被成功部署

>contractInstance = VotingContract.at(deployedContract.address)表示产生了一个合约实例(变量 contractInstance),可以用这个实例与合约进行交互。事实上,以太坊区块链上有上千个合约,如何识别合约已经上链了呢?答案是能够找到已部署合约的地址:ContractInstance.address。当需要与合约进行交互时,就需要这个部署地址和之前介绍的 ABI 定义。注意,由于每次部署都会获得一个不同的地址,因此需要指定它:

contractInstance = VotingContract.at('0xb2958a3a5aa2c68bce2ce9b72cff318784d7bff5')

如果部署合约的时候没有记录这个地址,则只能重新部署。

5. 控制台交互

(1) 在控制台中查询候选人的票数:

> contractInstance.totalVotesFor.call('乔峰')

调用合约的 totalVotesFor() 方来查看某个候选人的得票数，得到的结果如下：

`{ [String: '0'] s: 1, e: 0, c: [ 0 ] }`

这其实是数字 0 的科学计数法表示，因为目前还没有发生任何投票行为，乔峰的总票数当然是 0 票。

(2) 在控制台中为候选人投票。调用合约的 voteForCandidate() 方法投票给某个候选人。如图 3-18 所示，下面的代码给乔峰投了三次票：

`> contractInstance.voteForCandidate('乔峰',{from: web3.eth.accounts[0]})`

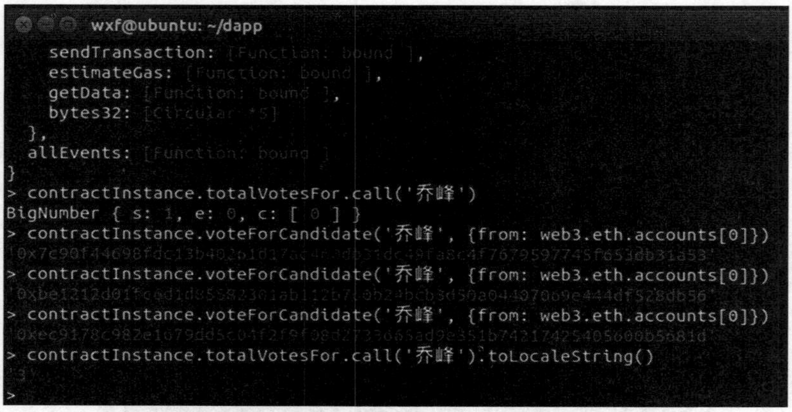

图 3-18　在 node 控制台中完成投票、查票等功能 1

获得结果：

`'0x7c90f44698fdc13b40261d17ac460db31dc49fa8c4f7679597745f653db31a53'`
`> contractInstance.voteForCandidate('乔峰', {from: web3.eth.accounts[0]})`

获得结果：

`'0xbe1212d01fc6d1d85582301ab112b760b24bcb3d50a04407069e444df528db56'`
`> contractInstance.voteForCandidate('乔峰', {from: web3.eth.accounts[0]})`

获得结果：

`'0xec9178c982e1679dd5c04f2f9f08d2733665ad9e351b74217425405600b5681d'`
`> contractInstance.totalVotesFor.call('Rama').toLocaleString()`

现在再次查询乔峰的得票数，并用 toLocaleString() 将结果从科学计数法转化为普通计数方式。

(3) 在以太坊区块链中，投票其实就是一个"交易"操作。voteForCandidate() 方法每执行一次投票，就返回一个 id 作为交易凭据：

0x7c90f44698fdc13b40261d17ac460db31dc49fa8c4f7679597745f653db31a53

任何时候使用交易 id 引用或查看交易内容都会得到同样的结果，因此该凭据可确保交易是不可篡改的。交易的不可篡改性就是区块链的核心特性之一。

（4）看看区块链上到底记录了什么。切换到 ganache-cli 控制台，如图 3-19 所示，可以很清楚地看到刚才发生的最后一个交易凭证 0xec9178c982e1679dd5c04f2f9f08d2733665ad9e351b74217425405600b5681d 的痕迹。

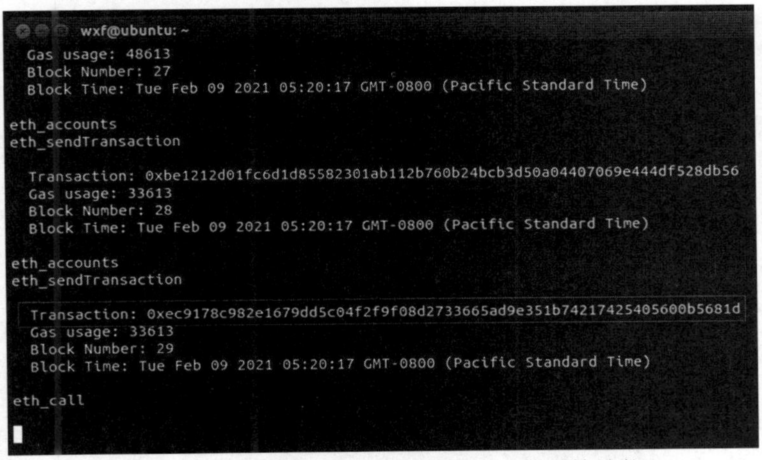

图 3-19　在 node 控制台中完成投票、查票等功能 2

6. 网页交互

至此，命令行版的实践工作都已完成，接下来创建一个简单的 HTML 页面，以便用户可以使用浏览器而不是复杂的命令行来与投票合约交互。图 3-20 所示为基于 Web 的投票 DApp 系统架构。

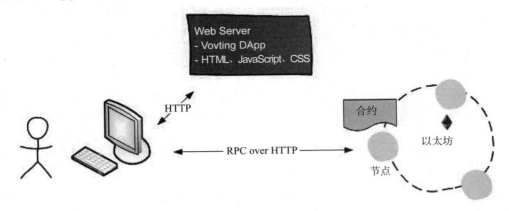

图 3-20　基于 Web 的投票 DApp 系统架构

（1）编写 HTML、JavaScript、CSS 网页代码。页面的主要功能和说明如下。
- 功能 1：用户在页面中可以输入候选人的名称，然后单击"投票"按钮，网页中的 JavaScript 代码将调用投票合约的 voteForCandidate() 方法，与 nodejs 控制台里的流程一样。
- 功能2：列出所有的候选人及其得票数。

为了聚焦核心业务逻辑，在网页中硬编码了候选人姓名，可以调整代码来动态生成候选人。

index.html 文件的源代码如下：

```html
<html>
<head>
<meta charset="UTF-8">
<title>投票</title>
<link href='https://maxcdn.bootstrapcdn.com/bootstrap/3.3.7/css/bootstrap.min.css'
rel='stylesheet' type='text/css'>
</head>
<body class="container">
    <h1 align="center">简单投票 DAPP</h1>
    <div class="table-responsive">
    <table class="table table-bordered">
        <thead>
            <tr><th>候选者</th><th>票数</th></tr>
        </thead>
        <tbody>
            <tr><td>乔峰</td><td id="candidate-1"></td></tr>
            <tr><td>郭靖</td><td id="candidate-2"></td></tr>
            <tr><td>张无忌</td><td id="candidate-3"></td></tr>
        </tbody>
    </table>
    </div>
    <input type="text" id="candidate" />
    <a href="#" onclick="voteForCandidate()" class="btn btn-primary">投票</a>
    <div id="msg">
    </div>
</body>
<script src="https://cdn.jsdelivr.net/gh/ethereum/web3.js/dist/web3.min.js"></script>
<script src="http://libs.baidu.com/jquery/2.1.4/jquery.min.js"></script>
```

```html
<script src="./index.js"></script>
</html>
```

index.js 文件的源代码如下:

```javascript
var web3 =
 new Web3(new Web3.providers.HttpProvider('http://127.0.0.1:8545'));
var abi =
 JSON.parse('[{"constant":true,"inputs":[{"name":"candidate","type":"bytes32"}],"name":"totalVotesFor","outputs":[{"name":"","type":"uint8"}],"payable":false,"stateMutability":"view","type":"function"},{"constant":true,"inputs":[{"name":"candidate","type":"bytes32"}],"name":"validCandidate","outputs":[{"name":"","type":"bool"}],"payable":false,"stateMutability":"view","type":"function"},{"constant":true,"inputs":[{"name":"","type":"bytes32"}],"name":"votesReceived","outputs":[{"name":"","type":"uint8"}],"payable":false,"stateMutability":"view","type":"function"},{"constant":true,"inputs":[{"name":"","type":"uint256"}],"name":"candidateList","outputs":[{"name":"","type":"bytes32"}],"payable":false,"stateMutability":"view","type":"function"},{"constant":false,"inputs":[{"name":"candidate","type":"bytes32"}],"name":"voteForCandidate","outputs":[],"payable":false,"stateMutability":"nonpayable","type":"function"},{"inputs":[{"name":"candidateNames","type":"bytes32[]"}],"payable":false,"stateMutability":"nonpayable","type":"constructor"}]');
    var contractAddr = '0x149a4feb23f9705f40ea7a23e2e0d48eb079da4b';
    var contractInstance = new web3.eth.Contract(abi,contractAddr);
    var candidates = {'郭靖':'candidate-1','乔峰':'candidate-2','张无忌':'candidate-3'};
    var account;
    web3.eth.getAccounts().then(function(accounts){
        account = accounts[0];
    });
    function voteForCandidate(){
        let candidateName = $("#candidate").val();
        let candidateNameHex = web3.utils.asciiToHex(candidateName);
        contractInstance.methods.voteForCandidate(candidateNameHex).send({from:account}).then(function(receipt){
            $("#msg").html("已投给："+ candidateName + "<br>交易哈希：" + receipt.transactionHash + "<br>投票人地址：" + account);
            contractInstance.methods.totalVotesFor(candidateNameHex).call
```

```
(function(err,res){
        $('#'+candidates[candidateName]).html(res.toString());
    });
});
    }
    $(document).ready(function(){
        var candidateList = Object.keys(candidates);
        for (let i = 0; i < candidateList.length; i++){
            let name = candidateList[i];
            let nameHex = web3.utils.asciiToHex(name);
            let count = contractInstance.methods.totalVotesFor(nameHex).call(function(err,res){
                $("#"+candidates[name]).html(res.toString());
            });
        }
    })
```

(2) 运行 Web 服务。打开第三个新建的 shell 终端，用 Python 来启动一个简单的 Web 服务器：

```
python -m SimpleHTTPServer
```

如图 3-21 所示，该 HTTP 服务模块启动后在 8000 端口监听，可以通过网络浏览器启动和访问 DApp 的 Web 客户端。

图 3-21 网页版的基于以太坊区块链实现的投票 DApp：投票前

如图 3-22 所示，当在文本框中输入候选人姓名，例如"乔峰"，然后单击"投票"按钮，会看到候选人乔峰的得票数发生了变化。

图 3-22　网页版的基于以太坊区块链实现的投票 DApp：投票后

3.3.3　一个有委托功能的投票 DApp

1. 投票 DApp 需求

要求实现一个投票智能合约，即电子投票系统，解决的主要问题是如何分配合理的权限给正确的人，并且要防止数据被篡改。这个 DApp 实现了如何委托投票，整个投票计数过程是自动的，而且完全透明。

投票 DApp 的功能：
- 首先为投票创建一个合约，发起者作为所谓的 chairperson(姑且称为主席)来给每个独立的地址分配相应权限。
- 每个投票参与者可以自己投票或者委托自己信任的人投票。
- 这段代码最后会返回得票数最多的议案(或者称为倡议)。

2. 智能合约源代码

```
pragma solidity ^0.4.22;
/// @title Voting with delegation(一个有委托功能的投票系统)
contract Ballot {
    // This declares a new complex type which will(定义一个复杂类型)
    // be used for variables later(后面作为变量来使用)
    // It will represent a single voter(代表一个投票人)
    struct Voter {
        uint weight; // weight is accumulated by delegation weight(在代表投票过程中会累积)
        bool voted;  // if true, that person already voted (如果值为true,
```

代表这个投票人已经投过票)
```
        address delegate; // person delegated to (投票人地址)
        uint vote;    // index of the voted proposal (当前投票的索引)
    }

    // This is a type for a single proposal(代表一份议案的数据结构)
    struct Proposal {
        bytes32 name;   // short name (up to 32 bytes)(议案的名称)
        uint voteCount; // number of accumulated votes(议案接受的投票数)
    }

    address public chairperson;   // 定义投票发起人

    // This declares a state variable that
    // stores a `Voter` struct for each possible address(这个状态变量存储了所有潜在投票人)
    mapping(address => Voter) public voters;

    // A dynamically-sized array of `Proposal` structs(定义动态数组存储议案)
    Proposal[] public proposals;

    /// Create a new ballot to choose one of `proposalNames`(传入议案名称来定义一个投票对象)
    function Ballot(bytes32[] proposalNames) public {
        chairperson = msg.sender;
        voters[chairperson].weight = 1;

        // For each of the provided proposal names,
        // create a new proposal object and add it
        // to the end of the array(按传入的议案名称创建一个议案,并加入前面定义的议案数组)
        for (uint i = 0; i < proposalNames.length; i++) {
            // `Proposal({...})` creates a temporary
            // Proposal object and `proposals.push(...)`
            // appends it to the end of `proposals`(创建一个临时议案对象,加入议案数组)
            proposals.push(Proposal({
                name: proposalNames[i],
```

```
            voteCount: 0
        }));
    }
}

// Give `voter` the right to vote on this ballot
// May only be called by `chairperson`(给投票人分配投票权限,这个操作只有主席才有权限)
    function giveRightToVote(address voter) public {
        // If the first argument of `require` evaluates
        // to `false`, execution terminates and all
        // changes to the state and to Ether balances
        // are reverted.
        // This used to consume all gas in old EVM versions, but
        // not anymore.
        // It is often a good idea to use `require` to check if
        // functions are called correctly.
        // As a second argument, you can also provide an
        // explanation about what went wrong.
        require(
            msg.sender == chairperson,
            "Only chairperson can give right to vote."
        );
        require(
            !voters[voter].voted,
            "The voter already voted."
        );
        require(voters[voter].weight == 0);
        voters[voter].weight = 1;
    }

/// Delegate your vote to the voter `to`(委托投票给另外一个投票人)
    function delegate(address to) public {
        // assigns reference(找出委托发起人,如果已经投票,则终止程序)
        Voter storage sender = voters[msg.sender];
        require(!sender.voted, "You already voted.");

        require(to != msg.sender, "Self-delegation is disallowed.");
```

```
        // Forward the delegation as long as
        // `to` also delegated.
        // In general, such loops are very dangerous,
        // because if they run too long, they might
        // need more gas than is available in a block.
        // In this case, the delegation will not be executed,
        // but in other situations, such loops might
        // cause a contract to get "stuck" completely.
        while (voters[to].delegate != address(0)) {
            to = voters[to].delegate;

            // We found a loop in the delegation, not allowed(发起人、委托人不能是同一个人,否则终止程序)
            require(to != msg.sender, "Found loop in delegation.");
        }

        // Since `sender` is a reference, this
        // modifies `voters[msg.sender].voted`(标识发起人已经投过票)
        sender.voted = true;
        sender.delegate = to;
        Voter storage delegate_ = voters[to];
        if (delegate_.voted) {
            // If the delegate already voted,
            // directly add to the number of votes(投票成功,投票总数加上相应的weight)
            proposals[delegate_.vote].voteCount += sender.weight;
        } else {
            // If the delegate did not vote yet,
            // add to her weight(如果还没投票,发起人weight赋值给委托人)
            delegate_.weight += sender.weight;
        }
    }

    /// Give your vote (including votes delegated to you)
    /// to proposal `proposals[proposal].name`(投票给某个议案)
    function vote(uint proposal) public {
        Voter storage sender = voters[msg.sender];
```

```solidity
        require(!sender.voted, "Already voted.");
        sender.voted = true;
        sender.vote = proposal;

        // If `proposal` is out of the range of the array,
        // this will throw automatically and revert all
        // changes.
        proposals[proposal].voteCount += sender.weight;
    }


    /// @dev Computes the winning proposal taking all
    /// previous votes into account(找出投票数最多的议案)
    function winningProposal() public view
            returns (uint winningProposal_)
    {
        uint winningVoteCount = 0;
        for (uint p = 0; p < proposals.length; p++) {
            if (proposals[p].voteCount > winningVoteCount) {
                winningVoteCount = proposals[p].voteCount;
                winningProposal_ = p;
            }
        }
    }

    // Calls winningProposal() function to get the index
    // of the winner contained in the proposals array and then
    // returns the name of the winner
    function winnerName() public view
            returns (bytes32 winnerName_)
    {
        winnerName_ = proposals[winningProposal()].name;
    }
}
```

3.4 使用 truffle 开发 DApp 案例实战

以太坊是公有链开发领域最好的编程平台，而 truffle 是以太坊最受欢迎的开发框架之一，这也是介绍 truffle 的原因。本节不讲原理，只搭建环境，运行第一个区块链程序。

3.4.1 安装 truffle 和依赖环境

1. 安装 npm 和 nodejs

- curl -sL https://deb.nodesource.com/setup_6.x | sudo -E bash -
- sudo apt-get install -y nodejs
- sudo npm config set registry https://registry.npm.taobao.org
- sudo npm config list
- sudo npm install n -g
- sudo n stable，升级至最新版本

2. 安装 truffle

安装命令如下：

```
sudo npminstall -g truffle
```

3. 安装以太坊客户端

需要安装以太坊客户端来支持 JSON RPC API 调用开发环境，推荐使用 EthereumJS TestRPC：https://github.com/ethereumjs/testrpc。如图 3-23 所示，安装命令如下：

```
npm install -g ethereumjs-testrpc
```

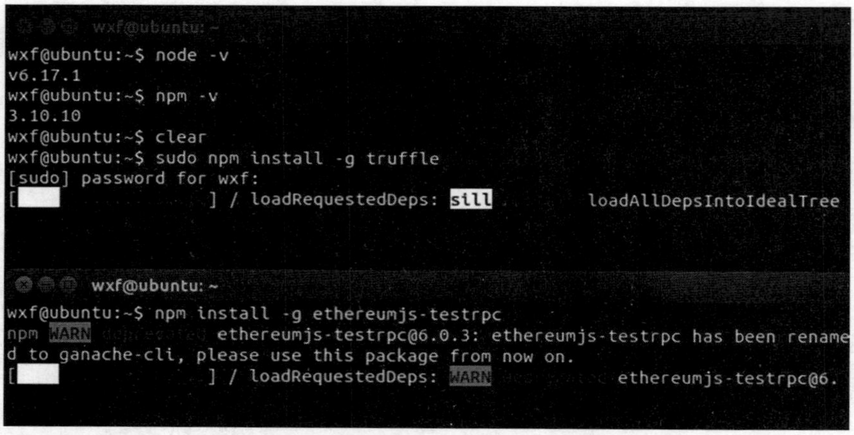

图 3-23 查看安装好的 node、npm 版本，并安装 truffle 和 EthereumJS-TestRPC

3.4.2 一个 DApp demo

1. 创建项目

顺次执行以下命令，建立项目文件夹并进行初始化操作。

```
mkdir zhaoxi
cd zhaoxi
truffle init
```

图 3-24 所示是默认生成的一个叫作 MetaCoin 的项目目录结构,可以从中学习 truffle 的项目架构和开发流程。

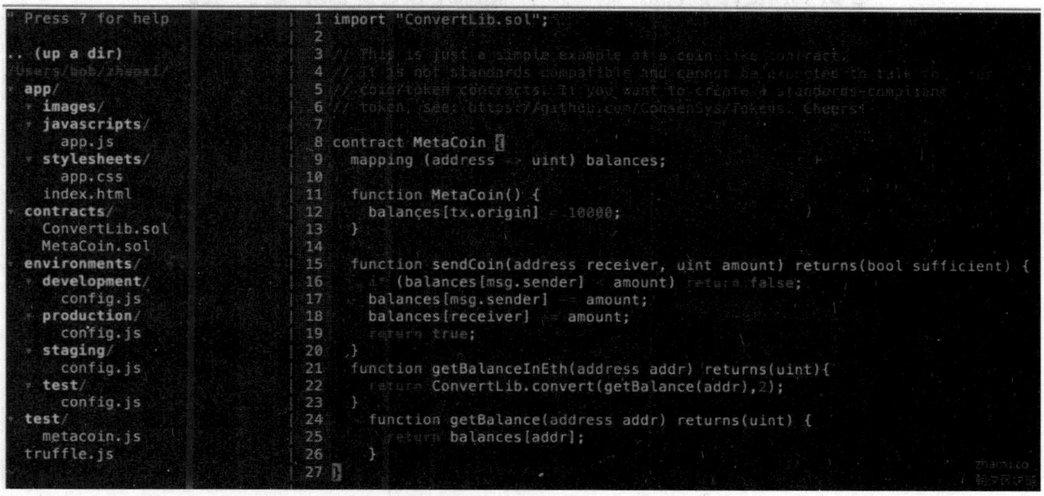

图 3-24　MetaCoin 项目目录结构

2. 编译和部署项目

(1) 编译项目:

```
truffle compile
```

命令如图 3-25 所示。

图 3-25　编译项目

(2) 部署项目,如图 3-26 所示。

首先启动 TestRPC:

```
testrpc
```

然后部署:

```
truffle migrate
```

```
bob@192 zhaoxi % truffle migrate
Running migration: 1_initial_migration.js
  Deploying Migrations...
  Migrations: 0x34e94dd89ed596077d5a4f9d8481dbd0633a454c
Saving successful migration to network...
Saving artifacts...
Running migration: 2_deploy_contracts.js
  Deploying ConvertLib...
  ConvertLib: 0x62038717aeb35113425683d8eb3dfab65239162c
  Linking ConvertLib to MetaCoin
  Deploying MetaCoin...
  MetaCoin: 0xbeb2aaac8e7c85426dcb120667d5fe49358581b0
Saving successful migration to network...
Saving artifacts...
```

图 3-26　部署项目

(3) 启动服务:

```
$ truffle serve
```

执行结果如图 3-27 所示,该服务侦听 8080 端口并支持 HTTP 访问方式。

```
bob@192 zhaoxi % truffle serve
Using environment development.
Serving app on port 8080...
Rebuilding...
Completed without errors on Sun May 01 2016 05:53:12 GMT+0800 (CST)
```

图 3-27　truffle server 执行结果

(4) 访问项目。如图 3-28 所示,启动服务后,就可以在任意网页浏览器中通过 URL 访问项目: http://localhost:8080/。

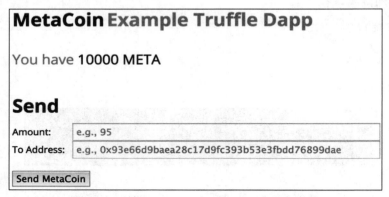

图 3-28　访问 truffle demo 的 Web 应用客户端

总结与提高

以太坊狭义上是指一系列定义去中心化应用平台的协议,它的核心是以太坊虚拟机,是以太坊区块链上的可执行环境,可以执行任意复杂算法的编码。以太坊虚拟机可执行的程序(也叫作智能合约)是图灵完备的,这意味着以太坊是可编程的区块链,开发者能够使用更加友好的、真正的编程语言 Solidity 来创建在以太坊模拟机上运行的应用。以太坊不仅能使用户完成一系列预先设定好的操作(例如比特币交易)，而且允许用户按照自己的意愿任意创建复杂的操作。这样一来，它就可以作为通用(包括加密货币在内但并不仅限于此)的去中心化区块链应用的开发框架与开发平台。

每个参与到网络的节点中都运行着以太坊虚拟机，尤其是每个网络上的完整节点都储存相同的值、进行同样的运算。作为区块验证协议的一部分，它们检查和验证存储在区块中的交易，运行着交易触发的代码。以太坊的重点用途是提供一种有效的方式，让业务流程中不需要任何可信的第三方、中心化的准则或暴力垄断，就能点对点地达成一致、共识的状态。很明显，以太坊并不是一种提升运算效率的应用框架，因为其中有许多进程是冗余的(例如智能合约重复地在每个节点中执行)，因此那些在链外就能进行的运算与操作，就不建议在区块链里进行。

习　题

1. 3.3.3 节给出了一个具有委托功能的投票 DApp 的详细代码，请大家将该 DApp 以 nodejs、npm 和 ganache 作为开发环境进行实现。同样要求所有的投票都保存到区块链上，投票结果不可修改，任何人都可以独立验证每个候选人获得了多少投票。

2. 针对 3.4.2 节中的 Web DApp，观察和描述区块链中的存储内容。

第4章 区块链3.0：Fabric技术原理

比特币、以太坊都是公有链应用架构，也就是说，任何人或计算机节点都可以参与。而 Fabric 从一开始就只考虑机构(例如企业、单位等社会机构)间的应用，是典型的联盟链应用基础框架。

4.1 Fabirc 是一种社会编程框架

首先，我们要系统地整理一下区块链 1.0(以比特币为代表)、区块链 2.0(以太坊为代表)、区块链 3.0(以 Fabric 为代表)技术的总体设计目标与技术内涵。

4.1.1 从宏观上理解区块链 1.0、2.0、3.0

1. 区块链 1.0：特指基于点对点网络的电子现金系统

中本聪(事实上只是一个代号)设计比特币的目的是希望能够实现一种完全基于点对点网络的电子现金系统，使得在线支付能够直接由一方发起并支付给另外一方，中间不需要通过任何的中介机构。

2. 区块链 2.0：世界电脑

以太坊是一个提供内置了图灵完备的合约语言、持久化存储状态的区块链系统，可以创建合约来编写任意的状态转换功能。而创建以太坊的 Vitalik Buterin(俗称 V 神)则声称，以太坊是为了创建一个自由、开放的世界电脑，那么什么是"世界电脑"呢？我们可以从以下几个维度进行理解。

- 随着时间的变化，现实世界在某个时刻都有确定的状态，而以太坊就是这个世界的模拟：以太坊是一个存储任意时间点上确定状态的状态机(这个状态机无限大)，事实上每个节点中都存储着整个世界(区块链)的"世界状态"。
- 现实世界中，万物虽然在每时每刻有确定的状态，但是每时每刻又都随着自然规律的作用而变化。同样的，在以太坊中驱动状态变化的是智能合约的执行。以太坊的设计思想是不直接"支持"任何应用，但图灵完备的编程语言意味可以创建任何类型的应用，例如可以应用于货币以外的场景(区别于区块链 1.0)。
- 现实世界是由各种自然规律交织决定的，这是自然界的共识。区块链尽管由分布式的计算节点组成，但每次智能合约的执行都需要获得所有节点的共识，从而更新所有计算机节点中存储着的"世界状态"。
- 区块链 2.0(以太坊)在功能上更加泛化与通用，如果不考虑代币的消耗，理论上可以实现一切区块链的形式与功能(包括区块链 1.0 和 3.0)。

3. 区块链 3.0：社会编程框架

Fabric 是由 IBM 主导开发的一个区块链框架，是超级账本的项目成员之一。它的功能与以太坊类似，也是一个分布式的智能合约平台。Fabric 与比特币、以太坊的主要不同之处如下。

- 比特币、以太坊都是公有链，任何人或计算机节点都可以参与；而 Fabric 从一开始就只考虑机构(例如企业、单位等社会机构)间的应用，是典型的联盟链应用基础框架。
- 比特币专注于比特币本身的点对点支付；以太坊在构建通用 DApp 的同时，需要耗费内部的代币(以太币)。Fabirc 本质上是一个没有代币的超级账本，专门用于机构之间业务协同(社会编程框架)，是一个模块化的、支持可插拔组件的"联盟链"基础框架。有关公有链、私有链、联盟链的描述请参见 1.2.1 节中的描述。
- Fabric 的智能合约运行于 Docker，这意味着几乎可以使用任意编程语言编写智能合约。

4.1.2 超级账本 Hyperledger 的项目背景

2015 年 12 月，Linux 基金会牵头联合 30 家初始成员(包括 IBM、Accenture、Intel、J. P. Morgan、R3、DAH、DTCC、FUJITSU、HITACHI、SWIFT、Cisco 等)共同宣告 Hyperledger 项目成立。其中，IBM 贡献了数万行已有的开源区块链代码，Digital Asset 则贡献了企业和开发者相关资源，R3 贡献了新的金融交易架构，Intel 也贡献了分布式账本相关的代码。

该项目试图打造一个透明、公开、去中心化的超级账本项目，如图 4-1 所示，该项目旨在让不同的成员机构(例如企业)得以跨机构业务协同，以满足不同行业的各种应用案例，并简化业务流程。如果说以比特币为代表的货币区块链技术为 1.0，以以太坊为代表的合约区块链技术为 2.0，那么实现了完备的权限控制和安全保障的 Hyperledger 项目毫无疑问代表着区块链 3.0 时代的到来。

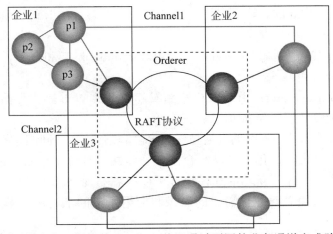

图 4-1　不同的企业、机构基于 RAFT 共识通过不同的业务通道完成跨机构协同

Hyperledger 首次提出和实现完备的权限管理、创新的一致性算法和可插拔的框架，将对区块链相关技术和产业的发展产生深远的影响。该项目的出现，实际上宣布区块链技术已经不单纯是一个开源技术了，它已经正式被主流机构和市场认可。Hyperledger 项目由 Linux 基金会官方维护，目前已经得到许多企业的关注。如图 4-2 所示，通过 Github 可以直接下载代码镜像。

图 4-2　Hyperledger 项目

目前，Hyperledger 项目主要包括以下 4 个子项目。

- Fabric：包括 Fabric、Fabric-api、Fabric-sdk-node、Fabric-sdk-JAVA、Fabric-sdk-py、Fabric-chaintool 等，目标是区块链的基础核心平台，支持 kafka 和 PBFT 等模块化共识算法，支持权限管理和隐私保护，最早由 IBM、DAH 及 Blockstream 发起。
- Sawtooth Lake：Intel 主要贡献和主导的区块链平台，包括 arcade、core、dev-tools、validator、mktplace 等，支持全新的基于硬件芯片的共识机制(proof of elapsed time，PoET)。
- Iroha：分布式账本平台项目，主要由 Soramitsu 发起和贡献，特点是支持模块化和移动应用。
- Blockchain-explorer：由 DTCC 牵头发起，提供 Web 操作界面，通过界面快速查询超级账本区块链的信息、状态等。

目前，这些项目尚处于不断的发展与迭代阶段，项目约定共同遵守的基本原则如下。

- 重视模块化设计，包括交易、合同、一致性、身份、存储等技术场景。
- 代码可读性，保障新功能和模块都可以很容易地添加和扩展。
- 发展路线，随着商业化需求的深入和应用场景的丰富，不断增加和演化新的项目。

4.1.3 Fabric 是 Hyperledger 最重要的子项目

在 Hyperledger 的 4 个子项目中，我们最关注 Fabric，它是目前为止在设计上最贴近联盟链思想的区块链。图 4-3 所示是 Fabric 的联盟链系统架构。作为一个区块链框架，Fabric 采用了松耦合的设计，将共识机制、身份验证等组件模块化，使之在应用过程中可以方便地根据应用场景来选择相应的模块。除此之外，Fabric 还采用了容器技术，将智能合约代码放在 Docker 中运行，从而使智能合约可以采用几乎任意高级语言来编写。

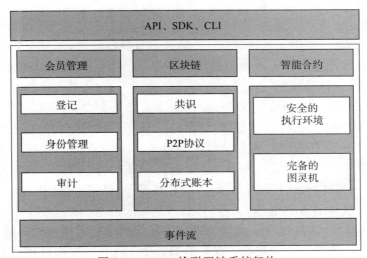

图 4-3　Fabric 的联盟链系统架构

Fabric 是基于数字事件、交易调用、不同参与者共享的分布式总账技术。分布式总账只能通过共识的参与者来更新，而且一旦被记录，信息永远不能被修改。记录的每个事件都可以根据参与者的协议进行加密验证。Fabric 主要具备如下特性：

- 交易是安全、私有并且可信的。每个参与者通过向成员权限管理服务证明自己的身份来访问系统。
- 交易是通过网络上完全匿名的证书来生成的。交易内容通过复杂的密钥加密来保证只有参与者才能看到，确保业务的私密性。
- 分布式总账可以按照相关规则来接受全部或者部分审计。在与参与者的合作中，审计员可以通过基于时间的证书来获得总账的查看权限，并且可通过连接交易来获取实际交易方之间的资产操作。
- Fabric 是基于工业化、商业化的需求来设计的，并引入了可扩展性。它是许可性区块链技术方案，隐私保护、数据保密是整个区块链网络的核心要素。

4.2　Fabric 1.0 的基础架构

Fabric 区块链本质上仍然是多个通信节点组成的分布式系统，本书选择 Fabric 1.0

作为重点研究对象,其节点、共识机制、背书者的基础架构中主要涉及以下概念。

(1) 链代码。

- Fabric 中运行着一种叫作链代码(其实就是智能合约)的程序,这段程序的主要功能是保存状态和账本数据、执行交易。
- Fabric 1.0 架构中存在一个或多个特殊的链代码,这些链代码主要用于管理功能,总体上被称为系统链代码。
- 交易必须进行背书处理,而且只有背书过的交易才能被提交并对状态产生影响。

(2) 不同角色的区块链节点。

- peer 节点,维护状态和总账的节点。
- orderer 节点,审批交易顺序(排序)的共识节点,审批后的交易被包含在总账中。
- 背书节点/验证节点:负责交易的背书处理和执行,Fabric 0.6 版本和更早版本的 Fabric 叫作验证节点,1.0 版本改称背书节点(背书者)。

(3) 与 Fabric 0.6 版本相比,Fabric 1.0 版本有如下主要优点。

- 链代码信任机制灵活。新架构使用分开排序的信任假定和链代码(也就是区块链应用)的信任假定。换句话说,一堆节点(排序节点)能够提供排序服务并且允许部分节点失败或行为异常,针对每个链代码,背书者可以是不同的。
- 扩展性。新的架构扩展性更好。尤其是当不同的链代码指定不同的背书节点时,这些背书节点引入了不同背书节点之间的链代码分区,并且允许并行的链代码执行(背书处理)。此外,链代码执行的代价可能很高,被从排序服务的关键路径移除。也就是说,在新的架构中,链代码的执行和共识处理分开了,这样的好处是可以独立扩展,链代码执行成本更高,也不会影响共识处理。
- 机密性。新的架构使有机密性需求的链代码部署更加容易。这里的机密性需求主要是指交易的内容和状态更新有机密需求。
- 共识模块化。新的架构针对共识机制的设计更加灵活,允许可插入式的共识实现,如排序服务。

4.2.1 区块链数据结构

1. 状态

区块链的状态被模型化为一个 key/value 数据库存储。key 是名字,value 是任意的 blob 类型的值。这些数据项被链代码(区块链上的应用程序)中的 put/get 方法操作。状态被持久化存储,对状态的更新会记录成日志。注意,版本化的 KVS 是作为状态模型采用的,其实现可以是实际 key/value 存储,也可以是关系型数据库或其他解决方案。

正式地说,状态被模型化为一个 K -> (V X N) 映射的元素,其中:K 是键的集合;V 是值的集合;N 是无数个有序的版本号结合。单射函数 next: N -> N 取一个 N 的元素,返回下一个版本号。

V 和 N 都有一个特殊的元素\bot,代表 N 最小的元素。初始化的时候,所有的键都被映射到(\bot,bot)。s(k)=(v,ver)表达式中,v 用 s(k).value 来表示,ver 用 s(k).version 来表示。

KVS 操作是这样定义的:

- put(k,v)操作。对 k\in K 和 v\in V 键值对，区块链状态 s 的新状态 s'计算方法是 s'(k)=(v,next(s(k).version))，并且对所有的 k'!=k，表达式 s'(k')=s(k')都成立。
- get(k)操作。返回 s(k)。

状态被节点维护，而不是被排序者和客户端维护。

KVS 中的键可以通过名称识别它们属于哪个链代码，所以只有特定链代码的交易才能修改属于这个链代码的键。原则上，任意的链代码都能读取属于其他链代码的键。Fabric 1.0 的后续版本会支持修改两个或者多个链代码状态的跨链交易。

2. 总账

总账(ledger)提供了所有成功的状态变化(合法交易)可核实的历史，也记录了不成功的状态变化尝试(非法交易)。这一切发生在系统运行期间。

- 总账通过排序服务创建(参考 4.2 节)，作为一种完全排序的哈希链，哈希链由合法和非法交易的区块组成。哈希链对总账中的区块进行了完全排序，每个区块包含一组完全排序的交易。这使得所有的交易都是完全排序的。
- 总账被保持在所有的节点中，同时视情况也可以保存在排序节点的子集中。在排序者的上下文中，总账指的是排序者总账，而在节点上下文中，总账则指的是原始总账。原始总账与排序者总账的区别在于，原始总账(peer ledger)本地维护了一个位掩码，可以区分合法交易和非法交易。
- 节点可以精简原始总账。排序者在容错性和原始总账的可用性方面维护排序者总账，它在任何需要的时候决定是否精简与维护(参考 4.2.3 节)。总账允许节点重播所有交易的历史，也允许节点重新构建状态。如前所述，状态是一种可选的数据结构。

4.2.2 交易

交易有如下两种类型，其中部署交易是调用交易的特殊情况。

- 部署交易。部署交易创建新的链代码，并且用一个程序作为参数。当一个部署交易成功执行时，链代码被安装到区块链上。
- 调用交易。调用交易在先前部署的交易上下文中执行操作。调用交易指的是链代码和它提供的一个或多个功能。当成功地执行调用交易时，链代码执行指定的函数，这些函数执行时可能修改相应的状态，并返回输出。

显然，一个交易要么创建新的链代码，要么调用一个已经部署的链代码提供的操作。本书暂不关注查询交易优化、支持跨链代码的交易等内容。

4.2.3 节点

物理节点是区块链的通信实体，然而这里的节点则属逻辑概念，这是因为不同类型的多个节点可以运行在同一个物理服务器(物理节点)上。Fabric 中共有如下三种类型的节点(见 4.2 节)。

- peer 节点。提交交易，维护状态和总账的备份。此外，节点还有一个特殊的背书者角色。

- orderer 节点。审批交易顺序(排序)的共识节点,审批后的交易被包含在总账中。
- 共识服务节点或投票者节点。一个运行通信服务的节点负责交易的背书处理和执行,实现广播投递,例如原子的和完全排序的广播。

那么,节点是怎么被分组成信任域的,又是怎样和控制它们的逻辑实体关联的呢?下面将做详细解释。

1. 客户端

客户端表示终端用户的实体,它用于创建和调用交易,例如交一个实际的交易调用给背书者,并且广播交易提案给 orderer 节点排序服务。客户端能同时和节点以及排序服务通信,不过,必须先连接到一个与区块链通信的节点。事实上,客户端是可以连接到它可以选择的任何节点(peer)的。

2. peer 节点

peer 节点接收来自排序服务的排序状态更新,状态更新以区块的形式,同时节点还用于维护状态和总账。

此外,peer 节点也能够承担一个背书节点的特殊角色。背书节点用于背书交易,以便用特定的链代码提交该交易。每个链代码可能指定一个背书策略,这些背书策略会涉及一个背书节点集合,这些策略定义了合法的交易背书的必要条件(典型的策略是一个背书节点集合的签名)。

在安装新的链代码或部署交易的特殊场景中,部署背书策略被指定作为一种系统链代码的背书策略。

3. 排序服务节点(排序者)

排序者形成了排序服务,一个通信 Fabric 提供了投递保证。排序服务可以以多种不同的方式实现:从一个中心化的服务(被用于开发和测试)到分布式的协议(目标定位在不同的网络和节点故障模型)。

排序服务提供了通向客户端和节点的共享的通信通道,提供了包含交易的消息广播服务。客户端连接到通道时,通过这个通道可以广播消息给所有的节点,通道可以投递消息给所有区块链节点。通道示意图如图 4-4 所示。

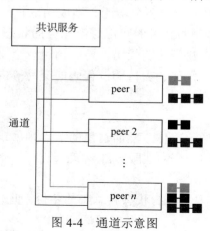

图 4-4 通道示意图

通道支持所有消息的原子投递，也就是说，消息通信全是排序投递，且会保证可靠性(特定于实现)；通道会输出同样的消息到所有连接到的节点，并且以同样的逻辑顺序输出到所有节点，通信过的消息则会作为包含在区块链状态中的候选交易。

(1) 通道分区(排序服务通道)。排序服务可以支持多通道，类似于发布/订阅消息系统中的主题。客户端能连接到一个给定的通道，能通过给定的通道发送消息和接收到达的消息。通道可能会有分区，客户端连接到一个通道是不知道其他通道存在的，但是客户端可以连接到多个通道。即使 Fabric 1.0 版本的一些排序服务实现了支持多个通道，为便于表示，在本文后续部分，仍假定排序服务由单个通道/主题组成。

(2) 排序服务 API。通过排序服务 API，节点得以连接到由共识服务提供的通道中。排序服务 API 由如下两个基本的操作组成。

- 广播：客户端调用这个 API 在通道上广播任意的 blob 消息。在 BFT 上下文中，当发送一个请求给服务时，也叫作请求(blob)。
- 投递：排序服务在节点上调用这个 API(seqno, prevhash, blob)投递消息，投递消息带有非负序列号 seqno 和最近一次发送消息的哈希(prevhash)。换句话说，它是一个来自排序服务的输出事件。deliver()在发布订阅系统中有时也叫作 notify，在 BFT 系统中叫作 commit。

(3) 总账和区块构成。总账(参见 4.2.1 节相关内容)包含所有的排序服务的输出数据。它是投递事件的序列，这些事件序列形成了哈希链。

(4) 排序服务内容。大多数情况下，为了效率考虑，不会输出单个交易，排序服务会批量输出 blob 数据和单个投递事件的区块信息。一个广播了的消息发生了什么，投递了的消息之间存在什么关系？排序服务(或原子广播通道)有如下保证。

- 安全性(一致性保证)。只要节点能够在足够长的时间内连接到通道(它们可以断开或宕机，但是将会重启和重连)，它们就能看到具有相同序号的投递消息(比如 seqno、prevhash、blob 等)。这意味着在所有节点上，输出(也就是投递事件)以同样的顺序发生。相同的序号有着相同的内容，也就是 blob 和 prevhash 相同。注意，这仅仅是一个逻辑顺序，一个 peer 节点的 deliver(seqno, prevhash, blob)并不需要和另外一个 peer 节点上输出了相同消息的 deliver(seqno, prevhash, blob)有时间上的关联。换句话说，给定一个特定的 seqno，不会有两个正常的节点发送不同的 prevhash 和 blob。此外，除非某个客户端(某个 peer 节点)实际调用了 broadcast(blob)，否则不会有 blob 值被投递。而且，每个广播的 blob 只会被投递一次。deliver 事件包含上一个 deliver 事件中的数据的加密哈希。当排序服务实现原子广播保证时，prevhash 是序号为 seqno-1 的 deliver() 事件的加密哈希。这就在不同的 deliver()事件之间建立了一个哈希链，用来帮助验证共识输出的完整性。第一个 deliver 事件是一个特殊情况，prevhash 有一个默认值。
- 活跃度(投递保证)：排序服务的活跃度保证是排序服务实现指定的。精确的保证取决于网络和节点故障模型。

原则上，如果提交客户端没有失败，排序服务应该保证每个连接到排序服务的正常节点最终可以投递每个提交的交易。

4. Fabric 多通道技术

Hyperledger Fabric 1.0 架构会将共识服务和交易服务(总账)分开维护。Fabric 共识服务采用基于 topic 模型的发布订阅机制的多通道技术发布消息。通道是一个逻辑概念，相当于 kafka 中的 topic 分区。共识服务是通过一堆叫 orderer 的实体来执行的，而总账是被 peer 维护和管理。

每个 peer 节点通过一个或多个通道连接到共识节点，就像发布订阅通信系统的客户端一样(见图 4-5)。在一个通道上，广播消息通过共识排序，这样在同一个通道的所有的订阅者(peer 节点)以同样的顺序接收到同样的消息。交易以加密链接区块的方式分发到所有订阅的 peer 节点。每个 peer 节点验证区块，提交区块到总账并提供其他服务给应用，应用可以通过这些服务使用总账。共识服务在不同通道处理消息是独立的，跨通道的消息不能得到保证。

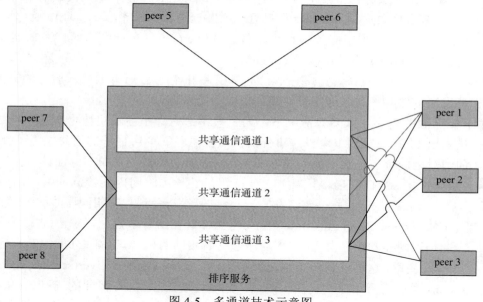

图 4-5　多通道技术示意图

在图 4-5 中，peer 1、peer 2、peer 3、peer 5、peer 6 与共享通信通道 1 共同维护红色账本；peer1、peer 7、peer 8 与共享通信通道 2 共同维护绿色账本；peer 1、peer 2、peer 3 与共享通信通道 3 共同维护蓝色账本。这三套账本组成三条不同的区块链，而这三个区块链又是相互独立的。

4.3　交易背书的基本流程

图 4-6 所示是背书交易的整体流程。注意接下来的协议并不假定所有的交易都是确定性的，它允许不确定性的交易。

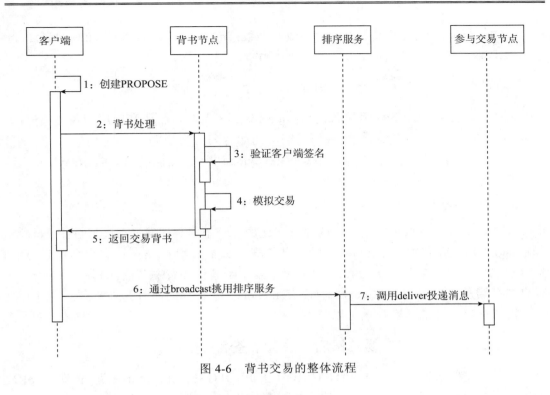

图 4-6 背书交易的整体流程

4.3.1 客户端创建交易后发送给它选择的背书节点

为了调用交易,客户端会发送一个 PROPOSE 消息给交易选择的背书节点集合(可能不是同时,参考 2.1.2 节和 2.3 节)。交易可以被发送到给定 chaincodeID 的所有背书节点。即便如此,一些背书节点可能是离线的,其他还有一些节点可能拒绝或选择不背书这个交易。接下来,首先详细阐述 PROPOSE 消息的格式,然后讨论提交客户端和背书节点之间可能的交互模式。

1. PROPOSE 消息格式

PROPOSE 消息的格式是<PROPOSE,tx,[anchor]>,其中 tx 是必须提供的,而 anchor 是可选的参数。

```
tx=<clientID,chaincodeID,txPayload,timestamp,clientSig>
```

这里的 clientID 是提交客户端的 ID;chaincodeID 指的是交易所属的链代码的 ID;txPayload 是发出的交易本身的有效载荷;timestamp 是对于每个新的交易,单调递增的整数,由客户端维护;clientSig 是客户端交易消息中其他项的签名。

在调用交易和部署交易时,txPayload 的细节是不同的(调用交易会应用一个特定部署的系统链代码)。

对于调用交易,txPayload 由以下两个域组成:

```
txPayload = <operation, metadata>
```

其中，operation 是链代码提供的函数和参数；metadata 表示与调用相关的属性。对于部署交易，txPayload 由以下三个域组成：

```
txPayload = <source, metadata, policies>
```

其中，source 表示链代码的源代码；metadata 表示与链代码和应用相关的属性；policies 包含所有节点都能访问的链码策略，比如背书策略。

注意，在部署交易中，背书策略不是用 txPayload 提供的，但是部署的 txPayload 包含了背书的策略 ID 和它对应的参数。

2. 消息模式

客户端和背书节点决定了交互的序号。比如，一个客户端发送<PROPOSE, tx>(没有 anchor 参数)给单个的背书节点，背书节点产生版本依赖(anchor)，客户端稍后会用到版本依赖，将其作为 PROPOSE 消息的参数发送给其他的背书节点。另外一个例子，客户端直接发送<PROPOSE, tx>消息(没有 anchor)到它选择的所有背书节点上。不同的通信模式是有可能的，客户端可以自由决定。

4.3.2 背书节点模拟交易，然后生成背书签名

一旦接收到来自客户端的 PROPOSE 消息<PROPOSE,tx,[anchor]>，背书节点 epID 首先验证客户端的签名 clientSig，然后模拟交易。

模拟交易会涉及背书节点，它将通过调用交易所属的链代码临时执行一个交易(txPayload)，并执行背书节点本地持有的状态备份。

作为执行的结果，背书节点会计算出"read version 依赖(readset)"和"state 更新(writeset)"，在 DB 语言中也叫作 MVCC+postimage。

状态由键值对组成，所有的键值对条目是版本化的。也就是说，每个条目包含排序后的版本信息，当存储在一个键下的值被更新时，每次这个排序的版本号就会增加。节点解释了通过链代码下所有的键值对访问的交易记录，读或者写，但是节点还没有更新它的状态。更具体地说，在背书节点执行交易前，给定状态 s，对于每个键 k 通过交易读，(k,s(k).version)被增加到读集合。此外，对于每个键 k，通过交易修改 k 的值为 v'，(k,v')被增加到写集合。可选地，v'也可以是新值相对于先前的值增量。

如果客户端在 PROPOSE 消息中指定了 anchor，那么客户端指定的 anchor 必须等于背书节点模拟交易产生的读集合。

默认情况下，在一个节点的背书逻辑接受交易提案和简单签名交易提案。尽管如此，背书逻辑可能解释任意功能，如遇遗留系统进行交互，附带交易提案，背书逻辑则需要以 tx 作为输入来做出是否背书一个交易的决定。

如果背书逻辑决定了背书一个交易，它会发送<TRANSACTION-ENDORSED, tid, tran-proposal, epSig>消息给提交客户端。该消息的说明如下。

```
tran-proposal := (epID,tid,chaincodeID,txContentBlob,readset,writeset)
```

txContentBlob 是链代码/交易特定的信息，目的是使 txContentBlob 作为交易的表

示使用，如 txContentBlob=tx.txPayload；epSig 是背书者节点针对交易提案的签名。

另外，万一背书逻辑拒绝背书交易，背书者可以发送以下消息提交客户端：

(TRANSACTION-INVALID, tid, REJECTED)

注意，在这一步，背书节点不会改变它的状态，在背书上下文中通过交易模拟产生的更新不会影响状态。

4.3.3 提交客户端获取交易的背书，通过排序服务广播

提交节点一直在等待，直到收到了"足够"的关于(TRANSACTION-ENDORSED, tid, *, *)的消息和签名，一旦收到这些信息，就可以得出交易已被背书的结论，这可能涉及与背书节点之间一到多轮的交互。

"足够"的精确数字取决于链代码的背书策略。如果背书策略被满足，交易就算背书成功了。注意，这时候交易还没有被提交。如果提交客户端没有收集到交易提案的背书，它会放弃这次交易，也可以稍后重试。

对于持有合法背书的交易，现在可以开始使用排序服务。提交客户端通过 broadcast(blob)调用排序服务，这个时候 blob=endorsement。如果客户端没有能力直接调用排序服务，它可以通过它选择的节点代理执行 broadcast(blob)，如此一个节点必须被客户端信任，不会从背书中删除任何消息，否则交易可能被当作非法的。注意，即使如此，一个代理节点不可能伪造一个合法的背书信息。

4.3.4 排序服务投递交易消息给所有节点

当一个 deliver(seqno, prevhash, blob)事件发生时，一个节点会对 blobs 应用的所有状态进行更新，更新的内容带有低于 seqno 的序列号。比如，它可能会有如下处理：

- 根据链代码(blob.tran-proposal.chaincodeID)的策略，节点检查 blob.endorsement 是否合法。
- 核实依赖(blob.endorsement.tran-proposal.readset)有没有被违反。在更加复杂的用例中，在背书信息的交易提案可能不同，在这个情况下，背书策略指定了状态如何演化。根据状态更新选择的一致性内容或者隔离保证不同，依赖验证有多种实现方式。串行化是一种默认的隔离保证，除非链代码背书策略制定了一个不同的依赖验证。比如，可串行性要求每个写集合和读集合里键对应的版本号必须和状态里面键的版本号相同，并抛弃不能满足这个要求的交易。
- 如果所有这些检查通过，交易被认为是合法的，然后被提交。在这个情况下，节点在原始总账的位掩码中为这个交易标记 1。应用 blob.endorsement.tran-proposal.writeset 到区块链状态(如果交易提案是相同的，那么背书策略逻辑定义获取 blob.endorsement 的功能)。
- 如果 blob.endorsement 的背书策略核实失败，交易是非法的，节点在原始总账的位掩码中用 0 标记交易。值得注意的是，非法的交易不会更改状态。

注意，针对一个给定的序号，所有正常的节点在处理一个 deliver 事件(区块)后，

必须有相同的状态。换句话说，通过排序服务的保证，所有正常的节点将收到 deliver(seqno, prevhash, blob)事件的相等的序号。图 4-7 所示是一种可能的交易流程。

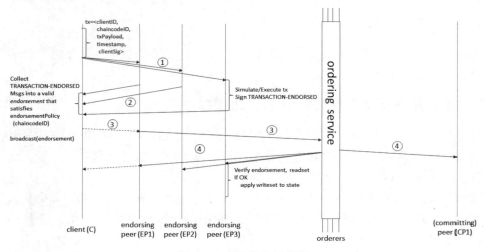

图 4-7　可能的交易流程

总结与提高

图 4-8 所示为 Fabric 的系统架构。超级账本项目是致力于推进区块链数字技术和交易验证的开源项目，目标是让开源社区成员共同合作，共建开放平台，满足来自多个不同行业的机构用户的需求，并简化业务流程。

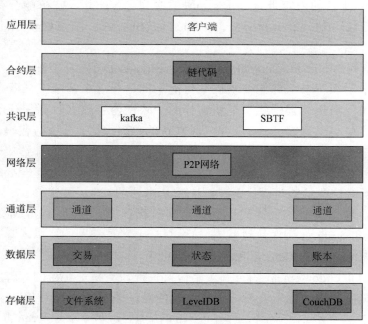

图 4-8　Fabric 的系统架构

习 题

1. 简述比特币、以太坊、Fabric 各自的设计目标、特点,以及三者之间的不同。
2. 针对 3.4.2 节中的 Web DApp,观察和描述区块链中的存储内容。

第5章 Fabric联盟区块链技术实践
——联盟区块链+电子病历实现医患纠纷治理

  本章内容来自笔者的博士后出站报告，主要内容是基于联盟区块链+电子病历针对医疗纠纷治理问题做出的系统研究，将其与院内/区域电子病历库相结合，并将来自电子病历的诊疗核心信息的哈希摘要存储在区块链上，利用区块数据不可篡改和联盟节点广播的特点，一旦电子病历被修改过，即可做到电子病历数据在全网范围内的异地仲裁和可信比对。本项目架设在深圳市南山区人民医院内网的科研测试环境中，开辟了4个节点以模拟卫生服务和管理机构，闭环测试表明，该项目可以有效地服务于医疗纠纷治理中的数据采信与取证问题；在进一步通过安全与性能、管理效能评测后，未来将很快部署在实际应用环境中，必能极大地提高卫生服务与行政机构的公信力。基于本章内容的科研项目已经获得了2019年度教育部人文社会科学基金项目立项(项目编号：19C10590013)。

5.1　项目概述

  2016年8月26日，中共中央政治局审议通过的《"健康中国2030"规划纲要》中指出："全民健康是全民小康的基础，将健康融入所有政策，全方位、全周期保障人民健康，是今后15年推进健康中国建设的行动纲领。"然而，近年来恶性袭医、医闹事件层出不穷；再者，医疗损害鉴定机制中存在的程序烦琐、效率低下等问题，也在审判中表现为医疗纠纷审理难度大、周期长、调撤率低。这让卫生管理机构对医患纠纷的治理成为公众关注的焦点。

5.1.1　项目的意义

  2017年12月第三届中国互联网医疗大会所披露的数据显示，2016年全国发生医疗纠纷达10.07万起，典型暴力伤医案42起，其中，电子病历涉诉率高达85%，纠纷案件结案率与撤案率均低于同期民事案件10个百分点以上。

  以上数据突出反映了完整记录着医疗机构对患者进行临床诊疗、指导干预等医疗服务的电子病历，不仅是医院信息系统的核心组成，更是解决医患纠纷、保险纠纷、诊疗隐私数据泄露等社会问题的重要佐证与涉事本体。目前深圳市已经建成了区域卫生信息大数据平台，其核心系统就包括了电子病历数据库。然而这些电子病历系统都以医院和卫生机构为中心进行建设与管理，这就使得电子病历信息在客观性、真实性上受到质疑与影响，其中由利益驱动的病历篡改、编造现象也的确难以避免，轻则造成统计数据不真实、不准确，重则侵害了患者的合法权益。

综上所述，在大健康和大数据的发展背景下，卫生行业与管理部门面临着越来越多的公众监督及监管要求，迫切需要建立患者与医疗卫生部门之间的有效信任机制。如何通过技术和制度手段，实现电子病历的可靠保护(脱敏采集、篡改仲裁、反向征信)，并据此建立有效的医患纠纷治理机制，成为目前亟待解决的核心问题。

区块链技术实现了多方参与、智能协同、分布式对等、共享与透明的网络规则，不仅获得了社会各个行业领域，以及政府机关和国际组织的高度重视，甚至被认为是自互联网诞生以来最为颠覆性的技术。区块链技术能很好地解决互联网中的跨组织信任与协同难题，将其应用于医疗健康、供应链管理、食品溯源等多个领域，可使人类社会的运作更加透明、公正与高效。

本项目旨在基于当下最前沿的联盟链架构(多中心化、中心化与去中心化的折中手段)的区块链网络，研究与实现一个多点共识、自治保障的电子病历保护与采信系统，与院内电子病历库、卫生管理平台相结合，以脱敏的方式采集电子病历涉纠纷数据(简称涉事数据)，生成哈希摘要后存储至联盟区块链节点，利用联盟节点的多点广播与共识机制，实现事后不可篡改的分布式可靠存储；患者自行选择可信节点下载和比对哈希摘要即可实现反向征信。该项目不仅可提升医患纠纷问题的治理效能，更能改善医患关系，大幅提升政府管理部门的公信力，同时为区块链社会编程框架提供科学实践案例，并推进一种新型的电子文件保障技术的立法进程。

5.1.2 确定项目技术总体方案

基于前面的详细讨论，联盟链架构同时结合了公有链和私有链的特点，具备运行速度快、运作成本低(无须奖励机制)、具备一定的去中心化属性等诸多优点。因此本项目拟选择医疗和行政机构共同构建联盟区块链网络，在该网络中部署服务器(建议 4 个或以上)，用来分布式(去中心化)可信存储(共识防篡改、数据固化)来自医疗机构关键信息的哈希摘要；发生医疗纠纷时，调取和比对哈希(比对对象为联盟链中存储的"原始固化 HASH"和纠纷治理时机动生成的"实时 HASH")，即可完成可靠的证据采信与纠纷治理。整个业务流程由以下几个系统共同完成。

- 联盟链，由多个节点通过联盟区块链(基于 Fabric 1.1)技术形成一个去中心化、不可篡改的存储系统，用于存放各电子病历中关键内容哈希数据。
- 电子病历信息采集系统，将在完成电子病历录入后对电子病历的关键内容进行数据采集，并通过 HASH256 将每个关键信息生成唯一的哈希值，经过区块信息组装后将数据发送到联盟链上。
- 数据查询浏览平台(BS架构)，任何人或第三方机构经注册、登录后，均可通过该平台查询所需要查询的电子病历的哈希信息(联盟链中存储的"原始固化 HASH"和院内机动生成的"实时 HASH")，将两者进行简单比对即可判断电子病历内容是否有被篡改(未篡改病历或病案可作为纠纷治理依据和诉讼证据)，并且定位被篡改的字段(篡改行为也可参与治理依据)。

项目总体实施方案如图 5-1 所示，本项目旨在搭建一个可用于有效测试的闭环模拟实验环境，在深圳市南山区人民医院内网划拨网络与服务器资源，其中 4 台区块链节点服务器用于模拟不同医院、行政机构。在实际应用环境中,则应从卫生专网和电子政务专网中选择实际实体机构,配置专用服务器资源(数量上大于或等于10个节点)。

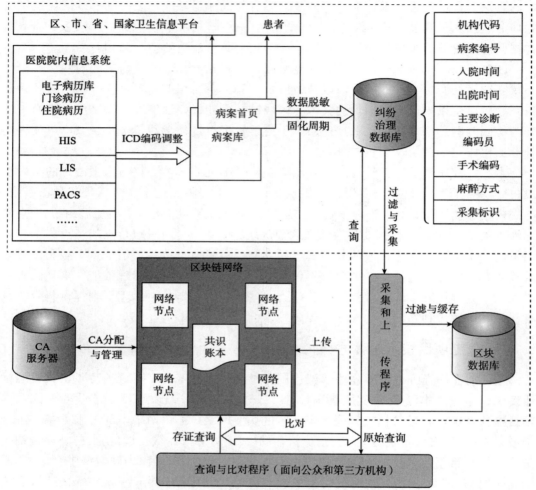

图 5-1　项目总体实施方案(技术视角)

本项目实际分配(单位资源受限)的网络服务器资源及其部署环境(测试环境下用户 sample 和 root 密码均为 123456)如表 5-1 所示。节点 1 同时承担 CA(Fabric 内置 CA 程序)、order、peer1 角色有所调整;纠纷治理数据库和区块数据库简化为同一个数据库中的两个数据表;数据库服务器和应用程序服务器(部署采集和上传程序、查询和比对程序)部署在同一台服务器上。也就是说,整个项目部署在 5 台计算机服务器上。

表 5-1　服务器资源分配

功能/用途	IP	角色	软件环境
应用程序服务器 数据库服务器	10.0.0.86	机构内	Centos、Oracle、Java1.8、Tomcat8.5

(续表)

功能/用途	IP	角色	软件环境
区块链网络节点1、锚peer节点、order节点、CA服务器	10.0.0.92	南山区人民医院	Ubuntu16.04、Fabric1.1
区块链网络节点2 peer节点	10.0.0.93	蛇口人民医院	Ubuntu16.04、Fabric1.1
区块链网络节点3 peer节点	10.0.0.94	南山区社保局	Ubuntu16.04、Fabric1.1
区块链网络节点4 peer节点	10.0.0.95	南山区卫计局	Ubuntu16.04、Fabric1.1

5.2 医疗纠纷治理系统设计与基础资源建立

本节在医院院内信息系统的基础之上，提出无缝衔接的医疗纠纷治理系统的详细设计方案，重点阐述该系统各模块的功能和技术宏观实现方式，以及系统基础资源(网络、数据库支撑系统)的建立与分配。

图 5-2 所示是典型的医院信息化建设(以区域为中心的统建模式)框架示意图。

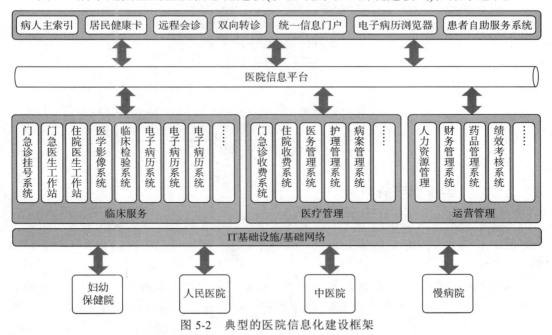

图 5-2 典型的医院信息化建设框架

其中，医院院内信息系统(数字化医院)中最核心的子系统如下。

- HIS：门诊挂号、收费、门诊医生工作站、门诊护士工作站、分诊叫号系统、自助挂号系统、药库药房系统、物流系统(行政和设备仓库)、住院护士工作站、住院医生工作站、社保接口。

- PACS：放射科、超声科影像系统，支持在线调阅病人检查报告。
- LIS：完成检验系统、检验设备联机。
- EMR 系统：住院电子病历和电子病案系统。
- OA 系统：各科室协同办公。

5.2.1 医院院内医疗业务数据流程梳理

电子病历系统是医院院内医疗业务最主要的数据集，该系统从 HIS、LIS、PACS 中抽取和汇集相关诊疗数据，经编码员标准化调整(ICD 编码)后最终形成病案库系统(可视为电子病历的标准存档版)；由电子病案系统打印出纸质版(以电子版、纸质版两种形式存在)，扫描件上传至省电子病案库备份，同时接受患者的复印业务需求(通常用于医疗保险、费用报销、单位请假、医疗纠纷取证等)。由此可见，医院医疗业务的核心数据集是电子病历数据库或电子病案数据库。医院院内医疗业务数据流程如图 5-3 所示。

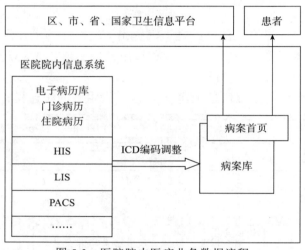

图 5-3　医院院内医疗业务数据流程

5.2.2 医疗纠纷调研分析

本项目调研了深圳市南山区、福田区、罗湖区三家区属人民医院关于医疗纠纷治理的核心机构，主要包括医患关系科、法制办、医疗风险防范办、病案管理科等，如图 5-4 所示。

医疗纠纷的类型及占比如表 5-2 所示。调研结果反映了当前由医疗事故引起的医疗纠纷(主要指的是表 5-2 中的类型 C)，即在医疗过程中由医生的失误行为(用药、手术等)造成的医疗事故而引发的纠纷与争执，虽然其发生频次在总体上占比仅为 15%，但在引发诉讼占比上则为 95%。本项目的治理客体就是表 5-2 中 C 类型的医疗纠纷，即由医疗事故引起的医疗纠纷事件。

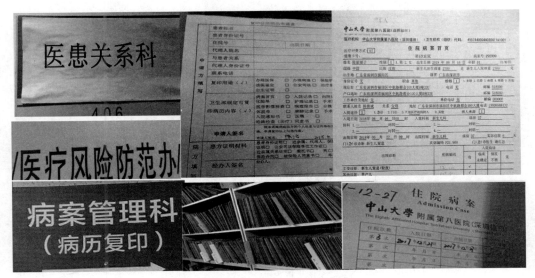

图 5-4 医疗纠纷治理系统的核心机构与文件

表 5-2 医疗纠纷的类型及占比

类型	频次占比/%	诉讼占比/%
A [医疗满意度]，例如言语失当等	60	0
B [医疗质量(主观感受)]，例如医疗过程正常，但未达到病人对医疗结果的预期等	15	5
C [医疗质量(客观失误)]，例如医疗过程中由医生的失误行为造成的医疗事故，从而引发的纠纷与争执	15	95
D [无理取闹]，例如转院治疗后治疗痊愈，就医疗费用等问题与前一个医院争执	20	0

通过调研发现，对于医疗事故引发的医疗纠纷事件，几乎100%都会将电子病历(或病案形式)作为诉讼过程中的重要佐证(患者在医院复印电子病案)。如何保障电子病历中核心数据的客观性与真实性，一直是医疗纠纷治理与诉讼中最棘手的问题(纠纷事件发生在医院，核心数据保存在院方)。这里客观存在着信息不对称与信任危机，究其本质是数据保存与保护的去中心化问题难以解决。因此本项目设计的治理系统将以电子病历或电子病案数据为核心源数据集，以区块链技术实现核心数据的去中心化达成信任目标。

5.2.3 技术架构与方案设计

图 5-5 所示是本项目要建设的医疗纠纷治理系统的总体架构。各模块(一个网络、两个程序、三个系统)的功能组成与技术宏观实现如下。

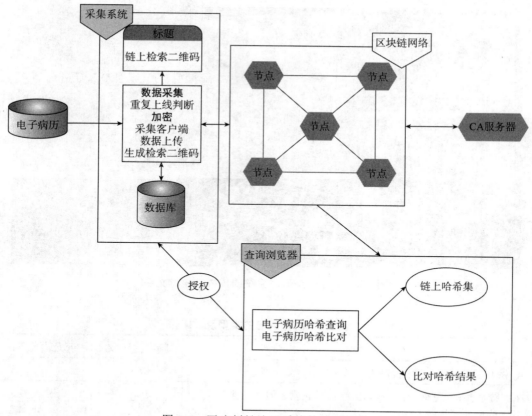

图 5-5 医疗纠纷治理系统的总体架构

- 诊疗信息数据库系统：由各医院信息科提供，存储着完整诊疗信息(含医疗纠纷诉讼关键数据)的数据库。为避免带来性能瓶颈、敏感数据泄露、与院内合理修改需求冲突等问题，不推荐使用医院的电子病历生产库，而建议使用经过脱敏、固化周期后的病案备份库(需在院内现有的业务系统之外另行搭建)。数据库软件系统：SQLServer/Oracle/MySQL。
- 采集与上传程序：该程序的主要功能有 4 个：①定时从诊疗信息数据库系统中查询增量记录(对已查询到的记录增加标识字段，并依据该标识进行增量过滤采集)；②针对每个字段计算哈希摘要，并存储在区块链资源数据库系统中；③调用区块链网络系统的 RPC；定时将区块链资源数据库系统中的数据按照一定的格式上传到区块链网络系统中(对已上传的记录增加标识字段，并结合依据该标识和主键标识进行增量过滤上传)，使得区块链系统中只存储原始真实数据(不可重复上传存证数据、不可篡改存证数据)并赋予其存在性和唯一性的特征(另一种方案可通过判断链上数据是否违反唯一性来仲裁篡改行为，本研究报告略)；④接受来自应用查询程序的查询需求，从诊疗信息数据库中根据关键字段查询并生成比对哈希摘要。软件开发平台：Java sdk。
- 密钥管理系统：统一分配与管理联盟机构的密钥(非对称公私钥对)，管理区块链网络中各成员的身份和权限。

- 区块数据库系统：即区块资源数据库系统，存储来自采集与上传程序系统采集而来的哈希摘要。数据库软件系统：SQLServer/Oracle/MySQL。
- 区块链网络(≥4个节点)：存储来自采集与上传程序系统上传而来的哈希摘要，运行区块链网络中预先编写好的智能合约，通过共识算法对数据按照一定顺序排序并生成区块数据结构，将数据区块链在联盟网络节点上分布式存储，保障所有节点上数据的一致性和不可篡改。软件支撑平台：Ubuntu、Fabric。
- 查询与比对程序：接收来自用户(机构)的查询和对比需求。①从区块链网络查询存证哈希摘要；②从诊疗信息数据库系统中查询原始数据生成原始哈希摘要；③将存证哈希摘要和原始哈希摘要进行对比(如一致则可将原始数据作为诉讼证据，如不一致则说明数据已被恶意篡改)。软件开发平台：Java Web。

1. 流程设计

如前所述，本项目基于区块链的医疗纠纷治理，旨在搭建一个拥有多个节点的区块链(联盟链)网络，在不改变现有医院业务流程的前提下，实现医疗纠纷的有效治理。

(1) 完成电子病历/病案登记后，将医疗行为中的关键性信息(如病案号、入院日期、病情诊断、ICD编码人员、手术编码、麻醉方式等)分别生成哈希值。

(2) 将这些哈希值的集合上传到区块链上，以起到分布式存储(去中心化)、共识防篡改(数据持久性固化)的作用。

(3) 将这些信息所在区块链上的地址(能辨别数据真伪的哈希加密数据指纹/摘要所在区块地址的二维码形式，以下简称二维码)打印到出院交付资料(出院小结、诊断证明或住院病案)上。如果电子病历中的上述关键内容有任何修改，则通过哈希算法将会产生一个截然不同的哈希值，将该哈希值与区块链上保存的哈希值进行对比即可判别数据的真实性与有效性。

(4) 在发生医疗纠纷时(通常该过程会对电子病历的真实性时提出质疑)，如将电子病历中的实时关键内容的哈希值与链上保存的数据特征进行对比，即可以当下最有效的方式判断数据的有效性与一致性，这就在技术手段上严格保障了医疗数据与行为的公信力与权威性。

项目实施建议：为增加区块库电子病历信息防篡改的权威性，建议联合多家医院建立多个分布于不同物理地址的节点(4个以上)，构建成联盟链的方式维护数据的安全性。这样不仅可以提高电子病历的公信属性，更能奠定本项目发起机构在整个医疗卫生系统信息化的龙头地位。

2. 业务流程

主要业务流程如图5-6所示。

(1) 医生完成电子病历入库后，将电子病历的关键内容哈希值进行上链操作。

(2) 本地联盟链节点收到数据后，通过P2P技术点对点广播到区块链网络上的所有节点，完成病历关键内容哈希去中心化分布式存储(可有效避免单点故障，并极大地提高公信力)。整个网络中的所有节点通过共识算法保障了数据的不可篡改性。

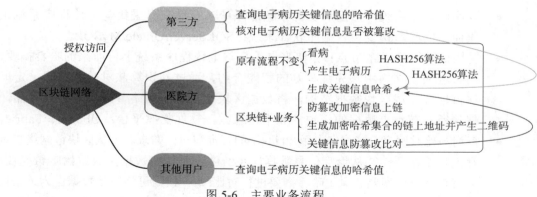

图 5-6 主要业务流程

(3) 根据链上存储分布情况生成二维码标识(链上存储区块位置等信息),并将该信息作为电子病历的无篡改信息证明交给病人。

(4) 病人或家属可以随时随地查询电子病历的哈希内容。如果需要验证其无信息篡改,则需要医院授权验证(系统账户的注册与登录)。

3. 角色流程

(1) 南山区人民医院。审核电子病历联盟链节点,核准后允许其加入联盟链网络,通过电子病历信息采集系统对现有电子病历信息进行加密并将数据上传到区块链中。当需要进行数据验证时,数据查询浏览器将对本地存储的电子病历信息进行哈希计算,并与链上数据进行比较,如果本地数据存在变动将给予提示。

(2) 其他医院或第三方机构。向南山区人民医院发起申请,建立电子病历联盟链节点并作为联盟链网络成员节点,直接存储使用或监管全网(含本地和非本地电子病历)使用,该节点保存了所有医院的电子病历关键信息的哈希值,能够随时从该节点得到任何一家医院的电子病历关键信息的哈希值。同时,该节点也可以将本地的电子病历关键信息通过数据加密程序进行加密后上传到联盟链上。

(3) 其他相关方。病人或家属、法院或其他对电子病历存在争议的第三方,都可以通过数据查询浏览器查询电子病历关键信息的哈希值,也可以通过查询出来的哈希值与医院电子病历进行对比,可以判断医院电子病历内容是否被改动过。

5.2.4 基础系统资源的建立与分配

1. 基础网络环境

2010 年,卫生部(现在的国家卫生健康委员会)编制了"十二五"卫生信息化建设工程规划,确定了我国卫生信息化建设"3521 工程",即建设国家、省、区域三级卫生信息平台,加强公共卫生、医疗服务、医疗保障、药品供应保障和综合管理五项业务应用系统,建设居民电子健康档案、电子病历两个基础数据库和一个业务网络。本项目以深圳市南山区为实验区域,如图 5-7 所示,南山区早在 2011 年就在卫生部的文件指导下,率先建成了卫生专网,辖区内所有卫生机构均由光纤专网互联。2010 年,深圳市也建成了完善的电子政务专网(深圳市电子政务资源中心)。

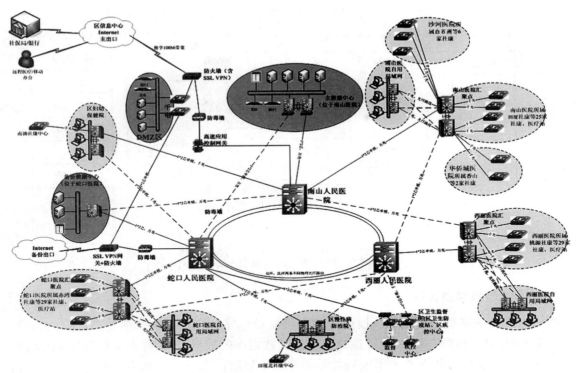

图 5-7 深圳市南山区卫生专网

再次强调：本项目旨在搭建一个可用于有效测试的闭环模拟实验环境，在深圳市南山区人民医院内网划拨网络与服务器资源，其中 4 台区块链节点服务器用于模拟不同医院、行政机构。在实际的生产环境中，则应从卫生专网和电子政务专网中选择实际实体机构，配置专用服务器资源(数量上大于或等于 10 个节点)。

2. 基础服务器资源的分配与建立

基于网络节点机构精简与试验 DEMO 的原则，本项目最少需要 5 台服务器，具体介绍如表 5-3 所示。

表 5-3 服务器(含角色、配置、支撑软件环境)

功能或用途	数量和配置	环境要求
区块链资源数据库系统、应用程序服务器(采集和上传、查询和比对)、CA 服务器	共用 1 台，8G/8 核/100GB	Ubuntu 16.04 64bit、mySQL、Java jdk、Tomcat
区块链网络节点服务器	4 台，4G/8 核	Ubuntu 16.04 64bit、Fabric1.1、go sdk

考虑到医院信息安全要求高(除 OA 系统外，一律禁止 VPN 远程操作)，本项目采取局部实验部署和测试成功后，整体复制至院内实验环境的策略进行实施。

3. 电子病历源数据库的设计与建立

图 5-8 所示是医疗纠纷治理数据库系统(即前面提到的诊疗信息数据库系统)的数据来源和架构设计。

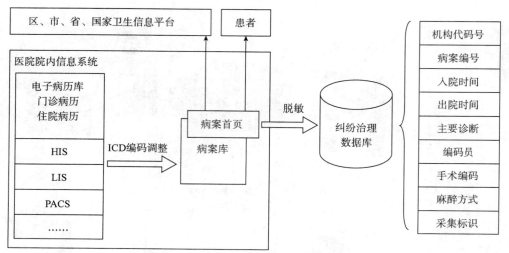

图 5-8 医疗纠纷治理数据库系统设计

4. 数据字典设计

调研了深圳市南山区、福田区多家医院的电子病历库、电子病案库(含首页，见图 5-9)的数据结构后，制定了医疗纠纷治理数据库的数据字典(基于实验和保密的原则，尽量不涉及核心数据并采用编码数据而非文本数据)，如表 5-4 和表 5-5 所示。

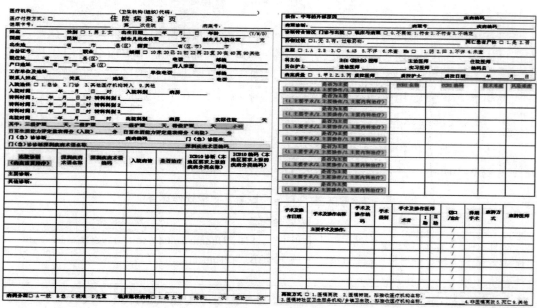

图 5-9 病案示例

表 5-4 医疗纠纷治理数据库系统的字段设计 1

字段名	数据类型	字段释义
JGDM	varchar(10)，primary key	机构代码(联合主键)
FPRN	varchar(20)，primary key	病案编号(联合主键)

(续表)

字段名	数据类型	字段释义
FRYDATE	datetime	入院时间
FCYDATE	datetime	出院时间
FICDM	varchar(30)	主要诊断
FZRDOCTBH	varchar(30)	主治医师编码
FOPCODE	varchar(20)	手术编码
FMZDOCTBH	varchar(30)	麻醉医师编码
ISSELECT	boolean	采集标识

注：由于医院用药记录属于敏感信息(药企双方的核心数据)，因此本实验环境没有选择使用。

表 5-5　医疗纠纷治理数据库系统的字段设计 2

字段名	数据类型	字段释义
ID	varchar(40), primary key	机构代码和病案编号的联合主键
JGDMHASH	varchar(10)	机构代码的哈希值
FPRNHASH	varchar(20)	病案号的哈希值
FRYDATEHASH	datetime	入院时间的哈希值
FCYDATEHASH	datetime	出院时间的哈希值
FICDMHASH	varchar(30)	主要诊断编码的哈希值
FZRDOCTBHHASH	varchar(30)	主治医师编码的哈希值
FOPCODEHASH	varchar(20)	手术编码的哈希值
FMZDOCTBHHASH	varchar(30)	麻醉医师编码的哈希值
ISPUT	boolean	上传标识的哈希值

5. 数据采集与清洗

遵照表 5-5 中的设计，医院项目组成员从电子病历、电子病案中抽取了 200 000 条实验记录，形成了本项目的实验源数据集，如表 5-6 所示。

表 5-6　源数据集(ISSELECT 字段初始值为 0，表中略)

ID	JGDM	FPRN	FRYDATE	FCYDATE	FICDM	FZRDOCTBH	FOPCODE	FMZDOCTBH	ISSELECT
1	ns_rm	1807161021	2008/11/6 0:00	2008/11/13 0:00	O04.903	T226*1	96.4901	T02635*3	0
2	ns_sk	1807161031	2015/10/6 0:00	2015/10/19 0:00	C56.x00	T01738*3	65.4901	T01011*3	0
3	ns_rm	1807161001	2015/10/6 0:00	2015/10/19 0:00	C56.x00	T00865*3	65.2903	T01011*3	0
4	ns_fy	1807161061	2015/10/6 0:00	2015/10/19 0:00	C56.x00	T226*1	66.6101	T01011*3	0
5	ns_rm	1807161011	2015/10/6 0:00	2015/10/19 0:00	C56.x00	T01738*3	54.5 04	T01011*3	0
6	ns_xl	1807161201	2015/10/6 0:00	2015/10/19 0:00	C56.x00	T00865*3	57.9401	T01011*3	0
7	ns_sk	1807161301	2015/10/6 0:00	2015/10/19 0:00	C56.x00	T00865*3	54.2101	T01011*3	0

(续表)

ID	JGDM	FPRN	FRYDATE	FCYDATE	FICDM	FZRDOCTBH	FOPCODE	FMZDOCTBH	ISSELECT
8	ns_mb	1807161021	2013/10/23 0:00	2013/10/28 0:00	K80.101	T01738*3	51.2301	T02635*3	0
9	ns_xl	1807161211	2013/7/10 9:38	2013/8/7 15:49	K60.303	T00865*3	49.1202	T02635*3	0
……	……	……	……	……	……	……	……	……	……
200000	ns_fy	1807161011	2015/10/6 0:00	2015/10/19 0:00	C56.x00	T01738*3	54.5 04	T01011*3	0

5.3 基于 Fabric 架设电子病历区块链分布式网络

搭建联盟区块链网络系统是本节将要探讨的研究工作重点。合理选择医疗服务和管理联盟机构，实现核心特征数据的分布式存储、不可篡改等功能，是实现医疗纠纷治理的重中之重。

图 5-10 所示是社会编程视角下本项目的总体实施方案。搭建联盟区块链网络系统，该联盟由两个组织：卫生服务部门(下辖南山医院、蛇口医院等)和行政管理部门(下辖南山卫计局、南山社保局等)组成。

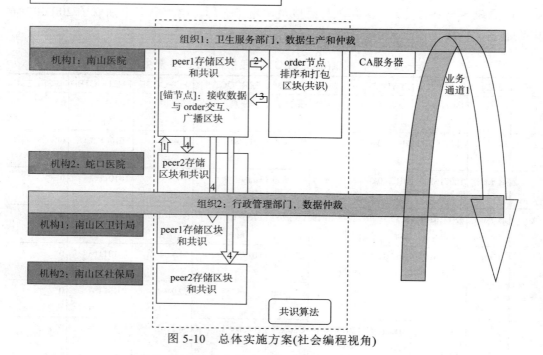

图 5-10　总体实施方案(社会编程视角)

重要说明如下。
- 通道是 Fabric 里的一个重要概念。一个区块链网络系统上可以创建很多通道(通道可视为独立的数据逻辑流通),不同通道之间的数据不共享,可实现数据隐私保护或业务逻辑隔离。显然,本项目只需要一个通道(即电子病历哈希存证通道)。
- 组织内的机构都是 peer 节点,Fabric 系统部署在 peer 节点中的程序完成存储和共识(即防篡改)等重要的功能:存储来自 order 传回的区块链数据结构,在该区块的头部包含上一个区块的哈希值,这样就逐步形成了一条牵一发而动全身的区块链。①如果对历史区块中的数据进行篡改,但没有对后续所有区块进行辅助性头部哈希修改,则该节点中所有区块数据被作废,将从其他节点复制区块数据的正确备份。②如果对历史区块中的数据进行篡改,且对后续所有区块进行了辅助性头部哈希修改;如果当前节点是锚节点,则当形成最新区块的时候,其他 peer 节点会发现上一个区块的哈希值不同而拒绝与此节点通信,此后该节点成为一个孤立的节点而被区块链网络系统排除在外(如果锚节点机构本身作假,显然会导致锚节点被孤立进而导致整个系统瘫痪,这仍然是目前区块链系统不成熟的一个表现,但克服与改进的难度显然并不大)。③如果对历史区块中的数据进行篡改,且对后续所有区块进行了辅助性头部哈希修改;如果当前节点不是锚节点,则当形成最新区块的时候,当前节点会发现上一个区块的哈希值不同而拒绝与锚节点通信,此后该节点成为一个孤立的节点而被区块链网络系统排除在外。
- 选择组织内某节点(计算、存储性能高)为锚节点(一个通道只能有一个锚节点)。锚节点完成三个重要的功能:①汇总所有有数据生产行为的 peer 节点的数据,如数据流 1。②和 order 节点进行通信,将所有数据传输给 order 节点,如数据流 2;接收 order 节点生成的区块数据,如数据流 3。③将新产生的区块数据和本节点中上一区块的哈希值作为一个整体,广播给所有的 peer 节点进行全网分布式存储,如数据流 4。
- 选择组织内某高性能节点(计算、存储性能高)为 order 节点(和通道无关,每个组织可以有一个 order 节点,order 节点和通道逻辑无关,peer 节点则和通道逻辑有关)。order 节点完成两个重要的功能:①接收来自锚节点的数据,如数据流 2,对数据进行排序、共识(数据一致性、通信容错),产生区块数据结构。②将区块数据结构(不含上一区块的哈希值)回传给锚节点,如数据流 3。

5.3.1 基础环境配置

1. 联盟链环境部署综述

图 5-11 是本项目中联盟链的环境部署示意图。我们将在开源操作系统 Ubuntu 中,基于超级账本 Hyperledger 的顶级子项目 Fabric 进行搭建,主要包括区块链网络节点、区块链网络系统、链程序三部分。

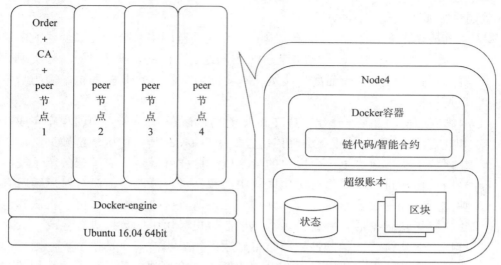

图 5-11　基于 Fabric 的联盟链环境部署示意图

2. 在准内网环境下基于 Ubuntu+Docker 部署基础环境

如前所述,本项目基于联盟链架构,是区别于公有链(基于公网环境)的。本项目虽然是在机构内网环境下部署,但值得注意的是内网环境并非指绝对无外网环境,否则部署工作将难以展开(部署的过程中需依赖 Internet 环境)。

3. Docker 容器——应用程序虚拟机

Docker 是一个开源的应用容器引擎,让开发者可以打包他们的应用及依赖包到一个可移植的容器中,然后发布到任何流行的 Linux 机器上,利用 Docker 进程级虚拟化技术可避免重复、复杂的依赖安装过程,这将极大地简化软件安装过程。以 Fabric 为例,我们可以在 Docker 中进行安全沙箱级的部署,外面的线程通过专门的命令进行访问。

一个完整的 Docker 由以下几个部分组成:Docker Client 客户端、Docker Daemon 守护进程、Docker Image 镜像、Docker Container 容器。

Docker 使用客户端/服务器架构模式,使用远程 API 来管理和创建 Docker 容器;Docker Daemon 作为服务端接收来自客户的请求,并处理这些请求(创建、运行、分发容器)。客户端和服务器既可以运行在一个机器上,也可通过 Socket 或者 RESTful API 来进行通信。Docker 容器通过 Docker 镜像来创建,容器(对象)与镜像(类)的关系类似于面向对象编程中的对象与类。

注意:本项目安装 Docker 的目的并非在 Docker 中安装 Fabric,而是以 Docker 为虚拟机环境运行智能合约(以太坊中的智能合约以自带的 EVM 为虚拟机)(见图 5-12(a));当然,也可以在一个 Docker 容器中完成这一切工作(见图 5-12(b)),等工作完成后可以发布成 Docker 镜像提供给别人使用(或自己重复使用),可以极大地提高环境部署效率。

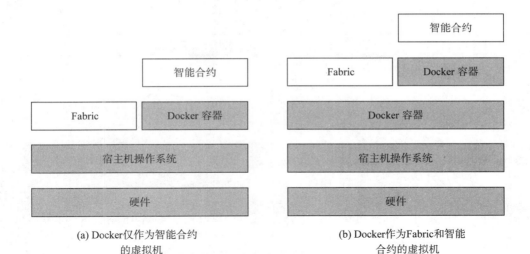

图 5-12　应用程序虚拟机

4. 安装支撑软件并部署 Fabric 节点

下面部署 Fabric 节点和网络过程中需要安装的支撑软件，如图 5-13 所示，可以根据实际情况先下载到本地然后进行安装，也可以直接采取网络在线的形式进行安装。

图 5-13　准备基础支撑软件

基础支撑软件清单和安装配置如表 5-7 所示。

表 5-7　基础支撑软件清单和安装配置 1

软件及版本	功能描述及安装方法
Docker	功能：虚拟机 安装方式：在线安装 curl-sSL https://get.daocloud.io/docker | sh
go1.8.1.linux-amd64 .tar.gz	功能：Go 编程语言 SDK，编译 Fabric 源代码 安装方式： 1. 解压：tar-C /usr/local-xzf go1.8.1.linux-amd64.tar.gz 2. 设置环境变量： 　vi /etc/environment，然后在 PATH 后加入代码/usr/local/go/bin 3. 设置 GOPATH：vi /etc/environment，在最后加入代码 GOPATH="/work/fabric" 4. 执行 source/etc/environment，让环境变量立即生效

(续表)

软件及版本	功能描述及安装方法
jdk-8u151-linux-x64.gz	功能：Java 编程语言 SDK 安装方式： 1. 解压：tar -C /opt -xzf /home/wxf/work/soft/jdk-8u151-linux-x64.gz 2. 配置： 　gedit /etc/profile 　export JAVA_HOME=/opt/jdk1.8.0_151 　export JRE_HOME=$JAVA_HOME/jre 　export CLASSPATH=.:$JAVA_HOME/lib/dt.jar:$JAVA_HOME/lib/tools.jar:$JRE_HOME/lib 　export PATH=$PATH:$JAVA_HOME/bin:$JRE_HOME/bin 3. 让设置立即生效：source /etc/profile
Fabric1.1	功能：Hyperledger Fabric 核心软件包，用于创建联盟链节点和网络 安装方式：获取源码 git clone https://github.com/hyperledger/fabric.git cp -r /opt/gotools/bin/* $GOPATH/src/github.com/hyperledger/fabric/build/docker/gotools/bin 编译： fabric/src/github.com/hyperledger/fabric/# make all

成功安装了 Go、Java、Docker 环境，并编译了 Fabric(生成了 build 文件夹)，如图 5-14 所示。以上操作要确保在 4 个网络节点中都成功配置，可以采取镜像复制的方式提高效率(安装好一个节点，将镜像复制到其他节点，但要注意修改 IP 地址等本地相关配置)。

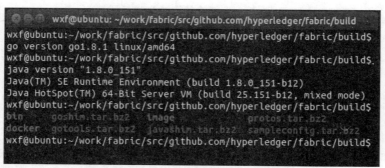

图 5-14　成功安装基础环境(包括编译 Fabric 节点基础环境)

5.3.2　组建 Fabric 联盟区块链集群网络

1. 配置 kafka 和 zookeeper 集群管理软件

部署联盟链网络生产环境时，重点是搭建一个 orderer 容错节点集群，该集群依赖

kafka 和 zookeeper 这两个开源集群套件。

如图 5-15 和图 5-16 所示，Fabric 1.0 中，存在 3 种类型的数据存储：①基于文件系统的区块链数据(类似于 BTC)；②Transaction 订单读写集，即 state database 或 world state，以键值对的方式存储链代码中操作的业务数据，基于 LevelDB；③对历史数据和区块链进行索引的数据库，基于 CouchDB。

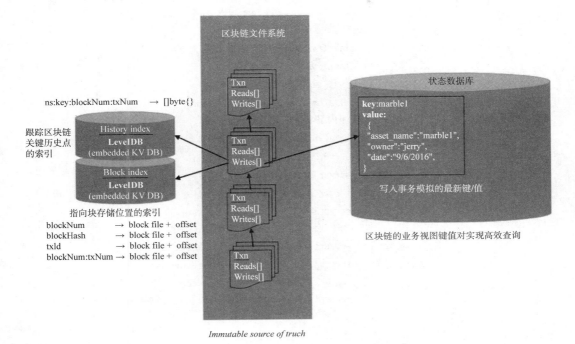

图 5-15 Fabric 1.0 中主要存储的 3 种数据结构

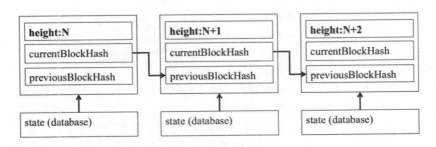

图 5-16 区块链中的 data 和 state

综上，我们要对表 5-8 所示的基础支撑软件进行安装与配置。

表 5-8 基础支撑软件清单和安装配置 2

软件及版本	功能描述及安装方法

zookeeper-3.4.9	功能：分布式应用程序协调服务
	安装方式：
	1. 解压
	   tar -C /opt/zookeeper -xzf zookeeper-3.4.9.tar.gz
	2. 配置
	   mkdir zkdata #存放快照日志
	   mkdir zkdatalog#存放事务日志
	   修改 zoo.cfg
	   dataDir=/opt/zookeeper/zkdata
	增加内容：
	   dataLogDir=/opt/zookeeper/zkdatalog
	   server.1=10.0.0.92:2888:3888
	   server.2=10.0.0.93:2888:3888
	   server.3=10.0.0.94:2888:3888
	   server.4=10.0.0.95:2888:3888
	3. 在四台服务器上分别创建 myid 文件
	   server1：echo "1" > /opt/zookeeper/zkdata/myid
	   server2：echo "2" > /opt/zookeeper/zkdata/myid
	   server3：echo "3" > /opt/zookeeper/zkdata/myid
	   server4：echo "4" > /opt/zookeeper/zkdata/myid
	4. 运行/开启服务
	执行./zkServer.sh start
	/opt/zookeeper/zookeeper-3.4.9/bin/zkServer.sh start

kafka_2.11-0.9.0.1	功能：分布式发布订阅消息系统
	安装方式：
	1. 解压
	   tar -C /opt kafka_2.11-0.9.0.1.tgz
	2. 配置
	   vim /opt/kafka_2.11-0.9.0.1/config/sever.properties
	   broker.id=0
	   listeners=PLAINTEXT:// 10.0.0.92:9092
	   zookeeper.connect=10.0.0.92:2181,10.0.0.93:2181,10.0.0.94:2181,10.0.0.95:2181
	   message.max.byte=5242880
	   replica.fetch.max.bytes=5242880
	   unclean.leader.election.enable=false
	   min.insync.replicas=2
	   default.replication.factor=3
	   delete.topic.enable=true

(续表)

软件及版本	功能描述及安装方法
kafka_2.11-0.9.0.1	3. 运行/开启服务 在 kafka_2.11-0.9.0.1/bin 目录下，执行命令： 　./kafka-server-start.sh -daemon ../config/server.properties 　/opt/kafka_2.11-0.9.0.1/bin/kafka-server-start.sh -daemon 　/opt/kafka_2.11-0.9.0.1/config/server.properties 4. jps 查看 kafka 是否成功运行
CouchDB	1. 安装 echo "deb https://apache.bintray.com/couchdb-deb trusty main" \\ 　　　| sudo tee -a /etc/apt/sources.list curl -L https://couchdb.apache.org/repo/bintray-pubkey.asc \\ 　　　| sudo apt-key add - sudo apt-get update && sudo apt-get install couchdb 2. 配置 允许访问 IP：0.0.0.0，密码：wxf 3. 开启服务 service couchdb restart

2. 建立与开启联盟区块链网络

（1）基于社会编程框架规划网络组织结构。本项目基于社会编程框架，计划在深圳市南山区选取 4 个机构(两个业务机构：南山医院、蛇口医院；两个行政管理机构：南山区卫计局、南山区社保局)组建联盟区块链网络，通过分布式存证与仲裁电子病历证据等手段，实现基于去中心化架构的医疗纠纷治理。与此一一对应地，本节将在部署好支撑环境的 4 台服务器中组建联盟区块链网络，该网络由 4 个 peer 节点和 1 个 order 节点(1 台 peer 节点服务器同时还充当 orderer 节点，为其他 4 个节点提供 order 服务)组成，相关信息如表 5-9 所示。

表 5-9 节点相关信息

ID	IP 地址	节点标识	节点主机名	组织机构
Server1	10.0.0.92	orderer_sp1	peer1.org1.example.cn	南山医院
Server2	10.0.0.93	sp2	peer2.org1.example.cn	蛇口医院
Server3	10.0.0.94	sp3	peer1.org2.example.cn	南山区卫生局
Server4	10.0.0.95	sp4	peer2.org2.example.cn	南山区社保局

首先在/opt/gopath/src/github.com/hyperledger/fabric 下创建一个自定义目录，该目录名称应与实际生产环境中组织节点的名称一致，如 example 等。由于我们计划将在 orderer 服务器中生成必要的证书等文件，因此将在 example 目录下继续创建一个 orderer 目录，将下载好的 bin 目录上传至/opt/gopath/src/github.com/hyperledger/fabric/example/orderer 目录下。

bin 目录中包括 Fabric 平台特定使用的二进制文件 cryptogen、configtxgen、configtxlator 及 peer，可以通过 configtxgen 和 cryptogen 手动生成证书/密钥以及各项配置文件。

在正式使用上述两个文件之前，需要在 bin 目录下先创建两个 yaml 文件，分别是

crypto-config.yaml 和 configtx.yaml，这两个文件具体可以在/opt/gopath/src/github.com/hyperledger/fabric/examples/e2e_cli 目录下找到对应的官方示例，以官方示例为基础进行修改，改成生产上所需的具体内容。

设置 FABRIC_CFG_PATH 变量值，该目录存放 Fabric 用到的所有配置文件，orderer、peer 在启动时会到该环境变量去读取配置文件。

(2) 配置核心参数定义区块链网络。在搭建 HyperLedger Fabric 环境的过程中，重点要正确定义 4 个重要的配置文件，否则联盟链网络就不能按照规划正常工作。这 4 个重要的核心配置文件分别是 crypto-config.yaml、configtx.yaml、order.yaml、core.yaml，它们的详细源代码见附录 C。表 5-10 所示是对这 4 个配置文件的功能介绍。

表 5-10 核心配置文件

文件名	功能
crypto-config.yaml	生成各节点的数字证书
configtx.yaml	定义机构，配置相关信息用于构建创世区块(在构建创世区块之前需要先创建与之对应的所有节点的验证文件集合)，其中在配置 orderer 信息中有一个 OrdererType 参数，该参数可配置为"solo" and "kafka"，本项目的环境配置是 kafka 节点共识
order.yaml	配置 order 节点的数字证书、外网 IP 地址等
core.yaml	配置 peer 节点的数字证书、外网 IP 地址、区块的存储路径等

3. 启动联盟区块链网络系统

(1) 生成创世块(区块链数据结构中的第一个数据块)。

- 运行 fabric/src/github.com/hyperledger/fabric/build/bin#./cryptogen generate--config=$FABRIC_CFG_PATH/crypto-config.yaml。
- /home/wxf/work/fabric/src/github.com/hyperledger/fabric/build/bin 生成了 crypto-config 文件夹，将这个文件夹分别复制到 4 台服务器的$FABRIC_CFG_PATH 目录下。
- 将 configtx.yaml 复制到 node1 的$FABRIC_CFG_PATH。
- 运行 fabric/src/github.com/hyperledger/fabric/build/bin# ./configtxgen-profile MLGenesis -channelID ml-channel -outputBlock$FABRIC_CFG_PATH/genesis.block，正确创建创世区块。

(2) 配置数据通道。

创建配置文件：

fabric/src/github.com/hyperledger/fabric/build/bin#
./configtxgen -profile MLOrgsChannel -outputCreateChannelTx /$FABRIC_CFG_PATH/mlorderer.tx - channelID mlorderer

(3) 为通道配置锚节点。

选取通道中的某个 peer 节点与 order 通信：

fabric/src/github.com/hyperledger/fabric/build/bin#

```
./configtxgen -profile MLOrgsChannel -outputAnchorPeersUpdate /
$FABRIC_CFG_PATH/mlchannelMSPanchors.tx -channelID mlorderer -asOrg nanshanMSP
```

(4) 启动网络系统(order 和 peer)。

- 在服务器 1 中启动 orderer,执行 ./orderer,如图 5-17 所示。

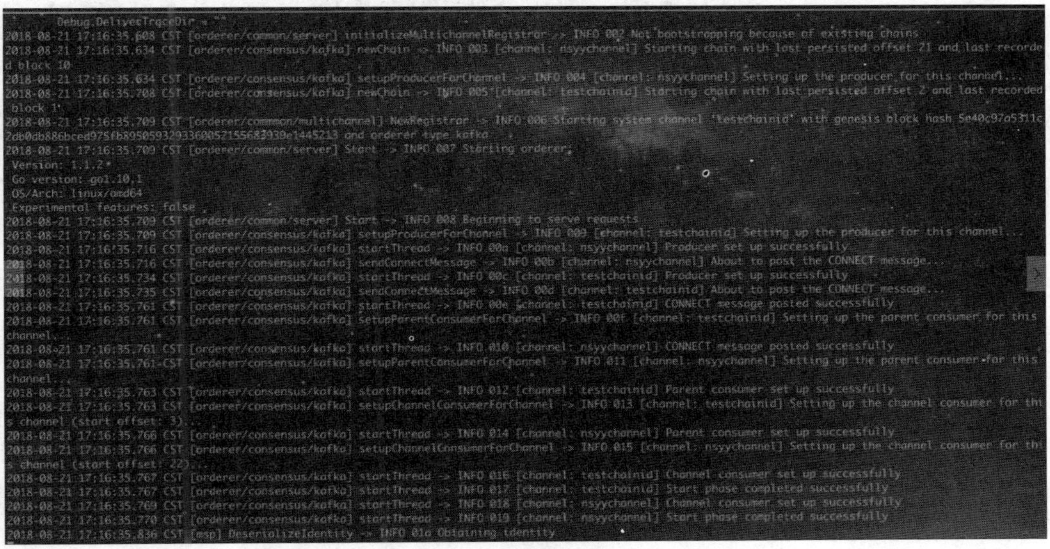

图 5-17　成功启动 order

- 在服务器 1~4 中启动 peer,执行 ./peer node start,如图 5-18 所示。

图 5-18　成功启动 peer

(5) 创建通道,即区块链网络中的去中心化数据和业务逻辑流。注意,这里其实已经用到了 Fabric 自带的链代码,如图 5-19 和图 5-20 所示。

```
peer channel create -o orderer.example.com:7050 -c $CHANNEL_NAME -f
```

```
$FABRIC_CFG_PATH/channel.tx -t 100
    peer channel join -b channel.block
```

图 5-19　成功创建通道

图 5-20　各机构成功加入通道

5.3.3　RPC 调用 Fabric 操作区块链程序

完成前面的工作后,本项目规划的 Fabric 区块链网络和 Channel 业务通道都准备完毕。接下来就可以通过程序来控制和使用区块链网络,为达到这个目的,有必要了解 Fabric 的 RPC 和链代码(安装在区块链节点上的链程序)。通过 RPC 调用区块链运行和链代码扩展,以达到控制和使用区块链网络的目的。

1. Fabric 的 RPC 接口

如图 5-21 所示,我们可以远程调用(通过网络从远程计算机程序上请求服务,而不需要了解底层网络技术的协议)区块链网络系统(例如 Fabric、比特币、以太坊)中已实现的远程服务,以达到操作与控制区块链网络的目的。

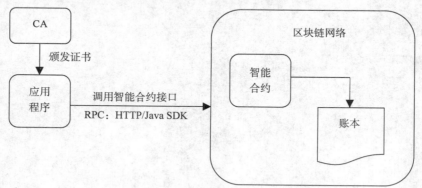

图 5-21　区块链应用程序

区块链系统(以 Fabric 为例)的 RPC 接口主要有以下两种形式。

- 基于 HTTP 的 RPC 形式。应用程序和区块链网络的远程调用服务之间以 HTTP 的形式进行通信,这种方法可以基于任何编程语言甚至是 Web/JavaScript(适合擅长 Web 编程的人群)。但由于 Fabric 项目通常都有复杂 CA 等身份认证需求,需要程序员自行在 HTTP 的基础上进行封装与实现,难度较大。因此本项目不打算采用 HTTP 形式的 RPC 接口。
- 基于 SDK(software development kit，软件开发工具包)的 RPC 形式。Fabric 为开发者提供了面向 Node.js、Python、Java、Go 等主流编程语言的 SDK，开发者可以根据应用程序的特点和开发环境进行自由选择。SDK 以代码库的形式预先提供了已封装好一系列与区块链网络打交道的基本方法，包括身份认证、发送数据、监听网络时间、查询区块和交易信息等，借助 SDK 可以极大地提高开发效率和容易程度。

区块链系统的远程服务也有两种形式，分别如下。
- 运行时形式：即区块链系统自身运行着的代码中已经实现的功能，调用这些功能可以实现核心的功能调用，例如系统的启动、关闭；接收外部请求，根据不同的请求处理不同的业务，比如部署和调用智能合约程序；获取区块数据等，但难以进行定制化开发。
- 链代码形式：在区块链系统中的计算机节点上预先部署的程序(在以太坊中称为智能合约，在 Fabric 中开始称为链代码作为运行时形式的扩展(类似于功能回调函数)。链代码用来实现基于区块链系统的定制化开发，在区块链网络上实现自己的业务，例如数据上链和链上数据操作，是 DApp 实现的核心。

综上，搭建好区块链网络系统之后，本项目接下来的开发工作主要体现在以下 4 个方面。

(1) 使用 CLI(command-line interface，命令行界面)在区块链系统的计算机节点上，调用区块链网络系统的 runtime 远程服务及部署和调用智能合约，实现区块链网络的基本测试与调试操作。

(2) 编写智能合约，实现定制化操作与控制联盟区块链网络系统的业务逻辑，完成本项目的核心底层功能。

(3) 基于 Fabric 的 Java SDK 调用区块链网络系统的远程服务，部署和调用智能合约，完成本项目的核心底层功能。

(4) 在(2)和(3)的基础上开发应用系统，面向用户(公众和机构)完成电子病历特征数据的采集、上链、查询与比对，以达成医疗纠纷治理的目标，完成本项目的核心应用功能。

2. 区块链网络基本操作测试

CLI 在整个 Fabric 网络中扮演客户端的角色，可以直接与 peer、order 节点相连，不仅能将指令发送给对应的 peer 或 order 执行，还能安装与调用编写好的链代码，从而达到操纵整个联盟链网络系统的效果。开发测试的时候，可以用 CLI 来代替 SDK，执行各种 SDK 能执行的操作。

(1) 编写测试智能合约。

(2) 以 CLI 方式部署、调用和测试智能合约，如图 5-22 所示。

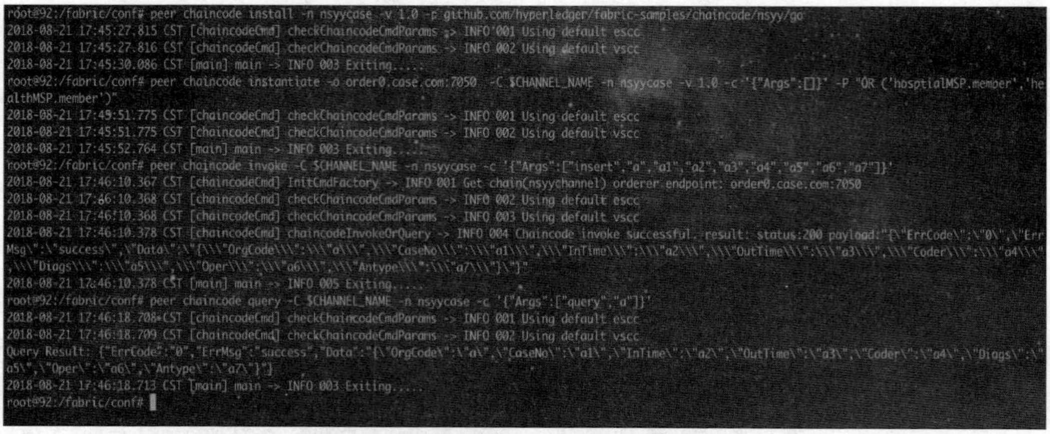

图 5-22　部署、调用和测试智能合约

部署合约示范代码：

CORE_PEER_MSPCONFIGPATH=/opt/fabric-cfg/crypto-config/peerOrganizations/org1.bl.com/users/Admin@org1.bl.com/msp/ ./peer chaincode install -n VoteChain -v 104 -p github.com/VoteChain

综上，本节基于 Fabric 环境部署了联盟区块链网络的核心系统。作为以医疗纠纷治理为目标的社会编程框架与系统，该联盟区块链网络将用于全网存证(分布式存储+防篡改仲裁)电子病历特征数据(哈希摘要)，可以有效地应用于医疗纠纷治理。

5.4　查询与比对系统的设计与治理实现

本节主要讨论从技术层面实现采集和上传程序、查询与比对程序(面向公众和第三方机构)的总体实施方案，如图 5-23 所示。

需要安装的软件环境及说明如表 5-11 所示。

表 5-11　需要安装的软件及说明

软件名称	说明
jdk-8u151-linux-x64.gz	功能：Java 编程语言 SDK 安装方式： 1. 解压 tar -C /opt -xzf /home/wxf/work/soft/jdk-8u151-linux-x64.gz 2. 配置 gedit /etc/profile export JAVA_HOME=/opt/jdk1.8.0_151 export JRE_HOME=$JAVA_HOME/jre export CLASSPATH=.:$JAVA_HOME/lib/dt.jar:$JAVA_HOME/lib/tools.

(续表)

软件名称	说明
jdk-8u151-linux-x64.gz	jar:$JRE_HOME/lib export PATH=$PATH:$JAVA_HOME/bin:$JRE_HOME/bin 3. 让设置立即生效 source /etc/profile 4. 查看 java -version
mysql 5.7.18	功能：数据库服务器 1. 安装与配置： sudo apt-get install mysql-server(为 root 用户设置密码) sudo apt isntall mysql-client sudo apt install libmysqlclient-dev 2. 查看服务是否启动 sudo netstat -tap | grep mysql 3. mysql –u root –p 在 cmd client 中登录数据库服务器
Tomcat8.5	功能：Web 服务器 安装与配置 https://mirrors.tuna.tsinghua.edu.cn/apache/tomcat/tomcat-8/v8.5.32/bin/ 1. 下载 apache-tomcat-8.5.32.tar.gz 2. 解压与配置 tar zxvf apache-tomcat-8.5.32.tar.gz sudo mv apache-tomcat-8.5.32/ /opt/apache-tomcat-8.5.32 3. 创建链接 sudo ln -s /opt/apache-tomcat-8.5.32/ /opt/tomcat8 4. 配置 sudo vim /opt/tomcat8/bin/catalina.sh CATALINA_HOME=$TOMCAT_HOME CLASSPATH=.:$JAVA_HOME/lib:$CATALINA_HOME/lib 5. 启动 /opt/tomcat8/bin/startup.sh 6. 测试 http://127.0.0.1:8080/

如图 5-24～图 5-27 所示，与 Fabric 比较，在 Ubuntu 中安装 Java、apache-tomcat 和 MySQL 都非常简单，只要按照表 5-11 中的步骤操作即可，此处不再赘述。

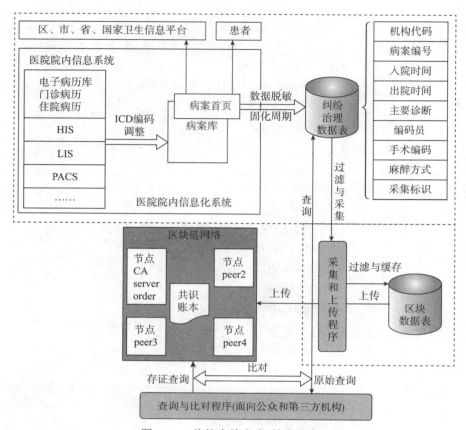

图 5-23 总体实施方案(技术视角)

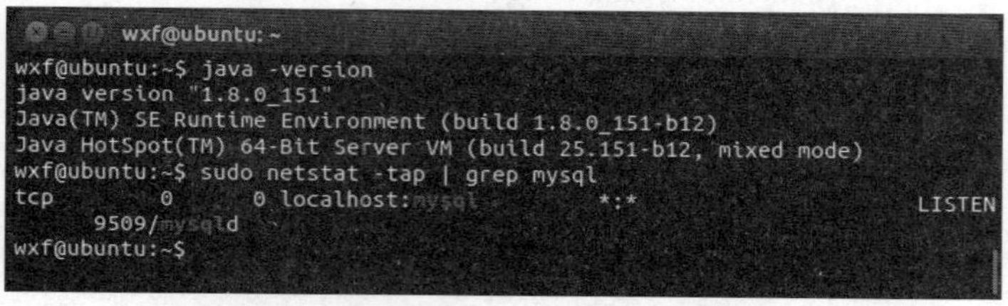

图 5-24 JDK 和 MySQL 安装成功

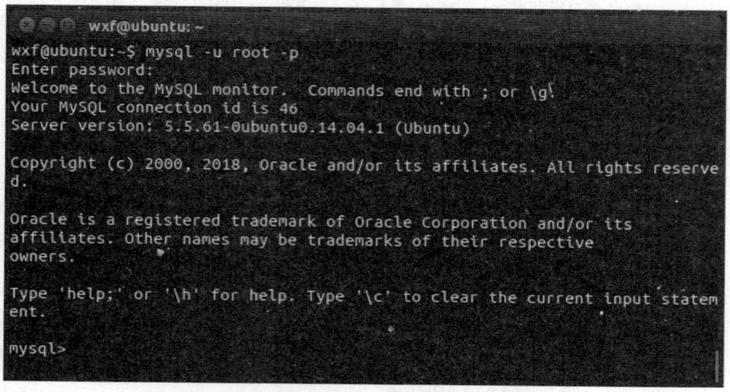

图 5-25 MySQL 服务登录成功

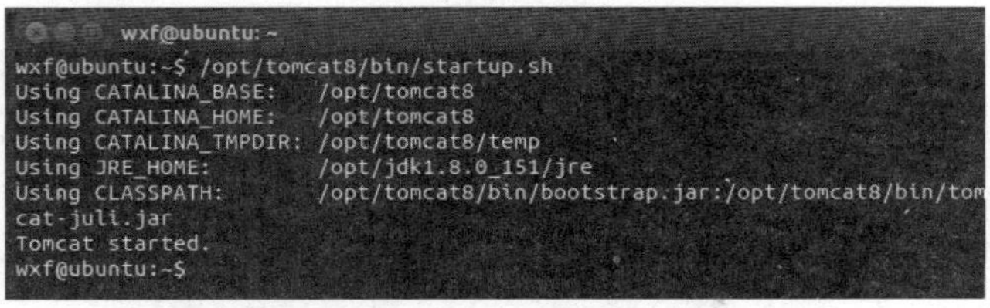

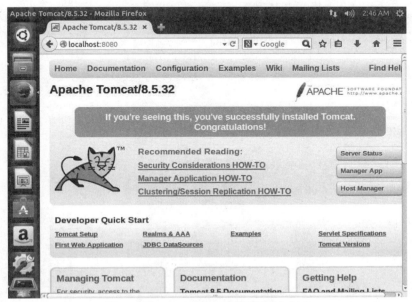

图 5-26　Tomcat 服务开启成功

图 5-27　Tomcat Web 服务器测试成功

5.4.1　数据采集系统的技术实现

1. 定时过滤采集数据实现链下数据的存在性和唯一性

为了避免数据重复需要定时执行数据采集任务，而 MySQL 内部已经提供了这样的功能。定时查询、过滤和采集电子病历关键数据流程如图 5-28 所示。

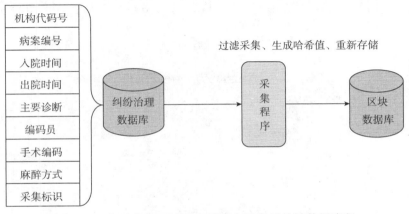

图 5-28　定时查询、过滤和采集电子病历关键数据流程

(1) 检查是否开启了定时任务。

查看事件是否开启：

```
SHOW VARIABLES LIKE '%event_sche%';
```

将事件计划开启：

```
SET GLOBAL event_scheduler = 1;
```

将事件计划关闭：

```
SET GLOBAL event_scheduler = 0;
```

关闭事件任务：

```
ALTER EVENT eventName ON COMPLETION PRESERVE DISABLE;
```

开启事件任务：

```
ALTER EVENT eventName ON COMPLETION PRESERVE ENABLE;
```

查看事件任务：

```
SHOW EVENTS ;
```

(2) 创建一个存储过程。

```
DELIMITER //
DROP PROCEDURE IF EXISTS p_test//
CREATE PROCEDURE p_test()
BEGIN
INSERT INTO test(name, create_time) values('testName', now());
END//
```

(3) 设置定时任务调用这个存储过程(从 2018 年 8 月 8 日 1 点起每 10 秒执行一次)。

```
DROP EVENT IF EXISTS e_test//
CREATE EVENT e_test
ON SCHEDULE EVERY 10 second STARTS TIMESTAMP '2018-08-08 01:00:00'
ON COMPLETION PRESERVE
DO
BEGIN
CALL p_test();
END//
```

2. 实现采集数据的 SHA256 存储

如图 5-29 所示，调用 MySQL5.7 中的内置函数 SHA2()，通过一条 SQL 语句：select sha2('文本',256);就可以很好地对定时采集的数据进行 HASH256 转储。

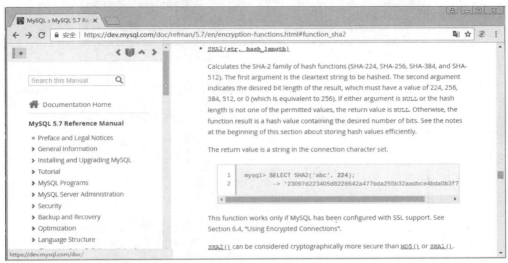

图 5-29　MySQL 的内置函数已经提供了 SHA256 加密功能

如图 5-30 和图 5-31 所示，经过实际测试，MySQL5.7 的内置函数 SHA2()可以很好地对字符串生成 256 位的哈希摘要。

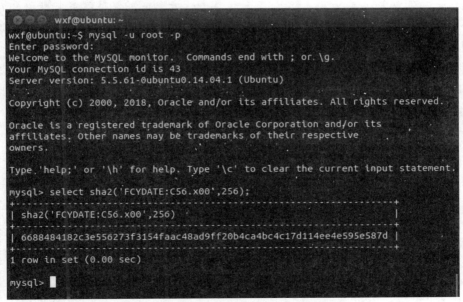

图 5-30　测试 MySQL5.7 的 SHA2()函数

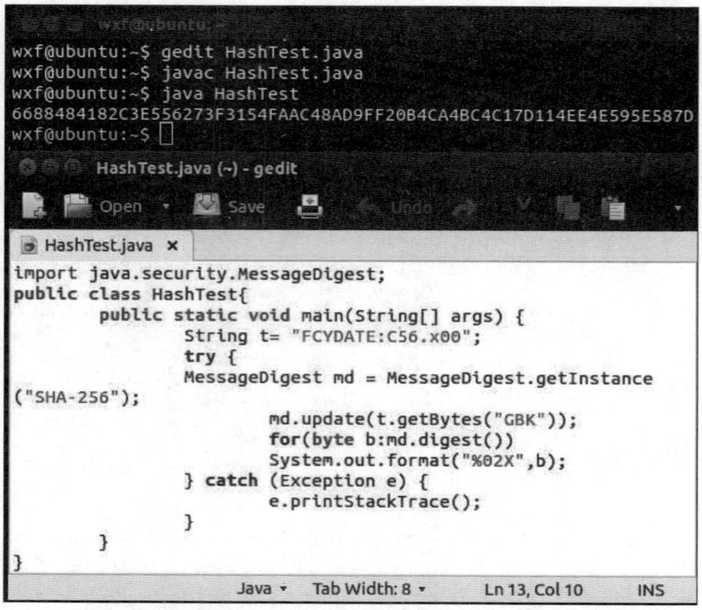

![图 5-31 terminal screenshot]

图 5-31　基于 Java 实现 SHA256()，相同字符串的 HASH256 结果与图 5-30 一致

注意：

(1) 基于本项目的实验目的，事实上纠纷治理数据库和区块数据库可以简化为同一个 MySQL 服务器中同一个数据库实例下的两个表格。

(2) 为避免重复确定待采集数据(提高程序工作效率)，并保证被采集数据的存在性和唯一性，在纠纷治理数据表中增设"采集标识"字段，其初始值默认为 0，被采集后的值设置为 1，下次仅采集其值仍为 0 的字段。

综上，对于本项目中的数据采集系统部分，只需要在 MySQL5.7 中设计两张数据表，编写和调用一个存储过程就完全可以实现(见图 5-32)，而不需要借助任何其他编程平台与手段。

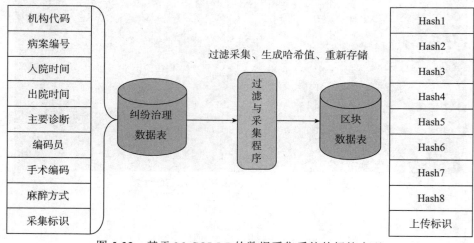

图 5-32　基于 MySQL5.7 的数据采集系统的极简实现

5.4.2 数据上链系统的技术实现

如图 5-33 所示,为了保证联盟区块链网络中存证数据的存在性与唯一性,我们在数据字典规划中预先设定纠纷治理数据表中机构代码和病案编号为联合主键。与此对应地,设置区块数据表中对应的 Hash1 和 Hash2 为联合主键。

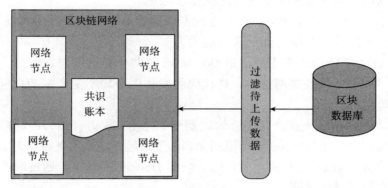

图 5-33 定时查询、过滤和采集电子病历关键数据

为避免重复确定待打包与上传数据(提高程序工作效率),并保证待上传数据的存在性和唯一性,我们在区块数据表中增设"上传标识"字段,初始值默认为 0,被上传后设置为 1,下次仅上传其值仍为 0 的字段。

如图 5-34 所示,接下来要完成将哈希数据打包、上传至区块链网络以利用联盟区块链的去中心化存证功能(分布式存储、共识防篡改),由于联盟区块链网络中的存证数据具备存在性、唯一性和正确性,因此如果将其与线下数据进行比对,不仅可以有效仲裁是否存在数据篡改行为,还能提供正确的原始就诊记录,能为医疗纠纷治理工作提供重要的佐证线索与依据。

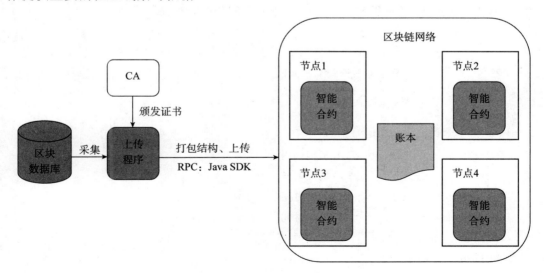

图 5-34 数据打包与上链功能模块

1. 编写链代码，实现数据上传和查询逻辑

如前所述，Fabric 的链代码其实就是智能合约。从比特币系统、以太坊系统到 Fabric 分布式账本，智能合约的发展可分为三个阶段。

(1) 智能合约最早的形式是比特币中的扩展脚本，由于比特币设计之初并没有考虑图灵完备问题，因此这种扩展脚本受到诸多限制。

(2) 以太坊平台设计了图灵完备的合约专用编程语言 Solidity，提供了执行合约的虚拟机，进一步提升了智能合约的表述能力。

(3) Fabric 的智能合约则支持采用 Go、Java 这些传统编程语言编写，功能和权限更加强大。在 Fabric 区块链网络中，链代码的操作生命周期主要包括打包、安装、实例化和升级等过程。

综上，对于 Fabric 来说，智能合约就是一个使用 Go 语言编写的程序，并实现在 SDK 支持的编程语言(例如Java)中调用的接口。当满足一定调用条件与时机后，链代码运行在一个被背书 peer 进程独立出来的安全的 Docker 容器中，通过应用程序提交的事务初始化和管理区块链账本状态。

本项目的功能逻辑非常简单，仅需要实现两个接口 init(初始化)和 Invoke(调用)即可。该智能合约程序基于 Go 语言编写，并将其存储在 nsyy.go。

```go
package main
import (
    "fmt"
    "encoding/json"

    "github.com/hyperledger/fabric/core/chaincode/shim"
    pb "github.com/hyperledger/fabric/protos/peer"
)

type NsyyChaincode struct {
}

type NsyyCase struct{
    OrgCode  string      //机构代码
    CaseNo   string      //病案编号
    InTime   string      //入院时间
    OutTime  string      //出院时间
    Coder    string      //编码员
    Diags    string      //主要诊断
    Oper     string      //手术编码
    Antype   string      //麻醉方式
}
```

```go
type CommonResult struct{
    ErrCode string   //0-成功；1-失败
    ErrMsg   string //错误消息
    Data     string   //返回数据，一个JSON数据
}

func processError(errorMsg string) []byte{
    result:=CommonResult{
        ErrCode:"1",
        ErrMsg:errorMsg,
        Data:"{}",
    }
    resultStr, err := json.Marshal(result)
    if err != nil {
        return ([]byte("ERROR1"))
    }
    return resultStr
}

func processSuccess(data string) []byte{
    result:=CommonResult{
        ErrCode:"0",
        ErrMsg:"success",
        Data:data,
    }
    resultStr, err := json.Marshal(result)
    if err != nil {
        return ([]byte("ERROR"))
    }
    return resultStr
}

func (t *NsyyChaincode) Init(stub shim.ChaincodeStubInterface) pb.Response {
    return shim.Success(nil)
}

func (t *NsyyChaincode) Invoke(stub shim.ChaincodeStubInterface) pb.Response {
    function, args := stub.GetFunctionAndParameters()
```

```
        if function == "insert" {
            return t.insert(stub, args)
        } else if function == "query" {
            return t.query(stub, args)
        }
        rs:=processError("Invalid invoke function name. Expecting insert query")
        return shim.Success(rs)
    }

    func (t *NsyyChaincode) insert(stub shim.ChaincodeStubInterface, args []string) pb.Response {
        if len(args) != 8 {
            return shim.Success(processError("Incorrect number of arguments. Expecting 8"))
        }
        nsyycase:=new (NsyyCase)
        nsyycase.OrgCode=args[0]
        nsyycase.CaseNo=args[1]
        nsyycase.InTime=args[2]
        nsyycase.OutTime=args[3]
        nsyycase.Coder=args[4]
        nsyycase.Diags=args[5]
        nsyycase.Oper=args[6]
        nsyycase.Antype=args[7]
        nsyyJsonByte, err := json.Marshal(nsyycase)
        if err != nil {
            return shim.Success(processError("insert 序列化病例对象失败"))
        }
        err= stub.PutState(args[0]+args[1],nsyyJsonByte)
        if(err!=nil){
            return shim.Success(processError("存储病例资料失败"))
        }
        fmt.Printf("insert successfully:%s",nsyyJsonByte)
        return shim.Success(processSuccess(string(nsyyJsonByte)))
    }

    func (t *NsyyChaincode) query(stub shim.ChaincodeStubInterface, args
```

```go
[]string) pb.Response {
    var key string
    var err error
    if len(args) != 1 {
        return shim.Success(processError("Incorrect number of arguments. Expecting name of the caseNo to query"))
    }
    key = args[0]
    nsyycaseBytes, err := stub.GetState(key)
    if err != nil {
        jsonResp := "查找"+key+"失败"
        return shim.Success(processError(jsonResp))
    }
    if nsyycaseBytes == nil {
        jsonResp := "对应的记录不存在！"
        return shim.Success(processError(jsonResp))
    }
    var nsyycase NsyyCase
    err=json.Unmarshal(nsyycaseBytes,&nsyycase)
    if err != nil {
        jsonResp := "序列化对象失败"+key
        return shim.Success(processError(jsonResp))
    }
    fmt.Printf("query successfully(%s):%s",key,nsyycaseBytes)
    return shim.Success(processSuccess(string(nsyycaseBytes)))
}

func main() {
    err := shim.Start(new(NsyyChaincode))
    if err != nil {
        fmt.Printf("Error starting nsyy chaincode: %s", err)
    }
}
```

2. 调用 Java SDK 部署和调用智能合约实现数据上链和查询测试

如图 5-21 所示，我们可以根据 Fabric JDK 编写 Java 程序远程调用，通过网络从远程计算机程序上请求服务，而不需要了解底层网络技术的协议)区块链网络系统(如 Fabric、比特币、以太坊)中实现的远程调用运行时，以达到操作与控制区块链网络的目的。区块链系统的 RPC 接口主要有两种形式：http_post 形式(可以用任何编程语言甚至 Web/JavaScript 实现)和 Java/Python/Go 的 SDK 形式。因为 Fabric 有许多复杂的身份、CA 等数据，因此一般不推荐使用 HTTP 形式的 RPC 接口，而应该使用封装后简单易用的 SDK 形式(本项目基于 Java SDK)的 RPC 接口。

智能合约可以被实现编写并部署在区块链内部的节点计算机上，可被视为区块链网络系统运行时的扩充。因此，大多数 RPC 接口(基本功能除外)最终还是要调用智能合约，区块链应用程序的本质是通过调用智能合约提供的方法接口来实现业务逻辑。区块链应用程序既可以运行在区块链网络的节点上，也可以运行在中心化服务器上，但必须保证可以访问智能合约暴露的服务接口。

(1) 数据上传至区块链网络的功能实现。

```java
package com.bankledger.scheduler;
import java.sql.SQLException;
import java.util.List;
import javax.annotation.Resource;
import org.hyperledger.fabric.sdk.Channel;
import org.hyperledger.fabric.sdk.HFClient;
import org.springframework.jdbc.core.JdbcTemplate;
import org.springframework.stereotype.Component;
import com.bankledger.bean.MedicalRecordBean;
import com.bankledger.fabricSdk.InvokeChainCode;
import com.bankledger.util.Sha256Util;
import net.sf.json.JSONObject;
@Component
public class Quartz {
    @Resource(name = "jdbcTemplate")
    JdbcTemplate jdbcTemplate;
    @Resource(name = "jdbcTemplate2")
    JdbcTemplate jdbcTemplate2;
    // 同步数据
    // @Scheduled(cron = "0/180 * * * * ?")
    public void syncFromDB() throws ClassNotFoundException, SQLException {
        System.out.println("同步数据……");
        try {
            // 查询未同步的数据
            String query = "SELECT * FROM (SELECT A.*, ROWNUM RN FROM"
                + "(select orgCode,caseNo,inTime,outTime,coder,diags,oper,antype from BL_HP_MEDICALRECORD where ISSYNC != '1') A"
                + " WHERE ROWNUM <= 30)" + "WHERE RN >= 0";
```

```java
            List<MedicalRecordBean> list = jdbcTemplate.query(query, new BeanMapper());
            System.out.println("查询未同步的数据……");
            for (MedicalRecordBean bean : list) {
                // 查询此数据是否已同步
                String queryOne = "select orgCode,caseNo,inTime,outTime,coder,diags,oper,antype from BL_HP_MEDICALRECORD where caseNo =? and orgCode=?";
                List<MedicalRecordBean> medicalRecordBean = jdbcTemplate2.query(queryOne, new BeanMapper(),
                        bean.getCaseNo(), bean.getOrgCode());
                if (medicalRecordBean.size() == 0) {
                    // 同步数据
                    String insert = "insert into BL_HP_MEDICALRECORD (orgCode,caseNo,inTime,outTime,coder,diags,oper,antype,ISONBLOCK) values (?,?,?,?,?,?,?,?,'0')";
                    jdbcTemplate2.update(insert, bean.getOrgCode(),bean.getCaseNo(), bean.getInTime(),
                            bean.getOutTime(), bean.getCoder(), bean.getDiags(),
                            bean.getOper(), bean.getAntype());
                }
                if (medicalRecordBean.size() != 0) {
                    System.out.println("此条数据已同步……");
                }
                // 更新同步状态
                String update = "update BL_HP_MEDICALRECORD set ISSYNC='1' where CaseNo= ? and orgCode=?";
                jdbcTemplate.update(update, bean.getCaseNo(), bean.getOrgCode());
            }
        } catch (Exception e) {
            System.out.println("异常 重新同步……");
            blockFromDB();
        }
        return;
    }
    public static HFClient hfClient = null;
    public static Channel nsyyChannel = null;
```

```java
        public synchronized static HFClient getClient() throws Exception{
            if(null ==hfClient ){
                hfClient =InvokeChainCode.getHFClient();
            }
            return hfClient;
        }
        public synchronized static Channel geChannel(HFClient hfClient) throws Exception{
            if(null ==nsyyChannel ){
                nsyyChannel = InvokeChainCode.getChannel(hfClient);
            }
            return nsyyChannel;
        }
        // 数据上链
        // @Scheduled(cron = "0/180 * * * * ?")
        public void blockFromDB() {
            System.out.println("数据上链……");
            try {
                hfClient = getClient();
                nsyyChannel = geChannel(hfClient);
                // 查询未上链的数据
                String query = "SELECT * FROM" + " (SELECT A.*, ROWNUM RN FROM"
                        + " (select orgCode,caseNo,inTime,outTime,coder,diags,oper,antype from BL_HP_MEDICALRECORD where ISONBLOCK != '1') A"
                        + " WHERE ROWNUM <= 30)" + " WHERE RN >= 0";
                List<MedicalRecordBean> list = jdbcTemplate2.query(query, new BeanMapper());
                        // 数据上链
                for (MedicalRecordBean medicalRecordBean : list) {
                    String[] chaincodeArgs = new String[8];
                    chaincodeArgs[0] = Sha256Util.getSHA256Str(medicalRecordBean.getOrgCode());
                    chaincodeArgs[1] = Sha256Util.getSHA256Str(medicalRecordBean.getCaseNo());
                    chaincodeArgs[2] = Sha256Util.getSHA256Str(medicalRecordBean.getInTime());
                    chaincodeArgs[3] = Sha256Util.getSHA256Str(medicalRecordBean.
```

```java
                getOutTime());
                chaincodeArgs[4] = Sha256Util.getSHA256Str(medicalRecordBean.
getCoder());
                chaincodeArgs[5] = Sha256Util.getSHA256Str(medicalRecordBean.
getDiags());
                chaincodeArgs[6] = Sha256Util.getSHA256Str(medicalRecordBean.
getOper());
                chaincodeArgs[7] = Sha256Util.getSHA256Str(medicalRecordBean.
getAntype());
                String result = null;
                result = InvokeChainCode.invokeChainCode(hfClient, nsyyChannel,
chaincodeArgs, "insert");
                JSONObject obj = JSONObject.fromObject(result);
                String errCode = (String) obj.get("ErrCode");
                if ("0".equals(errCode)) {
                    System.out.println("上链成功……");
                    // 更新上链状态
                    String update = "update BL_HP_MEDICALRECORD set ISONBLOCK='1'
where CaseNo= ? and orgCode=?";
                    jdbcTemplate2.update(update,
medicalRecordBean.getCaseNo(), medicalRecordBean.getOrgCode());
                }
            }

        } catch (Exception e) {
            System.out.println("异常 重新上链……");
            blockFromDB();
        }
        return;
    }
}
```

(2) 从区块链中查询存证的功能实现。

数据上传到区块链网络中后，用户就可以查询区块链中的原始存证数据，效果如图 5-35 所示。

图 5-35　患者索引查询区块链中的原始存证数据

具体代码如下：

```java
package com.bankledger.controller;
import java.util.HashMap;
import java.util.List;
import java.util.Map;
import javax.annotation.Resource;
import org.hyperledger.fabric.sdk.Channel;
import org.hyperledger.fabric.sdk.HFClient;
import org.springframework.jdbc.core.JdbcTemplate;
import org.springframework.stereotype.Controller;
import org.springframework.web.bind.annotation.RequestBody;
import org.springframework.web.bind.annotation.RequestMapping;
import org.springframework.web.bind.annotation.ResponseBody;
import org.springframework.web.servlet.ModelAndView;
import com.bankledger.bean.MedicalRecordBean;
import com.bankledger.fabricSdk.InvokeChainCode;
import com.bankledger.scheduler.BeanMapper;
import com.bankledger.util.Sha256Util;
import net.sf.json.JSONObject;
@Controller
public class QueryMedicalRecoreController {
    @Resource(name = "jdbcTemplate")
    JdbcTemplate jdbcTemplate;
    public static HFClient hfClient = null;
```

```java
        public static Channel nsyyChannel = null;
        public synchronized static HFClient getClient() throws Exception{
            if(null ==hfClient ){
                hfClient =InvokeChainCode.getHFClient();
            }
            return hfClient;
        }
        public synchronized static Channel geChannel(HFClient hfClient) throws Exception{
            if(null ==nsyyChannel ){
                nsyyChannel = InvokeChainCode.getChannel(hfClient);
            }
            return nsyyChannel;
        }
        @RequestMapping({ "/redicalRecorePage" })
        public ModelAndView redicalRecorePage(String orgCode, String caseNo) {
            ModelAndView mv = new ModelAndView("mobileIndex");
            try {
                hfClient = getClient();

                nsyyChannel = geChannel(hfClient);
                String[] chaincodeArgs = new String[1];
                chaincodeArgs[0] = Sha256Util.getSHA256Str(orgCode) + Sha256Util.getSHA256Str(caseNo);
                String result = InvokeChainCode.invokeChainCode(hfClient, nsyyChannel, chaincodeArgs, "query");
                JSONObject obj = JSONObject.fromObject(result);
                String errCode = (String) obj.get("ErrCode");
                if ("0".equals(errCode)) {
                    String queryOne = "select orgCode,caseNo,inTime,outTime,coder,diags,oper,antype from BL_HP_MEDICALRECORD where caseNo =? and orgCode=?";
                    List<MedicalRecordBean> medicalRecordBean = jdbcTemplate.query(queryOne, new BeanMapper(), caseNo, orgCode);
                    if (medicalRecordBean.size() == 0) {
                        mv.addObject("message", "数据已被删除");
                        return mv;
                    }
```

```java
                String OrgCode = Sha256Util.getSHA256Str(medicalRecordBean.get(0).getOrgCode());
                String CaseNo = Sha256Util.getSHA256Str(medicalRecordBean.get(0).getCaseNo());
                String InTime = Sha256Util.getSHA256Str(medicalRecordBean.get(0).getInTime());
                String OutTime = Sha256Util.getSHA256Str(medicalRecordBean.get(0).getOutTime());
                String Coder = Sha256Util.getSHA256Str(medicalRecordBean.get(0).getCoder());
                String Diags = Sha256Util.getSHA256Str(medicalRecordBean.get(0).getDiags());
                String Oper = Sha256Util.getSHA256Str(medicalRecordBean.get(0).getOper());
                String Antype = Sha256Util.getSHA256Str(medicalRecordBean.get(0).getAntype());

                JSONObject dataJson = JSONObject.fromObject(obj.get("Data"));

                if (!OrgCode.equals(dataJson.getString("OrgCode"))) {
                    OrgCode = OrgCode + "(数据被篡改)";
                }
                if (!CaseNo.equals(dataJson.getString("CaseNo"))) {
                    CaseNo = CaseNo + "(数据被篡改)";
                }
                if (!InTime.equals(dataJson.getString("InTime"))) {
                    InTime = InTime + "(数据被篡改)";
                }
                if (!OutTime.equals(dataJson.getString("OutTime"))) {
                    OutTime = OutTime + "(数据被篡改)";
                }
                if (!Coder.equals(dataJson.getString("Coder"))) {
                    Coder = Coder + "(数据被篡改)";
                }
                if (!Diags.equals(dataJson.getString("Diags"))) {
                    Diags = Diags + "数据被篡改";
                }
                if (!Oper.equals(dataJson.getString("Oper"))) {
```

```java
                    Oper = Oper + "(数据被篡改)";
                }
                if (!Antype.equals(dataJson.getString("Antype"))) {
                    Antype = Antype + "(数据被篡改)";
                }
                mv.addObject("OrgCode", OrgCode);
                mv.addObject("CaseNo", CaseNo);
                mv.addObject("InTime", InTime);
                mv.addObject("OutTime", OutTime);
                mv.addObject("Coder", Coder);
                mv.addObject("Diags", Diags);
                mv.addObject("Oper", Oper);
                mv.addObject("Antype", Antype);
                return mv;
            }
        } catch (Exception e) {
            e.printStackTrace();
        }
        mv.addObject("message", "暂无数据");
        return mv;
    }
    // 配置
    @RequestMapping({ "/queryRedicalRecore" })
    @ResponseBody
    public Map<String, Object> queryRedicalRecore(@RequestBody Map<String, Object> options) throws Exception {
        Map<String, Object> map = new HashMap<String, Object>();
        MedicalRecordBean bean = new MedicalRecordBean();
        String caseNo = (String) options.get("caseNo");
        String orgCode = (String) options.get("orgCode");
        hfClient = getClient();
        nsyyChannel = geChannel(hfClient);
            String[] chaincodeArgs = new String[1];
        chaincodeArgs[0] = Sha256Util.getSHA256Str(orgCode) + Sha256Util.getSHA256Str(caseNo);
        String result = InvokeChainCode.invokeChainCode(hfClient, nsyyChannel, chaincodeArgs, "query");
        JSONObject obj = JSONObject.fromObject(result);
        String errCode = (String) obj.get("ErrCode");
```

```java
                if ("0".equals(errCode)) {
                    String queryOne = "select orgCode,caseNo,inTime,outTime,coder,diags,oper,antype from BL_HP_MEDICALRECORD where caseNo =? and orgCode=?";
                    List<MedicalRecordBean> medicalRecordBean = jdbcTemplate.query(queryOne, new BeanMapper(), caseNo, orgCode);
                    if (medicalRecordBean.size() == 0) {
                        map.put("code", "500");
                        map.put("message", "数据已被删除");
                        return map;
                    }
                    String OrgCode = Sha256Util.getSHA256Str(medicalRecordBean.get(0).getOrgCode());
                    String CaseNo = Sha256Util.getSHA256Str(medicalRecordBean.get(0).getCaseNo());
                    String InTime = Sha256Util.getSHA256Str(medicalRecordBean.get(0).getInTime());
                    String OutTime = Sha256Util.getSHA256Str(medicalRecordBean.get(0).getOutTime());
                    String Coder = Sha256Util.getSHA256Str(medicalRecordBean.get(0).getCoder());
                    String Diags = Sha256Util.getSHA256Str(medicalRecordBean.get(0).getDiags());
                    String Oper = Sha256Util.getSHA256Str(medicalRecordBean.get(0).getOper());
                    String Antype = Sha256Util.getSHA256Str(medicalRecordBean.get(0).getAntype());
                    JSONObject dataJson = JSONObject.fromObject(obj.get("Data"));
                    if (!OrgCode.equals(dataJson.getString("OrgCode"))) {
                        OrgCode = OrgCode + "(数据被篡改)";
                    }
                    if (!CaseNo.equals(dataJson.getString("CaseNo"))) {
                        CaseNo = CaseNo + "(数据被篡改)";
                    }
                    if (!InTime.equals(dataJson.getString("InTime"))) {
                        InTime = InTime + "(数据被篡改)";
                    }
                    if (!OutTime.equals(dataJson.getString("OutTime"))) {
```

```
            OutTime = OutTime + "(数据被篡改)";
        }
        if (!Coder.equals(dataJson.getString("Coder"))) {
            Coder = Coder + "(数据被篡改)";
        }
        if (!Diags.equals(dataJson.getString("Diags"))) {
            Diags = Diags + "数据被篡改";
        }
        if (!Oper.equals(dataJson.getString("Oper"))) {
            Oper = Oper + "(数据被篡改)";
        }
        if (!Antype.equals(dataJson.getString("Antype"))) {
            Antype = Antype + "(数据被篡改)";
        }
        bean.setOrgCode(OrgCode);
        bean.setCaseNo(CaseNo);
        bean.setInTime(InTime);
        bean.setOutTime(OutTime);
        bean.setCoder(Coder);
        bean.setDiags(Diags);
        bean.setOper(Oper);
        bean.setAntype(Antype);
        map.put("code", "200");
        map.put("json", bean);
        return map;
    }
    map.put("code", "500");
    map.put("message", "暂无数据");
    return map;
}
```

(3) 生成查询 URL 二维码以方便患者查询。

在图 5-35 所示的查询界面中，用户需要在网页应用程序中输入查询 URL(页面网址和查询检索 ID)，这对移动用户(例如今天更加广泛的智能手机用户)来说是不便的。为了提高查询效率，可在患者出院时，将 URL 生成二维码并交给患者线下保存(例如直接打印在电子病历上)，当用户需要发起查询时，直接扫描二维码即可获得存证数据的哈希值，非常简单且高效。

生成二维码的功能是非常容易实现的，直接用 JavaScript 即可实现，效果如图 5-36 所示。

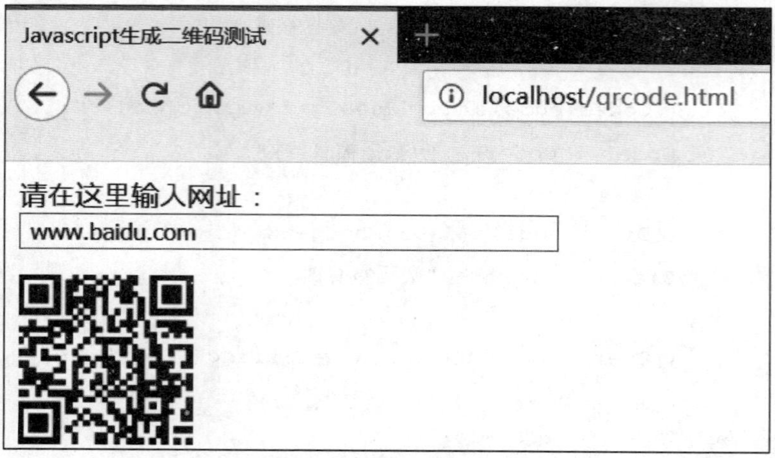

图 5-36 二维码的简单实现

具体代码如下：

```html
<html>
<head>
<title>Javascript 二维码生成库：QRCode</title>
<meta http-equiv="Content-Type" content="text/html; charset=gb2312" />
<meta name="viewport" content="width=device-width,initial-scale=1,user-scalable=no" />
<script type="text/javascript" src="http://cdn.bootcss.com/jquery/2.1.1/jquery.min.js"></script>
<script type="text/javascript" src="http://static.runoob.com/assets/qrcode/qrcode.min.js"></script>
</head>
<body>
请在这里输入网址：<br /><input id="text" type="text" value=" " style="width:80%" /><br />
<div id="qrcode" style="width:100px; height:100px; margin-top:15px;"></div>
<script type="text/javascript">
var qrcode = new QRCode(document.getElementById("qrcode"), {
    width : 100,
    height : 100
});
function makeCode () {
    var elText = document.getElementById("text");
    qrcode.makeCode(elText.value);
}
```

```
   makeCode();
$("#text").
   on("blur", function () {
      makeCode();
   }).
   on("keydown", function (e) {
      if (e.keyCode == 13) {
         makeCode();
      }
   });
</script>
</body>
</html>
```

如图 5-37 和图 5-38 所示，在查询系统中向用户提供了二维码，用户不仅可以直接在线查询，还可以直接用微信扫描二维码查询存证数据(也可以下载二维码图片后，随时随地查询)。在项目实际落地的过程中，我们还考虑直接将二维码打印在患者的纸质病历或病案上，以方便患者或相关执法部门的查询、取证、治理、仲裁等业务操作。

图 5-37　提供二维码给患者以简化查询操作

图 5-38　患者用微信扫描二维码后直接显示查询结果

5.4.3　查询与对比治理系统的技术实现

图 5-39 所示是查询与比对治理系统功能模块。一旦产生医疗纠纷，需要调取电子病历数据作为诉讼证据时，只要先从纠纷治理数据库中查询并生成医院部门数据的哈希摘要，再从联盟区块链中查询基于去中心化存证的原始数据的哈希摘要，将两者进行比对即可仲裁和判别是否存在数据篡改行为，这样可极大提高医疗纠纷治理工作的效能和公信力。

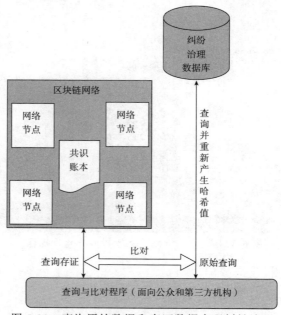

图 5-39　查询原始数据和存证数据实现纠纷治理

(1) 检索院内数据并重新生成哈希值。如图 5-40 所示,用 Java 语言实现 HASH256 是非常容易的,只要从纠纷治理数据库中查询原始数据并提取 HASH256 摘要即可。

```java
import java.security.MessageDigest;
public class HashTest{
    public static void main(String[] args) {
        String t= "FCYDATE:C56.x00";
        try {
            MessageDigest md = MessageDigest.getInstance("SHA-256");
            md.update(t.getBytes("GBK"));
            for(byte b:md.digest())
                System.out.format("%02X",b);
        } catch (Exception e) {
            e.printStackTrace();
        }
    }
}
```

```
---------- java ----------
6688484182C3E556273F3154FAAC48AD9FF20B4CA4BC4C17D114EE4E595E587D
输出完成 (耗时 0 秒) - 正常终止
```

图 5-40 HASH256 的 Java 实现

(2) 检索查询链上存证原始数据哈希值。
(3) 比对链上存证哈希值和链下原始哈希值,进行采信仲裁。
为了完成闭环实验测试,现将数据库中的原始数据:

| ns_rm | 1807161011 | 2015/10/08 12:02 | 2015/10/12 09:51 | K60.303 | T01738*3 | 54.5 04 | T01011*1 |

修改为

| ns_rm | 1807161011 | 2015/10/11 12:02 | 2015/10/12 09:51 | K63.303 | T01738*3 | 54.5 04 | T01011*3 |

如图 5-41 和 5-42 所示,通过查询和比对原始存证哈希值和数据库中对应数据哈希值,可以一种"绝对不可抵赖"的方式有效仲裁诊疗数据的数据篡改行为,能有效地提高医疗纠纷过程中的治理效能和公信力。

图 5-41 被篡改数据的对比查询

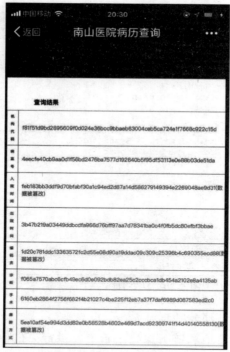

图 5-42 用户扫描二维码完成自助查询

第6章 区块链产业发展趋势分析

在传统产业亟待需要破局的大背景下，将区块链技术与实体产业的相关流程和环节进行深度融合，改变传统意义上的生产和供应逻辑，可以达到深度改造实体产业的目的。

本章将系统地讨论区块链产业、区块链产业的内涵和外延的界定，以及国外和我国区块链产业的发展趋势。

6.1 区块链产业概念分析

目前，企业界和学术界尚未对区块链产业概念给出统一的答案，但是出现了很多颇有见地的分析和见解。有的学者认为，区块链产业是多中心化、自由基加密合伙技术，且允许继承方式的区块链技术的产业化延伸，不再使用去中心化、分布式加密记账技术作为区块链产业中的技术的完整定义，而突出强调产业融合型定义：多中心化、自由基加密合伙技术。这样做的目的是生成区块链商业标准，吸引全球的国家利用该标准完成区块链技术相关的产业升级。有的学者认为，通过区块链开放定义提供的智能合约接口，可以完成更高效率的产业对接和全球贸易。基于区块链产业的开放性，可以建立区块链产业孵化器。该孵化器的功能主要是针对区块链开发者的需求，提供完整的孵化服务，可以开放数据资产链接和智能合约签署接口，所有区块链私有链开发者，均可建设自己的"数据资产港口"和"私有数据高速"。

综上所述，本书认为，区块链产业是区块链技术在产业和经济领域或层面的产业化与市场化的扩展和延拓，是区块链技术在产业和经济领域商业化的集成体。

区块链产业包括上游硬件、技术及基础设施；中游区块链应用及技术服务；下游区块链应用领域等环节。上游硬件、技术及基础设施主要提供区块链应用所必备的硬件、技术以及基础设施支持(涵盖矿机、矿池、芯片厂商、通用技术提供等)；中游区块链应用及技术服务包括基础平台建设和提供技术服务支持(涵盖通用基础链、垂直领域基础链、数字资产交易、数字资产存储、区块链安全防护等)；下游区块链应用领域包括应用区块链技术与现有行业的结合(涵盖供应链金融、商品溯源、数字身份、交易清算、物联网等)。

6.2 世界区块链产业发展趋势

6.2.1 各国政府普遍支持区块链技术发展

区块链诞生以来,各国政策基本持支持态度。其中,英国、美国等国家对于区块链的政策补贴较为突出,如美国国土安全部多次与区块链技术公司签订研究合同,英国则是在国家层面设立基金进行支持。法国、德国等国家对区块链发展持谨慎观望的态度,仅在技术发展方面较为支持。当前,国际社会对区块链产业态度不一,推出了不同的监管政策。普遍而言,大多数主权国家对区块链技术持支持态度,但对数字货币则持谨慎态度。

各国积极推进区块链政策,发展组织支持区块链推广应用。至 2020 年,全球区块链企业已经达到一万家以上。其中,中国、美国数量最多,合计占比达到 60%左右,数量领先全球。美国、中国、英国、新加坡、加拿大、瑞士、日本、印度、德国、韩国为世界区块链企业 Top10 国家。从行业应用方面来看,加密货币是企业类型分布最多的领域,全球 40%左右的企业集中在加密货币领域;其次,20%左右的企业集中在区块链技术研发领域。从行业来看,互联网和金融业是区块链企业应用最多的两个领域。

美国联邦政府支持区块链技术的产业化应用。尽管美国政府在云计算上不得不面对破解模型、缺乏合适的采购选择、漫长的采用过程等挑战,美国政府积极参与区块链技术存在的潜在使用的项目。区块链的吸引力集中于其技术具有的分散性、互操作性和降低成本等优势。在美国政府参与的区块链技术实施的合同授予中,美国国土安全部授予了一份区块链合同,以证明来自边境设备捕获数据的完整性。

美国食品药品监督管理局(The Food & Drug Administration,FDA)在 2017 年年底发布了一份关于"信息来源"的公告,主要内容是对区块链的应用提出的一些要求。根据这份公告所述,该应用应该是一个用于便携式交互式设备(real-time application for portable interactive devices,RAPID)的实时应用程序,在美国关键疾病和损伤追踪组网络中,可以支持病人级数据的交换。FDA 要求,FDA 的便携式交互式设备和 USCIITG/Discovery 网络之间的区块链连接应该正在被创建,目的是在 USCIITG 管理的临床站点上交换流感患者数据。

美国国防部交通司令部(The U.S. Department of Defense Transportation Command)支持区块链技术发展,主要集中在其分布式记账能力的创新使用上。此外,该部门也关注区块链具备的可扩展性、监视和跨扩展领域的可伸缩性——保证物流和运输安全性的交易的应用程序。

美国陆军医学研究和物资司令部(U.S. Army Medical Research and Materiel Command,USAMRMC)与医疗技术企业联盟(Medical Technology Enterprise Consortium,MTEC)携手合作,共同发布了一份通知,声明将发布一份包含区块链应用的申请,其中还包括一些其他目标。MTEC 的任务是帮助 USAMRMC 与工业和学术界的合作以扩大供应链,共同创建一个被用于保护、治疗、优化作战人员的健康以及记录作战人员在整个军事行动中的表现的新一代库存管理平台。

工业产品在美国联邦政府使用的区块链上得到扩展。不同行业的服务公司和供应商已经开始在美国联邦政府使用的区块链上扩展它们的服务。SAP(system applications and procluts)正在通过一个"莱昂纳多"的创新项目,提供对区块链增强 SAP 产品的访问权,其中 SAP"莱昂纳多"的创新系统已经提供了早期的区块链功能。SAP 宣布了一项区块链联合创新计划,该计划旨在为参与者提供一个机会,让他们探索区块链技术的应用,多名美国大型政府承包商是该项目的成员。

NoSQL 数据库平台为区块链提供了正确的数据库后端,以实现分布式应用程序的可伸缩性、强大性能和低延迟性。MongoDB 已经在美国联邦政府中获得了广泛的应用,该平台也为区块链技术提供了帮助。此外,MongoDB 平台目前正在支持各种商业区块链的实现。

IBM 也在全面支持区块链技术的发展,成功吸引了潜在客户对区块链的兴趣。IBM 的 Watson Health(沃森健康)部门正在与疾病控制和预防中心合作,准备在数据处理应用程序中使用区块链。

自 2018 年以来,美国联邦政府越来越关注区块链技术的发展。

6.2.2 区块链产业规模持续增长

伴随区块链国际生态环境的不断净化,产业基础实力逐步显现,各国政府及企业对区块链技术有了更加深入和理性的认知,区块链给传统制造业、软件及信息化业、金融业等支柱型产业带来的变革和升级将进一步凸显,区块链经济正处于爆发期前夕。目前,金融行业应用已经相对广泛,其他行业的应用情况也进入了探索研发阶段。赛迪区块链研究院根据 Gartner、QYResearch、Tractica 等调研机构的公开数据进行整理,目前世界区块链市场规模不断扩展,市场进入活跃期,融投资事件不断增多。各国对区块链技术加强支持力度,对加密数字货币的监管不断完善,区块链技术架构也在走向成熟,世界区块链市场规模迎来爆发。赛迪区块链研究院整理国际数据公司 IDC 报告公开数据,世界区块链解决方案市场规模达到 30 亿美元左右。其中,美国将占到世界区块链支出的 40%,西欧将成为第二大地区,中国位列第三。

除当前区块链在金融领域的应用外,制造业和供应链管理行业将为区块链带来巨大的市场。未来,区块链应用范围进一步向政务、物流、医疗、审计、传媒等非金融领域迅速渗透,届时,区块链会在各行业得到广泛应用,社会将全面进入区块链时代,区块链产业规模呈现爆炸式增长。

6.2.3 区块链行业应用不断拓展

1. 溯源存证服务需求加速攀升

基于区块链的溯源存证服务是指应用区块链技术为机构或个人提供身份信息、资质证明、产权版权、保单保全等方面具有公信力的鉴定、认证服务,其核心价值在于解决由于信息不对称导致的存在性证明问题。目前,溯源存证领域的产品包括公证通、

Blockai、Stampery 等。溯源存证在个人和企业身份与资质证明、物权、知识产权、保险、工商等的权益证明和保护，公益捐助去向跟踪，物流源头追溯等领域的需求将不断攀升。例如，微软与 Blockstack Labs 和 ConsenSys 合作，开发开源身份认证平台。Blockai 利用区块链技术实现知识产权的保护。新加坡政府支持开发了基于 Ripple 的发票交易平台以跟踪发票。欧洲最大的零售商家乐福采用区块链分类账技术跟踪和追踪从农场到商店的鸡肉、鸡蛋和西红柿，并将在未来几年内将其部署到所有新鲜产品线上。

2. 区块链 BaaS 平台快速发展

区块链 BaaS 平台是区块链与云计算结合的新型区块链服务平台。谷歌、Oracle、IBM、微软等国外企业纷纷在云平台上搭建区块链服务模块，为用户提供安全、稳定的区块链云服务模式。2018 年，Oracle 推出了 Oracle 区块链应用云，帮助客户增强整个供应链的可跟踪性和透明度，在业务网络中提高信任度和事务处理敏捷性。Oracle 区块链应用、基于 Oracle 区块链云服务构建，可无缝连接供应链管理云、企业资源计划云和各种其他 Oracle 云应用。IBM 推出了阿联酋的迪拜区块链平台，这是阿联酋首个政府认可的区块链平台即服务。迪拜区块链平台在 IBM 云中运行，用于政府区块链项目并提供给私营部门，这一平台还将数据保存在国内并在本地进行交易，从而降低运营成本。

3. 医疗行业成为区块链重要应用领域

医疗行业的数据大多涉及个人隐私，私密性极强，目前中心化模式下的数据存储方式不能保证数据安全性，导致用户隐私泄露事件时有发生。区块链可编程、匿名性的特征能在去中心化的环境下保护用户隐私，大幅降低数据泄露风险，提高服务质量和管理效率，在医疗领域应用价值巨大。IBM 商业价值研究院指出，区块链技术会在临床试验记录、监管合规性和医疗、健康监控记录领域发挥巨大价值，以及在健康管理、医疗设备数据记录、药物治疗、计费和理赔、不良事件安全性、医疗资产管理、医疗合同管理等方面发挥专长。飞利浦医疗、Gem 公司、谷歌、IBM 等科技巨头都在积极探索区块链技术的医疗应用。

飞利浦公司与区块链数据存储初创企业 Tierion 达成合作，探索区块链技术在医疗保健行业的应用；Gem 公司与疾病控制中心合作，将疾病暴发数据放到区块链上以提高救灾和应对效果；谷歌 DeepMind 近期宣布将在原有技术基础上，增加区块链技术支持，为该系统的实际应用排除障碍。

美国国家医疗信息办公室提出基于区块链的数字公民架构，利用区块链技术解决病人身份验证问题；荷兰数据安全公司 Guardtime 与爱沙尼亚政府合作，开发用于验证病人身份的区块链系统；麻省理工学院媒体实验室和哈佛医学院贝斯以色列女执事医疗中心合作开发的 MedRec，用去中心化的方法进行医疗数据管理，包括访问许可、授权及数据共享；Patientory 公司开发了一个以区块链为基础的平台，为患者、捐献者和医疗机构获取健康数据，其高级保健应用程序允许用户创建一个患者档案，以记录他们的健康历史；SimplyVital Health 公司建立的 ConnectingCare 平台用于追踪患者离开医院后的身体进展以及健康状况,旨在提供去中心化区块链患者记录。

4. 金融行业应用区块链技术效益显著

金融行业是区块链技术应用最早、需求最多的领域。目前,区块链在全球支付、贸易融资、代理投票、财险理赔、资产再抵押、银团贷款、自动合规和股权、证券交易等金融领域均有商业落地与推广,尤其是在数字资产交易服务领域。在平台和系统搭建方面,具有代表性的基于区块链技术的服务平台有 Symbiont、Linq、Colu 等。其中,Symbiont 平台是由 Overstock.com 公司创立的智能证券交易平台;Linq 平台是纳斯达克推出的首个基于区块链的证券交易平台,已经通过该平台完成了首个证券交易记录;Colu 平台是一个基于区块链技术的数字资产交易平台,其核心价值是使区块链的开发商和消费者能够通过该平台建立和交换各类数字资产。北方信托银行和 IBM 开发了世界首个功能型私募股权区块链平台;以色列银行 Bank Hapoalim 和微软合作创建了一个区块链系统来管理银行保函。在解决方案研究方面,位于纽约的金融技术创业公司 R3 领导了一个由花旗银行、美国银行、高盛集团、摩根大通、汇丰银行、意大利银行等 40 多家国际银行机构组成的团体,目的是建立一种定制的基于以太坊的跨境区块链解决方案。日本电信巨头软银公司(Softbank)已完成区块链 POC 验证,允许跨不同运营商进行 P2P 移动支付。法国巴黎银行和汇丰新加坡分行利用 R3 的 Corda 区块链平台已完成新加坡矿业公司 Rio Tinto 与 Cargill 之间首个支持区块链的 LC 交易。

5. 智能制造应用区块链技术迅速拓展

随着区块链技术快速发展和市场认可度逐渐提升,越来越多的领域展现出对区块链应用的需求,区块链从数字货币加速渗透至其他领域。随着智能制造与物联网的快速崛起,区块链与制造业及物联感知领域的结合也成为必然趋势。俄罗斯国有制造企业集团俄罗斯工业集团(Rostec)正式加入区块链产业。该公司正与 Waves 平台合作开发区块链系统,以管理其庞大的工业数据,并在几个城市试行了智慧制造技术,旨在自动调节和适应电力消耗、交通管理、带有人脸识别系统的街道摄像头的工作。飞利浦等全球领先制造企业开始布局区块链,飞机制造巨头 Airbus 宣布加入 Hyperledger 区块链项目,探索区块链在航空制造领域的应用。

全球各国均开始在零售、房地产、社会公益、旅游、物流等多个领域探索区块链应用场景。在零售领域,Loyyal 是一个基于区块链的通用可信框架,旨在让消费者以新的方式整合和交易真实奖励;Blockpoint.io 允许零售商围绕诸如比特币这样的区块链货币、区块链衍生品和忠诚度计划建立支付系统。房地产领域,Ubiquity 公司正在创建一个由区块链驱动的系统,用来跟踪复杂的法律过程。在社会公益领域,BitGiv 基金会推出 GiveTrack 区块链基金跟踪平台,旨在为慈善捐赠提供更大的透明度,并在捐赠和项目成果之间建立更清晰的联系。在旅游领域,拼车公司 Arcade City 利用区块链技术开发出直接连通司机与乘客的平台,通过区块链共享单车和汽车租赁信息。在物流领域,韩国科学技术部、海事渔业部宣布已经建立了综合物流服务,将基于区块链技术的集装箱用于港口物流。

6.2.4 区块链核心技术趋于成熟

伴随区块链技术的不断升级与迭代，核心架构也已趋于成熟。实际上，区块链技术中并没有特殊创新的技术，而是跨领域将过去数十年包括计算机科学、密码学、分布式系统、P2P 网络等学科、理论和技术进行创新整合的成果。密码学方面，区块链技术中运用了哈希算法、数字签名、数字证书、PKI 体系、Merkle 树等技术，这些技术都是现代密码学较为成熟的技术。

分布式系统技术方面，区块链系统作为去中心化的分布式系统，主要涉及拜占庭容错算法、共识算法等核心技术。随着区块链技术完善，拜占庭容错算法从 BFT 逐步发展为 PBFT、DBFT、RPCA 等多种改进型算法；共识算法在最初 PoW 算法的基础上进一步发展了 PoA、PoS、DPoS 等新的共识算法。2018 年，EcoBall 生态球发布，采用分域分片技术实现了网络、交易、状态分片，在结合 IPoS(阈值 PoS)和 VBFT 的基础上，进行了进一步的共识优化，相对于 PBFT，在同等网络状态下实现了大规模的网络共识和共识效率的提升。P2P 网络技术方面，区块链技术仅仅运用了成熟的 P2P 网络技术，尚未有明显改进。在此基础上，业界在优化和完善区块链技术、提高区块链安全性方面进行大量尝试。针对区块链之间无法互联互通的问题，提出了包括公证人机制、侧链、哈希锁定等技术在内的跨链技术解决方法；针对区块链技术的交易性能瓶颈问题提出了包括分片、有向无环图 DAG、闪电网络、雷电网络等在内的新技术方案。美国专利商标局披露的文件显示，信用卡巨头万事达获得了新的区块链相关专利，该专利通过使用一条分区的区块链网络实现不同链之间的信息高速交互，这将解决目前跨链信息交互上存在的明显的资源与算力消耗过大的问题。针对区块链技术中隐私保护问题提出了混币、环签名、同态加密、零知识证明等新技术解决方案。荷兰国际银行(INGBank)在 Sibos 银行会议上宣布，将发布其零知识集会员(ZKSM)解决方案，继续沿着高级区块链隐私保护的道路前进，这家总部位于荷兰的银行已经将经典的"零知识证明"转换成一种更简单的形式在银行内部使用，称为"零知识范围证明"。针对区块链钱包安全以及公私钥存储安全等问题提出了智能硬件钱包、安全私钥存储机制等方法。2018 年 10 月，索尼计算机科学实验室宣布采用索尼的 IC 卡技术，开发了一种非接触式 IC 卡类型的虚拟货币硬件钱包技术。该硬件钱包是对密钥进行离线管理的终端，可以避免黑客网络攻击导致资产流出的风险。美国专利商标局向美国银行颁发了一项存储加密货币密钥设备的专利，该银行概述了一种用于存储私人密钥的强化存储设备。可以看到，当前基本形成了以密码学、分布式系统、P2P 网络为主，多种改良技术为辅的区块链技术体系。随着区块链技术创新发展，区块链技术体系会愈发完善。

6.2.5 标准制定初显成效

区块链作为一种颠覆性的创新应用模式，其广泛地应用在创造价值的同时也带来了挑战，尤其是现阶段各行业缺乏核心的理念和基本技术共识，使得行业发展碎片化。因此，相关标准的制定对于世界区块链技术的发展具有重要意义。在密码算法和签名标准方面，国际标准密码算法已经较为成熟，代表算法分别有 DES、AES、RSA、SHA 系列等。

区块链技术中,椭圆曲线数字签名算法(ECDSA)是使用椭圆曲线密码(ECC)对数字签名算法(DSA)的模拟,该算法于 1999 年成为 ANSI 标准,并成为 IEEE 和 NIST 标准。在区块链技术标准方面,国内外标准化组织在近两年纷纷加快了区块链标准化工作,在标准化前期研究、组织建设和标准研制等方面取得了一些进展。随着区块链技术和应用发展,区块链标准化已经引起国际上的广泛关注。国际标准化组织(International Organization for Standardization,ISO)纷纷研究或启动区块链标准化相关工作。ISO 成立了专注于区块链领域的技术委员会,制定 ISO/TC 307《区块链及电子化的分布式账本技术》标准,初步提出区块链标准化的重点方向。澳大利亚标准协会发布国际区块链标准开发路线图,该路线图在 ISO/TC 307 的监督下进行,路线图制定过程中将调研与澳大利亚行业应用密切相关的分布式账本应用案例,慎重定义该路线图在未来行业监管中的角色,论证评估区块链标准开发的优先顺序。ISO 推动区块链和分布式分类账技术标准化技术委员会(ISO/TC 307)共举办三次全体会议,推进区块链技术标准建设。

6.2.6 政府监管体系不断完善

1. 欧美政府重视区块链产业监管

美国政府坚持产业推动与监管双管齐下。联邦政府层面,美联储开展区块链研究以解决网络安全和监管问题,并充分认可区块链技术的重要性以及对金融交易的影响。2018 年 10 月,美国政府机构与区块链分析公司 Chainalysis 合作,旨在打击潜在的逃税、洗钱、非法融资、毒品暗网市场等非法活动;美国证券交易委员会继续加强区块链技术研发工作并展开监管政策讨论;美国银行宣布开展区块链贸易融资试验,积极探索区块链技术在银行业的应用;美国国土安全局着手开发基于区块链技术的安全系统,推动区块链技术在政府管理和社会治理领域的应用;2018 年 3 月,美国国会发布了《2018 联合经济报告》,并指出区块链技术可以作为打击网络犯罪和保护国家经济和基础设施的潜在工具,在该领域的区块链应用应该成为立法者和监管者的首要任务。各州政府层面,特拉华州在 2017 年决议中指出尽快推进区块链技术应用,通过了三项针对区块链记录的法案;伊利诺伊州放宽区块链监管限制,为该州区块链发展提供稳定有利的监管环境,并稳步推进区块链战略;北卡罗来纳州积极推进最有利于区块链的提案,扩大了国家货币转移法案的货币范围,承认比特币和其他基于区块链的数字货币;科罗拉多州推出了两党法案,旨在促进区块链专门用于政府记录保存。

欧盟各国高度重视区块链监管体系的建设。欧盟宣布启动一项名为"欧盟区块链观测站及论坛"的机制,具有收集与区块链有关的信息、监测和分析相关趋势、探索区块链技术的社会经济潜力并应对相关挑战等功能,旨在促进欧洲区块链技术发展并帮助欧洲从中获益。2018 年 4 月,欧盟委员会中的 22 个国家签署了一份建立欧洲区块链联盟的协议,该联盟将成为成员国在区块链技术和监管领域交流经验与传播专业知识的平台,并为在欧盟范围内启动区块链技术应用做准备。同年 9 月,根据欧盟委员会批准的新规则,欧盟委员会对数字支付欺诈实施更严厉的判决。法国央行积极推进区块链技术研究,开展了银行间区块链试验,同时督促深化区块链研究,呼吁各央行行长密切关注数字货币交易情况。法国立法会通过预算的修正法案,该法案将比特币销售中的资本利得税从36.2%降至30%,这将使数字货币交易与其他非房地产资产保持一致,这些资产按30%的固定税率征收。德国对比特币和以太坊持支持态度,并成立了全国性联邦数字支持和区块链推广团体,即德国联邦区块链协会"区块链德国"。英国作为老牌世界金融中心,将区块链作为前瞻性技术来看待,认为区块链技术是世界技术发展的趋势,并将其发展提升到国家战略高度。英国金融监管局(FCA)已宣布将与英国财政部以及英国央行共同制定加密货币政策。荷兰对加密数字货币一直保持宽松政策,长期以来荷兰都是互联网金融业的创业天堂。荷兰政府建立区块链开发者园区,积极推动区块链技术的发展和应用,并进一步宣布了其首个国家区块链议程,该议程将为这项技术提供数百万欧元的科学研究经费。澳大利亚相继在金融、教育、选举等领域使用区块链技术,并持续保持和其他国家的技术互动。马耳他金融服务管理局(MFSA)和马耳他数字创新管理局(MDIA)经过协商之后,马耳他政府宣布《虚拟金融资产法案》(VFA)和《创新技术布局和服务法案》(ITAS)于2018年11月1日正式生效。

2. 日、韩等亚洲国家力图通过区块链抢占新兴技术制高点

日本积极探索区块链发展道路,从发展中探索监管之路,目的是在世界区块链领域弯道超车,发挥关键作用。日本税制调查会讨论了关于加密货币交易及民宿等共享商务的对应措施。新加坡将区块链列入优先事务,打造政策特区,大力支持区块链创新。韩国鼓励探索区块链技术,全面铺开区块链金融服务试点,争夺亚洲金融科技中心。阿联酋积极研究区块链技术,迪拜和阿布扎比开展了多个支持技术创新和创意养成的项目。印度依托其成熟的软件产业,积极与亚洲国家开展区块链合作研究。泰国区块链技术在东盟地区处于领先地位,相关监管部门表示将做出相应调整来积极支持区块链技术发展,应对市场变化。马来西亚证券委员会和马来西亚央行在一份联合声明中披露,双方将合作实施一个针对加密货币和ICO代币的监管框架。

6.3 中国区块链产业发展趋势

当前,中国区块链产业正在快速发展,成为助力发展数字经济的重要手段。政府的区块链专项发展政策不断出台,扶持政策密集发布,各行业使用率逐步提高,产业规模稳步提升。展望未来,政策扶持引导、创新应用仍然是区块链发展的重要驱动力,区块链与其他新技术的协同发展将为产业发展开辟新的道路,我国的区块链产业将逐渐形成国家发声、地方落实、自主创新、产业引领、合理监管的新发展格局。

6.3.1 基本态势

1. 产业快速发展,产业结构不断完善

当前,我国的区块链产业凭借其价值潜力和政策利好,迎来产业发展的好机遇,区块链产业链上、中、下游三层加速完善,产业规模即将达到50亿元以上。现阶段,

我国的区块链产业链主要以金融应用、解决方案、BaaS 平台居多，占比分别为 20%、10%、10%左右，在金融领域的应用正逐年增长；其次是供应链应用、数据服务、媒体社区和基础协议，占比分别为 10%、5%、5%和 5%左右；信息安全、智能合约等方面占比较少，均占比 2%左右。

伴随产业链的不断完善、社会认知的逐步提高、场景的日益丰富，区块链应用效果逐步显现，通过与其他新技术的协同创新发展，区块链赋能传统行业，将为中国区块链产业发展带来崭新机遇。

2. 核心技术不断进步，创新趋向多元化

中国区块链专利数量保持平稳增长趋势。根据国家知识产权局统计，2020 年中国公开的区块链专利数量达 10 393 项。区块链核心技术创新取得进一步提高，技术创新呈多元化发展，主要涉及区块链跨链、区块链隐私保护、区块链数据安全等技术领域。针对区块链之间无法互联互通的问题，目前有包括公证人机制、侧链、哈希锁定等技术在内的跨链技术解决方法。多种区块链隐私保护方案被提出，大致分为三类：基于混币协议的技术、基于加密协议的技术和基于安全通道协议的技术。万维链、蚂蚁区块链、天德科技、腾讯、亨通集团量子保密通信团队等众多技术团队在跨链技术领域、区块链隐私保护、区块链数据安全解决方面取得了显著成果。

伴随对区块链技术创新的不断投入，明确主攻方向，着力攻克一批关键核心技术，增强可拓展性、互操作性、加强数据隐私保护将成为区块链核心技术突破的主要方向。

3. 企业数量将稳步增长，核心竞争力不断提升

中国区块链企业数量增速较快，具有实际投入产出的区块链企业已经有 2000 余家，企业细分服务覆盖了底层技术研发、行业应用、产业推广、区块链媒体、区块链安全服务、解决方案、DApp 应用等领域，产业链条日益完善。赛迪区块链研究院发布的《2020 区块链技术创新典型企业名录》显示，各企业的团队实力、科研实力、创新实力、产品竞争力及运营能力均表现稳定。中国区块链企业资金运作整体良好，企业深挖底层技术研发，积极布局区块链产业应用，在各地区政府、区块链团体的高度重视和积极扶持下，区块链技术和产业应用得到长足发展。投融资方面，中国区块链企业融资趋于合理。新注册成立的区块链企业中，有很多企业获得投融资，受疫情影响，投融资项目增速有所降低，但总体趋势仍处于增长通道，行业覆盖规模也逐步扩大。

展望未来，中国区块链企业数量将持续增长，企业将重点在核心技术研发、业务场景深度融合等方面提升竞争实力，中国区块链发展将进入稳健成长期。

4. 应用领域持续拓展，项目落地加速

区块链在金融、政务服务、司法领域、医疗健康、产品溯源、公益慈善、社区服务、智慧城市等众多领域落地实施。区块链落地项目增多，行业应用水平得到提升。应用落地情况排名前三的分别为金融、政府服务和司法存证领域，占总体应用落地项目的 70%左右。区块链在溯源物流及征信领域的发展也在加速。区块链的应用领域仍在不断扩展，在智慧城市建设、社区服务、公益慈善等领域也出现了新的落地场景。

随着"新基建"的谋划布局与国家产业结构调整，区块链对传统制造业、软件及信息化业、金融业等支柱型产业的变革和升级作用将进一步凸显，应用领域将不断扩大，逐步实现技术与产业的深度融合与创新发展。

5. 区块链与"新基建"集成应用，推动数字经济创新发展

2020年4月，国家发改委首次明确"新基建"范围，区块链被纳入其中。全国范围内的"新基建"开始从部署向落地阶段稳步推进，包括上海、广州、重庆、山东、云南、江苏、吉林等在内，全国已有至少10个省或城市出台了"新基建"的落地举措。从"新基建"的本质来说，其代表的是数字技术基础设施，而数字经济在技术层面指的是包括大数据、云计算、物联网、区块链、人工智能、5G通信等在内的新兴技术，推动生产力发展的经济形态。区块链技术作为"新基建"的一部分，与"新基建"其他内容的融合能够促进产业数字化的深度转型，打造信息化时代的新型价值体系，目前已经催生出了一批以云计算、大数据、物联网、人工智能、区块链等新一代信息技术为基础的"新零售""新制造"等新产业、新业态和新模式。

"新基建"作为数字经济发展的推动力，可以推动信息化时代下数字经济的快速发展。区块链作为"新基建"的重要内容，从产业角度讲，在"新基建"的背景下，将推动数字经济下产业数字化平台的建设，催生出一批区块链+物联网、区块链+工业互联网等技术融合平台，为全球消费者提供更多优质解决方案。从技术角度讲，区块链有望推动数据要素流通和数据要素确权，不仅有助于政府和社会数据资源的共享与开放，而且可以推动数字经济下数字资产交易的有序发展。

6. 顶层设计将进一步完善，专项政策持续出台

截至2020年年底，国家层面共有50多项区块链政策信息公布，主要围绕区块链监管、区块链扶持、区块链产业应用展开。各地区块链相关政策达200余项，广东省、山东省、北京市等20多个省市出台了区块链专项政策，同比大幅增加，主要以积极推动区块链与大数据、人工智能等信息技术的融合，监管、鼓励供应链、金融等领域应用为主。纵观全球，各国的区块链相关法案也主要集中在推动创新、加强监管、区块链采用等鼓励发展的层面。

党和国家领导人对区块链高度重视，区块链作为"新基建"的重要内容和核心技术自主创新的重要突破口，顶层设计、专项政策、监管体系必将进一步完善和加强。区块链技术将真正奠定其信息基础设施的地位，同时向融合基础设施方向演进，全面开启中国区块链发展新格局。

6.3.2 主要问题

1. 集成应用亟待强化

区块链作为数字经济领域的一个重要技术，2020年行业应用快速增长，但是到目前为止没有大规模服务于实体经济的落地应用。分析其中原因，一是区块链技术的普及和推广程度远低于大数据、物联网、云计算等新一代信息技术，应用效果普遍没有达到预期。同时，相关地区主管部门无法理解区块链技术和创新应用模式对经济发展的积极意义,对新技术应用仍缺乏信任,认为区块链技术在短期内无法取得有效成果。二是区块链系统建设涉及多方数据互联互通,受制于各部门间信息化建设程度参差不齐,建设和协调成本较高,兼容性和互操作性较差,需打破部门间职能屏障和数据孤岛,面对新挑战,有关部门主观上不愿意推动。三是除金融、政务、溯源等领域区块链技术的应用反映较好之外,其他如交通、家电等行业一些已落地运行的区块链应用,大多还在小范围的试点运行中,还未能够引起预期的社会反响。

2. 区块链与新基建等技术的融合不足

"新基建"不仅包括区块链技术,还包括 5G、物联网、工业互联网、人工智能、云计算等新一代信息技术,而区块链作为服务于新型基础设施建设的一项重要技术,与其他技术的融合是关键。探索利用区块链技术与 5G、人工智能、工业互联网、大数据等技术的融合,有利于加快中国政务服务、新型智慧城市建设、城市间信息、资金、人才、征信等方面的互联互通,更重要的是有利于创新数字经济发展模式,打造便捷高效、公平竞争、稳定透明的营商环境,贯彻落实中国现代化建设的要求。

3. 核心技术"缺位",自主创新能力亟待加强

在技术和应用方面,无论是公链还是联盟链,资产上链问题仍旧是最大的挑战之一,目前在资产链的链上链下数据同步、确权和定价方面仍需要进一步探索。另一个挑战在于不同链之间信息和资产的互操性问题亟待解决,这有利于"数据孤岛"的打通,实现价值的自由流通。当前跨链的可用性、易用性、安全性及可拓展性都存在较大的提升空间,同时也缺乏高效的跨链标准来促进各链之间的互联互通。此外,区块链可拓展性较弱,尤其是系统吞吐量(TPS)较低,亟须通过改进共识算法、提升硬件环境、采用更高效的加密算法记忆落盘数据库等方式进行改进。目前从申请与获批的区块链专利数量来看,我国在全球处于领先地位,但我国在区块链发展上更偏重应用,相较于西方国家,在核心技术上仍有一定差距。因此要重视基础研究和多方面尝试,攻关核心技术,占据主动地位,提升中国在区块链领域的国际话语权和规则制定权。

4. 专业人力资源不足

区块链是密码学、计算机科学、经济学等多学科的融合技术,同时,区块链的发展需要与前沿技术融合,当前形势下,区块链技术亟待高端人才持续助力。赛迪区块链研究院统计,中国区块链产业招聘企业数量、招聘职位、招聘人才需求持续增加,截至 2020 年 11 月,区块链从业人数较 2019 年有大幅度增加,但区块链人才市场技术型人才与高端复合型人才需求缺口仍然较大。区块链人才尤其是"区块链+产业"的复合型人才面临供不应求的局面。目前大量 IT 从业者希望转行进入区块链领域,但是缺乏专业培训经历。未来,除了高校的人才培养,区块链技术的职业教育培训也要加强。

5. 监管体系尚未建立

2020 年以来,随着中国顶层设计的不断完善,监管体系更加健全,监管沙盒持续扩容。2020 年 8 月,北京金融科技创新监管试点第二批 11 个创新应用均已通过复审

并完成登记。随着试点城市和应用项目的陆续落地,中国版监管沙盒正在持续扩容。在当前"新基建"的背景下,区块链底层基础设施建设不断加快,国内已有小蚁链、比原链、量子链等公有链,但目前公有链应用落地存在一定金融风险,短期内对中国的监管提出了更高要求。随着未来区块链技术与多个行业领域的融合,监管范围也随之扩大,监管场景更加复杂,这对中国的监管提出了新的挑战,预计未来将有更多的城市开展监管沙盒试点,中国监管需及时跟上金融科技的发展脚步,通过建立监管规范、提高监管水平达到对金融科技的有效管理,实现规范化、有序化。

6.3.3 改革创新

1. 加快区块链学科体系建设

(1) 围绕区块链技术创新与应用加快学科建设。搭建基础研究和交叉学科研究的创新平台,推动高校、企业和社会培训机构联动形成人才链,培养学科交叉、知识融合、技术集成的复合型人才。

(2) 构建人才支撑体系。加快构建产学研用一体化的人才培养模式,以高校、科研院所为主体,以企业需求为导向,以科技园区、实训基地为平台,加快培育区块链领域专业人才。要鼓励区块链企业创办"企业大学",以区块链应用推广为抓手,通过向全社会普及区块链应用,搭建社会再培训平台。

(3) 加强区块链人才的国际交流。积极引进国外区块链技术的前沿技术开发人才,同时鼓励国内相关人员"走出去",积极参与国际上重要的区块链技术研讨会,通过与国外技术人员的交流,了解最新的行业动向,加速国内人才培养。

2. 开展前沿技术融合应用研究,推动新兴技术融合

区块链不是一个单点技术,需要与各种信息技术相融合、相连接,未来需要多种技术融合形成组合架构的模型。要紧盯前沿技术,通过区块链技术与前沿技术的深度融合和协同创新,引领信息领域关键核心技术的创新与突破,包括布局与量子技术、云计算、大数据、物联网、人工智能等新兴技术的融合等。加快创建多学科交叉的组合型技术科学创新体系,推动区块链技术的集成应用,攻克一批关键核心技术,加快推动区块链技术和产业创新发展。在应用与落地的过程中,逐步推进区块链与其他新技术的融合,鼓励建立示范试点项目与融合发展平台,同时"新基建"本身也是"区块链+"落地应用的重要领域,要将产业区块链与其他新基建领域深度融合,共同为实体产业的转型升级赋能。

3. 提高技术创新能力,推动核心技术自主可控

(1) 应发挥政府推动作用,鼓励区块链技术创新研究和应用。要坚持各地创新支持政策,安排专项帮扶资金等。加大资金投入,设立专项资金,促进区块链基础理论与核心技术研发。围绕区块链关键技术与应用,通过设立应急科学研究项目、重点项目群或重大研究计划项目等方式支持区块链基础理论和关键技术的突破,促进产学研协同健康发展。

(2) 全面整合技术创新资源。集聚产学研用多方资源,密切关注国际技术前沿,

打造区块链基础研究平台，降低区块链技术应用落地的难度。

(3) 紧密结合产业应用场景，明确主攻方向，攻克一批关键核心技术，推动区块链与经济社会各领域、各行业深度融合，鼓励创建区块链融合应用和产业发展集群，努力构建具有较强创新能力的、自主可控的区块链发展生态体系。

4. 加速集成创新，积极开展在新基建下区块链应用试点示范工作

加速区块链与人工智能、大数据、5G、云计算的深度融合，推动建立一批基于新一代信息技术的融合应用基础设施，打造一批公共服务平台，打造一批综合性解决方案和应用示范。

国家及各地区政府应积极开展以区块链为基础的新型基础设施应用试点示范工作，树立典型行业案例，形成示范效应。目前，我国区块链技术在金融、政府服务、电子存证等领域发展较为快速，针对已有良好基础的领域，由国家及各地方政府牵头，联合相关科研单位，重点组织开展区块链在重点行业和领域的应用，树立典型，加速形成以点带面、点面结合的示范推广效应，推动以区块链平台作为基础设施与实体经济的发展。

我国区块链技术在医疗健康、公益慈善、物流、工业制造等领域的发展渐成气候，应进一步在这些领域找准突破口，开展行业专项应用试点示范，提升区块链技术在其他实体经济领域的应用水平，推动我国数字经济发展。

5. 建立健全行业监管体系

(1) 推动建立更适应区块链产业发展的监管体系。加强区块链基础设施安全监管，针对区块链基础设施面临的安全风险，研究区块链共识机制、密码机制、数据存储、对等网络、智能合约、运维管理等的安全监测、审计、评估、预警和认证技术。

(2) 加快相关政策法规的制定，为区块链产业生态系统发展提供法治化环境。

(3) 推动单向监管和被动监管与区块链产业的自我监管相结合，积极应对新技术变革的潜在风险，建设区块链安全风险预警监控平台。重点监控区块链企业项目的安全动态，实现区块链行业的态势感知、运行、监测、动态预警、风险评估及事后分析。

(4) 鼓励行业机构开展认证服务，为区块链产业监管提供第三方评价，保障区块链产业规范发展。

6.4 IPFS 挑战 Web 和云存储产业

如今的区块链技术尚处于发展早期阶段，就如 20 世纪 90 年代的互联网，区块链技术必将带来一场风暴，成为改变人们日常生活的技术。现有的 Web、HTTP、云存储均基于中心化网络服务器，新一代的 IPFS 技术正在挑战和颠覆这两个传统产业。

6.4.1 IPFS 是什么

IPFS(Inter-planetary file system)是一个点对点(P2P)文件共享系统，是由 Protocol

Labs 创建的开源项目。该系统本质上是一个将云存储转变为算法市场的去中心化存储网络，矿工通过提供存储、分发和检索数据服务获得奖励(以 Filecoin 作为激励层)，而客户则需要付费获得这些服务。目前全球 IPFS 项目逐渐增加，数据存储市场的需求也在逐步加大，成为市场为 IPFS 保驾护航的迫切需求。

简单来说，IPFS 基于点对点的超媒体协议，是一个分布式的、匿名的、安全的 Web 应用，可以让互联网速度更快、更加安全和开放。显然，IPFS 的目标是取代传统的 Web 和云存储产业。

6.4.2 为什么需要 IPFS

既然提到 IPFS 的目标是取代 HTTP，那我们先来了解一下 HTTP 的工作原理，HTTP 是从网络服务器传输超文本到本地浏览器的传送协议。当要访问一个网页时，HTTP 文件会指明要访问哪个服务器里的哪个文件，地址分别是什么。那么这个协议规则下会有什么问题呢？

1. HTTP 的中心化是低效的，并且成本很高

HTTP 是不安全。如图 6-1 所示，HTTP 是一种明文传输协议，无法加密数据，当浏览器用户与网站进行 HTTP 链接时，两者之间传输的数据容易受到第三者的窥视、窃取和篡改等网络攻击，这是导致网络安全问题的重要原因。

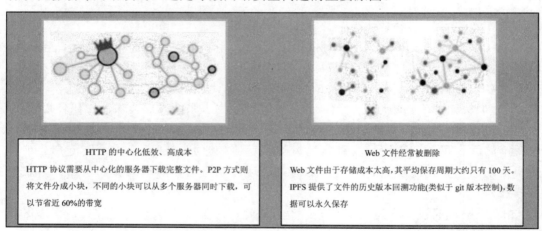

图 6-1 低效、高成本的中心化

2. 中心化限制了 Web 的成长

HTTP 是不稳定的。相信大家都曾在访问网页的时候遇到过 404 页面吧，访问的页面不存在就是因为相关文件已经被删除了，找不到了。HTTP 下存储成本太高，Web 文件是无法永久保存的。如图 6-2 所示，HTTP 是基于中心化的，这就导致互联网应用高度依赖主干网。如果中心机房宕机，就可能会使互联网服务中断。

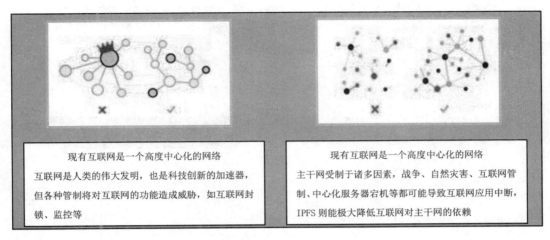

图 6-2　容易受限的中心化

6.4.3　IPFS 工作原理

IPFS 从根本上改变了用户搜索的方式。我们知道，通过 HTTP 浏览器搜索文件的时候，首先找到服务器的位置，然后使用路径名称在服务器上查找文件，但是通过协议 IPFS，用户可以直接搜索内容。这是怎么实现的呢？

显然，IPFS 从根本上改变了用户搜索的方式。

(1) 如图 6-3 所示，IPFS 网络里的文件会被赋予一个哈希值(可以理解为数字形式的指纹)，这个哈希值类似于我们的身份证号，是独一无二的，是从文件内容中被计算出来的。

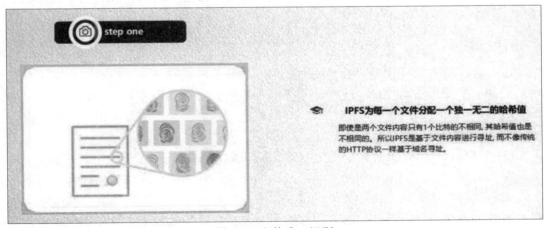

图 6-3　文件唯一识别

(2) IPFS 在网络范围内去掉重复文件建立管理版本，如图 6-4 所示。当用户向 IPFS 分布式网络询问哈希值的时候，它通过使用一个分布式哈希表，可以快速地找到拥有数据的节点，从而检索到该数据。简单来讲，就是以前通过跳转多层网站才能找到一个文件，但是在 IPFS 上存储的文件，只需要查询它的哈希值或容易记忆的标识(见图 6-5)，便能快速检索到想访问的文件。

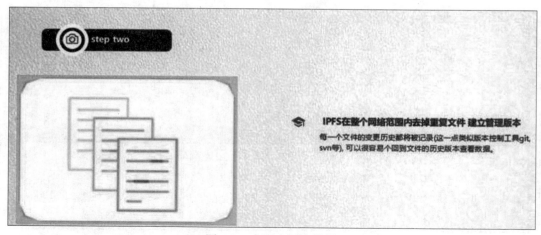

图 6-4　去冗余版本管理

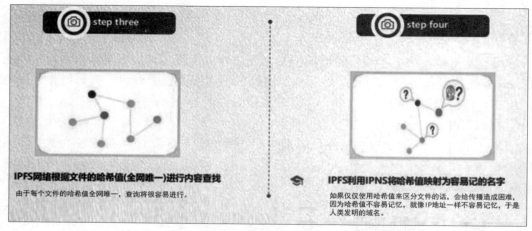

图 6-5　基于哈希值或映射标识名检索

这种设计是否足够安全呢？理论上来讲，IPFS 分布式存储会比中心化存储更加安全。因为如果是采用传统的 HTTP，黑客通过转译就可以轻而易举地找到网址所对应的服务器的 IP 地址，接下来黑客通过 IP 地址就可以对服务器进行攻击，目前所有中心化存储都遇到过这样的风险。

(3) IPFS 分布式存储会比中心化存储更加安全。但是如果是采用了 IPFS 协议，由于所有的访问将会被分散到不同的节点，黑客完全不知道这个文件存储在哪个服务器上，根本没有办法进行攻击，如果攻击某个服务器，基本上就要攻陷某个网络。

另外，用户还可以通过私钥对存储的文件进行进一步的加密，这样即使别人拥有此文件的哈希值，还需要私钥才能查看数据。这样的存储结构下，用户访问的速度是否可以得到保证？

对于一些大的文件，IPFS 会自动将其切割为一些小块，使 IPFS 节点不仅可以像 HTTP 一样从一台服务器上下载文件，而且可以从数百台服务器上进行同步下载。所以，只要所存储的节点通电且网络正常，那么访问速度就非常快。

6.4.4 IPFS 的应用价值有哪些

讲原理可能有点枯燥，下面来看看 IPFS 对区块链的应用价值，如图 6-6 所示。

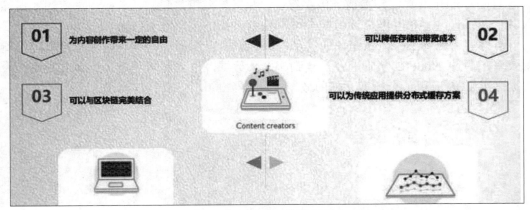

图 6-6　IPFS 的四大应用价值

1. 为内容创作带来一定的自由

Akasha 是一个典型的应用，它是一个基于以太坊和 IPFS 的社交博客创作平台，用户创作的博客内容通过一个 IPFS 网络进行发布，而非中心服务器。

同时，用户和以太坊钱包账户进行绑定，用户可以对优质内容进行比特币打赏，内容创作者能以此赚取比特币，如同人挖矿一样。它没有太多监管的限制，也没有中间商抽成，内容收益直接归创作者所有。

2. 可以降低存储和带宽成本

例如做视频比较成功的项目「Dtube」。它是一个搭建在 Steemit 上的去中心化视频播放平台，其用户上传的视频文件都经过 IPFS 协议进行存储，具有唯一标识。相较于传统视频网站，它降低了资源冗余程度，同时大大节约了海量用户在播放视频时所产生的带宽成本。

3. 可以与区块链完美结合

区块链的本质是分布式账本，本身的瓶颈之一就是账本的存储能力。目前大部分公链的最大问题是没法存储大量的超媒体数据在自己的链上。比特币至今全部的区块数据也才 30~40GB，以太坊这样可编程的区块链项目也只能执行和存储小段合约代码，DApp 想发展成超级 App，受到了极大的限制。

运用 IPFS 技术解决存储瓶颈是目前的过渡方案，最典型的应用就是 EOS。EOS 引以为傲的是可以支持百万级别 TPS 的并发量，其中除了 DPoS 共识机制的功劳之外，还要归功于其底层存储设计是采取 IPFS 来解决大型数据的传输效率。

EOS 将自己打包好的区块数据通过 IPLD 进行异构处理，统一成一种便于内容寻址的数据结构类型，并挂载到 IPFS 的 link 上，让 IPFS 网络承担存储和 P2P 检索的逻辑，而不消耗 EOS 区块链系统本身太多的计算资源。

4. 可以为传统应用提供分布式缓存方案

IPFS-GEO 是一个为传统 LBS 应用提供分布式缓存的项目，可以将地理位置坐标数据通过 GeoHash 算法转换成一维字符串，并将与之相关联的具有检索价值的数据存入 IPFS 网络，由 IPFS 网络标识唯一性，并分布在各个邻近节点上。

当检索请求到来时，系统先通过字符串近似度范围比较，缩小检索范围，加快检索效率，通过 NodeID 从附近节点拿到超媒体数据，达到类似分布式缓存的效果，大大提高了 LBS 应用整个检索动作的效率。

附　　录

附录 A　区块链专业术语表

A.1　通用术语

- blockchain(区块链)：基于密码学的可实现信任化的信息存储和处理的结构与技术。
- Byzantine failure(拜占庭错误)：指系统中存在除了消息延迟或不可送达的故障以外的错误，包括消息被篡改、节点不按照协议进行处理等，潜在地会对系统造成针对性的破坏。
- CDN(content delivery network，内容分发网络)：利用在多个地理位置预先配置的缓存服务器，自动从距离近的缓存服务器进行对请求的响应，以实现资源的快速分发。
- consensus(共识)：分布式系统中多个参与方对某个信息达成一致，多数情况下为对发生事件的顺序达成一致。
- decentralization(去中心化)：无须一个独立的第三方中心机构存在，有时候也叫多中心化。
- distributed(分布式)：非单体中央节点的实现，通常由多个个体通过某种组织形式联合在一起，对外呈现统一的服务形式。
- distributed ledger(分布式账本)：由多家机构联合维护的去中心化(或多中心化)的账本记录平台。
- DLT(distributed ledger technology，分布式账本技术)：包括区块链、权限管理等在内的实现分布式账本的技术。
- DTCC(depository trust and clearing corporation，存托和结算公司)：全球最大的金融交易后台服务机构。
- FinTech(financial technology)：与金融相关的(信息)技术。
- Gossip：一种 P2P 网络中多个节点之间进行数据同步的协议，如随机选择邻居进行转发。
- LDAP(lightweight directory access protocol，轻量级目录访问协议)：一种为查询、搜索业务而设计的分布式数据库协议，一般具有优秀的读性能，但写性能往往较差。
- market depth(市场深度)：衡量市场承受大额交易后汇率的稳定能力，例如证券交易市场出现大额交易后价格不出现大幅波动。
- MTBF(mean time between failures，平均故障间隔时间)：系统可以无故障运行的预期时间。
- MTTR(mean time to repair，平均修复时间)：发生故障后，系统恢复到正常运行的预期时间。
- MVCC(multi-version concurrency control，多版本并发控制)：数据库领域的技术，通过引入版本来实现并发更新请求的乐观处理。当更新处理时，数据版本与请求中的注明版本不一致时则拒绝更新。更新成功则将数据的版本加 1。
- non-validating peer(非验证节点)：不参与账本维护，仅作为交易代理响应客户端的请求，并对交易进行一些基本的有效性检查，之后转发给验证节点。
- P2P：点到点的通信网络，网络中所有节点地位均等，不存在中心化的控制机制。
- SLA/SLI/SLO(service level agreement/indicator/objective)：分别描述服务可用性对用户的承诺、功能指标和目标值。
- SWIFT(society for worldwide interbank financial telecommunication，环球银行金融电信协会)：运营着世界级的金融电文网络，银行和其他金融机构通过它与同业交换电文，从而完成金融交易。
- turing-complete(图灵完备)：指一个机器或装置能用来模拟图灵机(现代通用计算机的雏形)的功能，图灵完备的机器在可计算性上等价。
- validating peer(验证节点)：维护账本的核心节点，参与一致性维护、对交易的验证和执行，更进一步可以划分为 endorser、committer 等多种角色。

A.2 密码学与安全相关

- ASN.1(abstract syntax notation one)：描述数据的表示、编码、传输、解码的一套标准，被广泛应用于计算机、通信和安全领域。
- CA(certificate authority)：负责证书的创建、颁发，是 PKI 体系中最核心的角色。
- CRL(certification revocation list，证书吊销列表)：包含所撤销的证书列表。
- CSR(certificate signing request，证书签名申请)：包括通用名、名称、主机、生成私钥算法和大小、CA 配置和序列号等信息，用来发给 CA 服务以颁发签名的证书。
- DER(distinguished encoding rules)：ASN.1 中定义的一种二进制编码格式，可以用来保存证书或密钥内容。
- genesis block(创世区块)：区块链的第一个区块，一般用于初始化，不带有交易信息。
- hash：哈希算法，任意长度的二进制值映射为较短的固定长度的二进制值的算法。
- IES(integrated encryption scheme，集成加密机制)：一种混合加密机制，可以应对选择明文攻击(可以获知任意明文和对应密文)情况下的攻击，包括 DLIES(基于离散对数)和 ECIES(基于椭圆曲线)两种实现。

- nonce：密码学术语，表示一个临时的值，多为随机字符串。
- OCSP(online certificate status protocol，在线证书状态协议)：通过查询服务来在线确认证书的状态(如是否撤销)，RFC 2560 中定义。
- PKCS(public-key cryptography standards，公钥密码标准)：由 RSA 实验室提出，定义了利用 RSA 算法和相关密码学技术来实现安全的系列规范，目前包括 15 个不同领域的规范。最早的版本在 1991 年提出，目前最新版本为 2012 年提出的 2.2 版本。
- PEM(privacy enhanced mail)：用来保存证书和密钥的一种编码格式，RFC 1421-1424 中定义。
- PKI(public key infrastructure)：基于公钥体系的安全基础架构。
- SM(国家商用密码算法)：2010 年以来陆续由国家密码管理局发布的相关标准和规范，主要包括 SM2(基于椭圆曲线密码的公钥密码算法标准)、SM3(Hash 算法标准)、SM4(基于分组加密的对称密码算法标准)、SM9(基于身份的数字证书体系)。

A.3 比特币、以太坊相关术语

- Bitcoin(比特币)：最早由中本聪提出和实现的基于区块链思想的数字货币技术。
- DAO(decentralized autonomous organization，分布式自治组织)：基于区块链的、按照智能合约联系起来的松散自治群体。
- lightning network(闪电网络)：通过链外的微支付通道来增大交易吞吐量的技术。
- mining(挖矿)：通过暴力尝试找到一个字符串，使得它加上一组交易信息后的哈希值符合特定规则(例如前缀包括若干个 0)，找到的人可以宣称新区块被发现，并获得系统奖励的数字货币。
- miner(矿工)：参与挖矿的人或组织。
- mining machine(矿机)：专门为数字货币挖矿而设计的设备，包括基于软件、GPU、FPGA、专用芯片等多种实现方式。
- mining pool(矿池)：采用团队协作方式来集中算力进行挖矿，对产出的数字货币进行分配。
- PoS(proof of stake，权益证明)：拥有代币或股权越多的用户，挖到矿的概率越大。
- PoW(proof of work，工作量证明)：在一定难题的前提下求解一个 SHA256 的哈希问题。
- smart contract(智能合约)：运行在区块链上的提前约定的合同。
- Sybil attack(女巫攻击)：少数节点通过伪造或盗用身份伪装成大量节点，进而对分布式系统进行破坏。

A.4 超级账本相关术语

- anchor(锚定)：一般指作为刚启动时候的初始联络元素或与其他结构沟通的元素。例如刚加入一个通道的节点，需要通过某个锚点节点来快速获取通道内的情况(如其他节点的存在信息)。
- auditability(审计性)：在一定权限和许可下，可以对链上的交易进行审计和检查。
- block(区块)：代表一批得到确认的交易信息的整体，准备被共识加入区块链中。
- chaincode(链代码)：区块链上的应用代码，扩展自智能合约概念，支持 Golang、Nodejs 等语言，多为图灵完备。
- channel(通道)：Fabric 网络上的私有隔离机制。通道中的链码和交易只有加入该通道的节点可见。同一个节点可以加入多个通道，并为每个通道内容维护一个账本。
- committer(提交节点)：一种 peer 节点角色，负责对 orderer 排序后的交易进行检查，选择合法的交易执行并存储。
- commitment(提交)：提交节点，完成对排序后交易的验证，将交易内容写到区块，并更新世界状态的过程。
- confidentiality(保密)：只有交易相关方可以看到交易内容，其他人未经授权则无法看到。
- endorser(推荐节点或背书节点)：一种 peer 节点角色，负责检验某个交易是否合法，是否愿意为之背书、签名。
- endorsement(背书过程)：按照链代码部署时候的背书策略，相关 peer 对交易提案进行模拟和检查，决策是否为之背书。如果交易提案获得了足够多的背书，则可以构造正式交易进行进一步的共识。
- invoke(调用)：一种交易类型，对链代码中的某个方法进行调用，一般需要包括调用方法和调用参数。
- ledger(账本)：包括区块链结构(带有所有的交易信息)和当前的世界状态。
- member(成员)：代表某个具体的实体身份，在网络中拥有自己的根证书。节点和应用都必须属于某个成员身份。同一个成员可以在同一个通道中拥有多个 peer 节点，其中一个为 leader 节点，代表成员与排序节点进行交互，并分发排序后的区块给属于同一成员的其他节点。
- MSP(member service provider，成员服务提供者)：抽象地实现成员服务(身份验证、证书管理等)的组件，实现对不同类型的成员服务的可拔插支持。
- orderer(排序节点)：共识服务角色，负责排序看到的交易，提供全局确认的顺序。
- permissioned ledger(带权限的账本)：网络中所有节点必须是经过许可的，非经许可的节点无法加入网络。
- privacy(隐私保护)：交易员可以隐藏交易的身份，其他成员在无特殊权限的情况下，只能对交易进行验证，而无法获知身份信息。
- system chain(系统链)：由对网络中配置进行变更的配置区块组成，一般可以用来作为组成网络成员的联盟约定。
- transaction(交易)：执行账本上的某个函数调用或者部署、更新链代码。调用的具体函数在链代码中实现。
- transactor(交易者)：发起交易调用的客户端。

- world state(世界状态)：最新的全局账本状态。Fabric 用它来存储历史交易发生后产生的最新状态，可以用键值或文档数据库实现。

附录 B　bitcoin 命令行列表与 RPC API 列表

bitcoin 命令行列表如表 B-1 所示，比特币核心版本 bitcoin v0.12.1 使用 bitcoin-qt 或者 bitcoind[命令行选项]。

表 B-1　命令行列表

选项	解释说明
-?	帮助信息，它会提示常用的命令行参数并退出
-version	打印版本然后退出
-alerts	收到并且显示 P2P 网络的告警(默认：0)
-alertnotify=\<cmd\>	当收到相关提醒或者看到一个长分叉时执行命令(%s 将替换为消息)
-blocknotify=\<cmd\>	当最佳数据块变化时执行命令(命令行中的%s 会被替换成数据块哈希值)
-checkblocks=\<n\>	启动时检测多少个数据块(默认：288，0=所有)
-checklevel=\<n\>	数据块验证严密级别(0~4，默认：3)
-conf=\<file\>	指定配置文件(默认：bitcoin.conf)
-datadir=\<dir\>	指定数据目录
-dbcache=\<n\>	设置以 MB 为单位的数据库缓存大小(4~16384，默认：100)
-loadblock=\<file\>	启动时从 blk000??.dat 文件导入数据块
-maxorphantx=\<n\>	内存中最多保留\<n\>笔孤立的交易(默认：100)
-maxmempool=\<n\>	保持交易内存池大小低于\<n\>MB(默认：300)
-mempoolexpiry=\<n\>	内存池中保留交易不长于\<n\>小时(默认：72)
-par=\<n\>	设置脚本验证的程序(-2~16，0 = 自动，\<0 = 保留自由的核心，默认值：0)
-pid=\<file\>	指定 pid 文件(默认：bitcoind.pid)
-prune=\<n\>	通过修剪(删除)旧数据块减少存储需求。此模式将禁用钱包支持，并与-txindex 和-rescan 不兼容(默认：0 = 禁用修剪数据块，\>550 = 数据块文件目标大小，单位 MiB)。警告：还原此设置需要重新下载整个数据链
-reindex	启动时重新为当前的 blk000??.dat 文件建立索引
-sysperms	创建系统默认权限的文件，而不是 umask 077(只在关闭钱包功能时有效)
-txindex	维护一份完整的交易索引，用于 getrawtransaction RPC 调用(默认：0)

(续表)

选项	解释说明
连接选项：	
-addnode=<ip>	添加节点并与其保持连接
-banscore=<n>	与行为异常节点断开连接的临界值(默认：100)
-bantime=<n>	重新允许行为异常节点连接所间隔的秒数(默认：86400)
-bind=<addr>	绑定指定的 IP 地址开始监听。IPv6 地址使用[host]:port 格式
-connect=<ip>	仅连接到指定节点
-discover	发现自己的 IP 地址(默认：监听并且无-externalip 或-proxy 时为 1)
-dns	使用-addnode、-seednode 和-connect 选项时允许查询 DNS(默认：1)
-dnsseed	使用 DNS 查找节点(默认：1)
-externalip=<ip>	指定公共地址
-forcednsseed	始终通过 DNS 查询节点地址(默认：0)
-listen	接受来自外部的连接(默认：如果不带-proxy or -connect 参数设置为 1)
-listenonion	自动创建 Tor 洋葱隐藏服务(默认：1)
-maxconnections=<n>	保留最多<n>条节点连接(默认：125)
-maxreceivebuffer=<n>	每个连接的最大接收缓存，<n>*1000 字节(默认：5000)
-maxsendbuffer=<n>	每个连接的最大发送缓存，<n>*1000 字节(默认：1000)
-onion=<ip:port>	通过 Tor 隐藏服务连接节点时使用不同的 SOCKS5 代理(默认：-proxy)
-onlynet=<net>	只连接<net>网络中的节点(IPv4、IPv6 或 onion)
-permitbaremultisig	是否转发非 P2SH 格式的多签名交易(默认：1)
-peerbloomfilters	支持利用布隆过滤器过滤区块和交易(默认：1)
-port=<port>	使用端口<port>监听连接(默认：8333；testnet：18333)
-proxy=<ip:port>	通过 SOCKS5 代理连接
-proxyrandomize	为每个代理连接随机化凭据，这将启用 Tor 流隔离(默认：1)
-seednode=<ip>	连接一个节点并获取对端地址，然后断开连接
-timeout=<n>	指定连接超时毫秒数(最小：1，默认：5000)
-torcontrol=<ip>:<port>	洋葱控制端口(默认：127.0.0.1:9051)
-torpassword=<pass>	洋葱控制端口密码(默认：空)
-upnp	使用 UPnp 映射监听端口(默认：0)
-whitebind=<addr>	绑定到指定地址和连接的白名单节点，IPv6 使用[主机]:端口格式
-whitelist=<netmask>	节点白名单，网络掩码或 IP 地址，可多次指定。白名单节点不能被 DoS 禁止，且转发所有来自它们的交易(即便这些交易已经存在于 mempool 中)，常用于网关
-whitelistrelay	非转发交易模式下也接受转发从白名单节点收到的交易(默认：1)
-whitelistforcerelay	强制转发从白名单节点收到的交易，即使违反本地转发策略(默认：1)
-maxuploadtarget=<n>	尝试保持上传带宽低于(MiB/24h)，0=无限制(默认：0)
钱包选项：	
-disablewallet	不要加载钱包和禁用钱包的 RPC 调用
-keypool=<n>	设置私钥池大小为<n>(默认：100)

(续表)

选项	解释说明
-fallbackfee=<amt>	当交易估算没有足够数据时，该交易费(BTC/KB)被使用(默认：0.0002)
-mintxfee=<amt>	交易创建时，小于该交易费(BTC/KB)被认为零交易费(默认：0.00001)
-paytxfee=<amt>	发送交易每千字节的手续费(BTC/KB) (默认：0.00)
-rescan	重新扫描区块链以查找钱包丢失的交易
-salvagewallet	启动时尝试从破坏的钱包文件 wallet.dat 恢复私钥
-sendfreetransactions	发送时尽可能不支付交易费用(默认：0)
-spendzeroconfchange	付款时允许使用未确认的零钱(默认：1)
-txconfirmtarget=<n>	如果未设置交易费用，自动添加足够的交易费以确保交易在平均 n 个数据块内被确认(默认：2)
-maxtxfee=<amt>	最大单次转账费用(BTC)，设置太低可能导致大宗交易失败(默认：0.10)
-upgradewallet	程序启动时升级钱包到最新格式
-wallet=<file>	指定钱包文件(数据目录内)(默认：wallet.dat)
-walletbroadcast	钱包广播事务处理(默认：1)
-walletnotify=<cmd>	当最佳区块变化时执行命令(命令行中的%s 会被替换成区块哈希值)
-zapwallettxes=<mode>	删除钱包的所有交易记录，且只有用-rescan 参数启动客户端才能重新取回交易记录(1 = 保留交易元数据，如账户所有者和支付请求信息；2 = 不保留交易元数据)
ZeroMQ 通知选项：	
-zmqpubhashblock=<address>	允许在<address>广播哈希区块
-zmqpubhashtx=<address>	允许在<address>广播哈希交易
-zmqpubrawblock=<address>	允许在<address>广播原始区块
-zmqpubrawtx=<address>	允许在<address>广播原始交易
调试/测试选项：	
-uacomment=<cmt>	附加注释到 User Agent 字符串
-debug=<category>	输出调试信息(默认：0，提供<category>是可选项)。如果<category>未提供或<category>=1，输出所有调试信息。<category>可能是 addrman、alert、bench、coindb、db、lock、rand、rpc、selectcoins、mempool、mempoolrej、net、proxy、prune、http、libevent、tor、zmq、qt
-gen	生成比特币(默认：0)
-genproclimit=<n>	设置比特币生成线程数(-1=所有核，默认：1)
-help-debug	显示所有调试选项
-logips	在调试输出中包含 IP 地址(默认：0)
-logtimestamps	输出调试信息时，前面加上时间戳(默认：1)
-minrelaytxfee=<amt>	当转发、挖矿和交易创建时，小于该设置的交易费(BTC/KB)被认为是 0(默认：0.00001)
-printtoconsole	跟踪/调试信息输出到控制台，不输出到 debug.log 文件

(续表)

选项	解释说明
-shrinkdebugfile	客户端启动时压缩 debug.log 文件(默认：no-debug 模式时为 1)
区块链网络选项：	
-testnet	在测试网络中运行，而不是在真正的比特币网络中运行
节点中继选项：	
-bytespersigop	在中继和挖矿时，交易中每个 sigop 的最小字节数(默认：20)
-datacarrier	是否接受中继和挖矿的带外交易(默认：1)
-datacarriersize	中继和挖矿的带外交易数据最大值(默认：83，单位为字节)
-mempoolreplacement	启用内存池交易替换(默认：1)
数据块创建选项：	
-blockminsize=\<n\>	设置最小区块大小(默认：0，单位字节)
-blockmaxsize=\<n\>	设置最大区块大小(默认：750000，单位字节)
-blockprioritysize=\<n\>	设置高优先级/低交易费交易的最大字节(默认：0)
RPC 服务器选项：	
-server	接受命令行和 JSON-RPC 命令
-rest	接受公共 REST 请求(默认：0)
-rpcbind=\<addr\>	绑定到指定地址监听 JSON-RPC 连接。IPv6 使用[主机]:端口格式。该选项可多次指定(默认：绑定到所有接口)
-rpccookiefile=\<loc\>	验证 cookie 的位置(默认：数据目录)
-rpcuser=\<user\>	JSON-RPC 连接使用的用户名
-rpcpassword=\<pw\>	JSON-RPC 连接使用的密码
-rpcauth=\<userpw\>	JSON-RPC 连接时用的用户名和哈希密码。\<userpw\>格式：\<USERNAME\>:\<SALT\>$\<HASH\>。目录 share/rpcuser 下有一个权威的 python 脚本可以使用。这个选项可以配置多次
-rpcport=\<port\>	使用\<port\>端口监听 JSON-RPC 连接(默认：8332；testnet：18332)
-rpcallowip=\<ip\>	允许来自指定地址的 JSON-RPC 连接。\<ip\>为单一 IP(如 1.2.3.4)、网络/掩码(如 1.2.3.4/255.255.255.0)、网络/CIDR(如 1.2.3.4/24)。该选项可多次指定
-rpcthreads=\<n\>	设置 RPC 服务线程数(默认：4)
界面选项：	
-choosedatadir	在启动时选择目录(默认：0)
-lang=\<lang\>	设置语言，例如 zh-CN(默认：系统语言)
-min	启动时最小化
-rootcertificates=\<file\>	设置付款请求的 SSL 根证书(默认：-系统-)
-splash	显示启动画面(默认：1)
-resetguisettings	重置所有图形界面所做的更改

RPC API 列表如表 B-2 所示。

表 B-2 RPC API 列表

RPC 命令	解释说明
区块链模块：	
getbestblockhash	获取主链中高度最大的区块的散列
getblock "hash" (verbose)	根据指定的索引，返回对应的区块信息
getblockchaininfo	获取区块链信息
getblockcount	获取主链中区块的数量
getblockhash index	根据指定的索引，返回对应区块的散列值
getblockheader "hash" (verbose)	根据指定的索引，返回对应区块的头部信息
getchaintips	获取包括分叉链在内的所有区块链的最大区块信息
getdifficulty	获取挖矿难度
getmempoolancestors txid (verbose)	获取内存池对应散列的信息，正序排列
getmempooldescendants txid (verbose)	获取内存池对应散列的信息，逆序排列
getmempoolentry txid	返回指定交易的内存数据
getmempoolinfo	返回内存池信息
getrawmempool (verbose)	获取内存中未确认的交易列表
gettxout "txid" n (includemempool)	根据指定的散列和索引，返回对应的零钱信息
gettxoutproof ["txid",...] (blockhash)	返回某个 txid 在某个块的证据
gettxoutsetinfo	获取已确认的未支付交易的统计信息
verifychain (checklevel numblocks)	验证区块链数据库
verifytxoutproof "proof"	验证 gettxoutproof 返回的证据
控制模块：	
getinfo	获取统计信息
help ("command")	帮助
stop	退出程序
创建模块：	
generate numblocks (maxtries)	立即生成 x 个块(仅用于回归测试模式)
generatetoaddress numblocks address (maxtries)	立即生成 x 个块并发向地址 Y(仅用于回归测试模式)
挖矿模块：	
getblocktemplate("jsonrequestobject")	获取挖矿模版
getmininginfo	获取挖矿信息
getnetworkhashps(blocks height)	获取估算的挖矿哈希算力
prioritisetransaction <txid><priority delta><fee delta>	提高挖矿时的交易被打包的优先级
submitblock "hexdata" ("jsonparametersobject")	提交广播新块到网络
网络模块：	
addnode "node""add|remove|onetry"	尝试从 addnode 列表加入或删除节点，或者尝试连接节点
clearbanned	清理被禁的 IPs
disconnectnode "node"	立刻从指定节点断开

(续表)

RPC 命令	解释说明
getaddednodeinfo dummy ("node")	获取节点信息
getconnectioncount	获取节点当前的连接数
getnettotals	获取网络流量统计信息
getnetworkinfo	获取网络信息
getpeerinfo	获取连接上的节点信息
listbanned	列出所有被禁用的 IPs
ping	发送 ping 命令
setban "ip(/netmask)""add|remove" (bantime) (absolute)	尝试从禁用列表加入或删除节点
交易模块：	
createrawtransaction [{"txid":"id","vout":n},...] {"address":amount,"data":"hex",...} (locktime)	创建交易
decoderawtransaction "hexstring"	解码交易
decodescript "hex"	解码脚本
fundrawtransaction "hexstring" (options)	向 createrawtransaction 创建的交易里添加 input，直到满足 amount
getrawtransaction "txid" (verbose)	根据指定的散列值，返回对应的交易信息
sendrawtransaction "hexstring" (allowhighfees)	广播交易
signrawtransaction "hexstring" ([{"txid":"id","vout":n,"scriptPubKey":"hex","redeemScript":"hex"},...] ["privatekey1",...] sighashtype)	签名交易
工具模块：	
createmultisig nrequired ["key",...]	创建多签地址
createwitnessaddress "script"	创建隔离认证地址
estimatefee nblocks	评估达到 n 个 block 确认的交易费
estimatepriority nblocks	评估优先级
signmessagewithprivkey "privkey""message"	用私钥签名消息
validateaddress "bitcoinaddress"	获取比特币地址信息
verifymessage "bitcoinaddress""signature""message"	用比特币地址(公钥)验证消息
钱包模块：	
abandontransaction "txid"	启用交易，使得其输入再次可用
addmultisigaddress nrequired ["key",...] ("account")	添加多签地址
addwitnessaddress "address"	添加隔离认证地址

(续表)

RPC 命令	解释说明
backupwallet "destination"	备份 wallet.dat 钱包文件，恢复的时候可以通过 importwallet 进行恢复
dumpprivkey "bitcoinaddress"	打印地址私钥
dumpwallet "filename"	dump 钱包成可读文件的形式
encryptwallet "passphrase"	加密钱包
getbalance ("account" minconf includeWatchonly)	获取余额
getnewaddress ("account")	生成一个新地址
getrawchangeaddress	生成一个找零地址
getreceivedbyaddress "bitcoinaddress" (minconf)	获取某个地址上接收的金额
gettransaction "txid" (includeWatchonly)	获取钱包里某笔交易的详细信息
getunconfirmedbalance	获取未确认的余额
getwalletinfo	获取钱包信息
importaddress "address" ("label" rescan p2sh)	导入地址
importprivkey "bitcoinprivkey" ("label" rescan)	导入私钥
importprunedfunds	导入资金
importpubkey "pubkey" ("label" rescan)	导入公钥
importwallet "filename"	恢复 backupwallet 命令备份的钱包
keypoolrefill (newsize)	预先生成地址
listaccounts (minconf includeWatchonly)	列出账号列表
listaddressgroupings	列出地址组
listlockunspent	列出临时未支付的输出
listreceivedbyaddress (minconf includeempty includeWatchonly)	列出地址列表余额
listsinceblock ("blockhash" target-confirmations includeWatchonly)	列出自某个区块以来的交易
listtransactions ("account" count from includeWatchonly)	列出一段区间的交易
listunspent (minconf maxconf ["address",...])	列出未使用的交易
lockunspent unlock ([{"txid":"txid","vout":n},...])	锁定或解锁交易
removeprunedfunds "txid"	从钱包删除指定交易
sendmany "fromaccount" {"address":amount,...} (minconf "comment" ["address",...])	向多个地址同时发币

(续表)

RPC 命令	解释说明
sendtoaddress "bitcoinaddress" amount ("comment""comment-to" subtractfeefromamount)	向 1 个地址同时发币
settxfee amount	设置交易费，覆盖 paytxfee 参数
signmessage "bitcoinaddress""message"	用指定地址的私钥签名消息

附录 C　Fabric 联盟链

C.1　联盟区块链的搭建测试

联盟区块链的搭建测试如图 C-1 和图 C-2 所示。

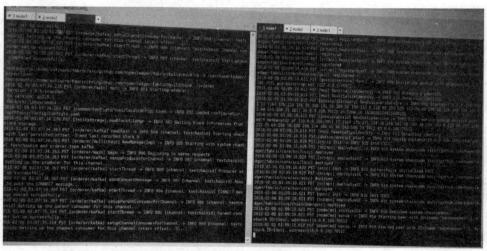

图 C-1　6 节点联盟区块链网络搭建部署成功(3 个 peer，3 个 order)

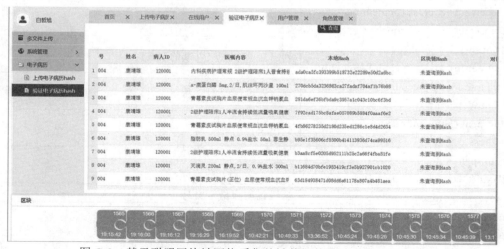

图 C-2　基于联盟区块链网络采集关键数据的哈希实现双向比对

C.2 Fabric 的 4 个重要配置文件

1. crypto-config.yaml

```
OrdererOrgs:  #order 组织
  - Name: Orderer
    Domain: case.com
    Specs:
      - Hostname: order0
PeerOrgs:
```
#peer 组织，2 家医院：南山医院和蛇口医院；1 个卫生机构：南山卫生局；1 个保障机构：南山社保局
```
  - Name: hosptial
    Domain: hosptial..com
    EnableNodeOUs: true
    Template:
      Count: 2
    Users:
      Count: 2
  - Name: health
    Domain: health.case.com
    EnableNodeOUs: true
    Template:
      Count: 1
    Users:
      Count: 1
  - Name: security
    Domain: security.case.com
    EnableNodeOUs: true
    Template:
      Count: 1
    Users:
      Count: 1
```

2. configtx.yaml

```
Profiles:
    nsyyOrdererGenesis:
        Capabilities:
            <<: *ChannelCapabilities
```

```
        Orderer:
            <<: *OrdererDefaults
            Organizations:
                - *OrdererOrg
            Capabilities:
                <<: *OrdererCapabilities
        Consortiums:
            nsyycase:
                Organizations:
                    - *hosptial
                    - *health
                    - *security
    nsyyChannel: #通道名称
        Consortium: nsyycase
        Application:
            <<: *ApplicationDefaults
            Organizations: #通道里有三种机构
                - *hosptial
                - *health
                - *security
            Capabilities:
                <<: *ApplicationCapabilities

Organizations:    #三种机构的配置信息
    - &OrdererOrg
        Name: OrdererOrg
        ID: OrdererMSP
        MSPDir: crypto-config/ordererOrganizations/case.com/msp    #CA证书存放的相对路径
    - &hosptial
        Name: hosptialMSP
        # ID to load the MSP definition as
        ID: hosptialMSP
        MSPDir: crypto-config/peerOrganizations/hosptial.case.com/msp
        AnchorPeers:
            - Host: peer0.hosptial.case.com
              Port: 7051
    - &security
```

```yaml
        Name: securityMSP
        ID: securityMSP
        MSPDir: crypto-config/peerOrganizations/security.case.com/msp
        AnchorPeers:
            - Host: peer0.security.case.com
              Port: 7051
    - &health
        Name: healthMSP
        ID: healthMSP
        MSPDir: crypto-config/peerOrganizations/health.case.com/msp
        AnchorPeers:
            - Host: peer0.health.case.com
              Port: 7051
Orderer: &OrdererDefaults
    # Available types are "solo" and "kafka"
    OrdererType: kafka    #kafka排序相关参数
    Addresses:
        - order0.case.com:7050
    BatchTimeout: 2s
    BatchSize:
        MaxMessageCount: 10         #调用一次智能合约产生一个交易，这个参数是一个
区块中包含交易的数量
        AbsoluteMaxBytes: 99 MB
        PreferredMaxBytes: 512 KB
    Kafka:
        # Brokers: A list of Kafka brokers to which the orderer connects
        # NOTE: Use IP:port notation
        Brokers:
            - 10.0.0.92:9092
            - 10.0.0.93:9092
            - 10.0.0.94:9092
            - 10.0.0.95:9092
    # Organizations is the list of orgs which are defined as participants on
    # the orderer side of the network
    Organizations:
Application: &ApplicationDefaults
    Organizations:
Capabilities:
```

```yaml
        Global: &ChannelCapabilities
            V1_1: true
        Orderer: &OrdererCapabilities
            V1_1: true
        Application: &ApplicationCapabilities
            V1_1: true
```

3. order.yaml

```yaml
# Copyright IBM Corp. All Rights Reserved.
#
# SPDX-License-Identifier: Apache-2.0
#


---
################################################################################
############
#
#   Orderer Configuration
#
#   - This controls the type and configuration of the orderer.
#
################################################################################
############
General:

    # Ledger Type: The ledger type to provide to the orderer.
    # Two non-production ledger types are provided for test purposes only:
    #   - ram: An in-memory ledger whose contents are lost on restart.
    #   - json: A simple file ledger that writes blocks to disk in JSON format.
    # Only one production ledger type is provided:
    #   - file: A production file-based ledger.
    LedgerType: file

    # Listen address: The IP on which to bind to listen.
    #ListenAddress: 127.0.0.1
    ListenAddress: 10.0.0.92

    # Listen port: The port on which to bind to listen.
    ListenPort: 7050
```

```
# TLS: TLS settings for the GRPC server.
TLS:
    Enabled: false
    PrivateKey: tls/server.key
    Certificate: tls/server.crt
    RootCAs:
      - tls/ca.crt
    ClientAuthRequired: false
    ClientRootCAs:

# Keepalive settings for the GRPC server.
Keepalive:
    # ServerMinInterval is the minimum permitted time between client pings.
    # If clients send pings more frequently, the server will
    # disconnect them.
    ServerMinInterval: 60s
    # ServerInterval is the time between pings to clients.
    ServerInterval: 7200s
    # ServerTimeout is the duration the server waits for a response from
    # a client before closing the connection.
    ServerTimeout: 20s

# Log Level: The level at which to log. This accepts logging specifications
    # per: fabric/docs/Setup/logging-control.md
    LogLevel: info

# Log Format: The format string to use when logging. Especially useful to disable color logging
    LogFormat:    '%{color}%{time:2006-01-02 15:04:05.000 MST} [%{module}] %{shortfunc} -> %{level:.4s} %{id:03x}%{color:reset} %{message}'

# Genesis method: The method by which the genesis block for the orderer
    # system channel is specified. Available options are "provisional", "file":
    #   - provisional: Utilizes a genesis profile, specified by GenesisProfile,
```

```
        #                   to dynamically generate a new genesis block.
        # - file: Uses the file provided by GenesisFile as the genesis block.
        GenesisMethod: file

        # Genesis profile: The profile to use to dynamically generate the genesis
        # block to use when initializing the orderer system channel and
        # GenesisMethod is set to "provisional". See the configtx.yaml file
for the
        # descriptions of the available profiles. Ignored if GenesisMethod
is set to
        # "file".
        #GenesisProfile: SampleInsecureSolo
        GenesisProfile: nsyyOrdererGenesis
        #General.GenesisProfile = "nsyyOrdererGenesis"
        #General.SystemChannel = "testchainid"
        #SystemChannel: mychannel
        # Genesis file: The file containing the genesis block to use when
        # initializing the orderer system channel and GenesisMethod is set to
        # "file". Ignored if GenesisMethod is set to "provisional".
        GenesisFile: genesis.block

        # LocalMSPDir is where to find the private crypto material needed by the
        # orderer. It is set relative here as a default for dev environments but
        # should be changed to the real location in production.
        #LocalMSPDir: crypto-config/ordererOrganizations/case.com/orderers/
orderer.case.com/msp
        LocalMSPDir: crypto-config/ordererOrganizations/case.com/orderers/
order0.case.com/msp

        # LocalMSPID is the identity to register the local MSP material with
the MSP
        # manager. IMPORTANT: The local MSP ID of an orderer needs to match
the MSP
        # ID of one of the organizations defined in the orderer system channel's
        # /Channel/Orderer configuration. The sample organization defined in
the
        # sample configuration provided has an MSP ID of "DEFAULT".
        LocalMSPID: OrdererMSP
```

```
# Enable an HTTP service for Go "pprof" profiling as documented at:
# https://golang.org/pkg/net/http/pprof
Profile:
    Enabled: false
    Address: 0.0.0.0:6060

# BCCSP configures the blockchain crypto service providers.
BCCSP:
    # Default specifies the preferred blockchain crypto service provider
    # to use. If the preferred provider is not available, the software
    # based provider ("SW") will be used.
    # Valid providers are:
    #  - SW: a software based crypto provider
    #  - PKCS11: a CA hardware security module crypto provider.
    Default: SW

    # SW configures the software based blockchain crypto provider.
    SW:
        # TODO: The default Hash and Security level needs refactoring to be
        # fully configurable. Changing these defaults requires coordination
        # SHA2 is hardcoded in several places, not only BCCSP
        Hash: SHA2
        Security: 256
        # Location of key store. If this is unset, a location will be
        # chosen using: 'LocalMSPDir'/keystore
        FileKeyStore:
            KeyStore:

    # Authentication contains configuration parameters related to authenticating
    # client messages
    Authentication:
        # the acceptable difference between the current server time and the
        # client's time as specified in a client request message
        TimeWindow: 15m
```

```
################################################################
############
    #
    #   SECTION: File Ledger
    #
    #   - This section applies to the configuration of the file or json ledgers.
    #
    ################################################################
############
    FileLedger:

        # Location: The directory to store the blocks in.
        # NOTE: If this is unset, a new temporary location will be chosen every time
        # the orderer is restarted, using the prefix specified by Prefix.
        Location: /var/hyperledger/production/orderer

        # The prefix to use when generating a ledger directory in temporary space.
        # Otherwise, this value is ignored.
        Prefix: hyperledger-fabric-ordererledger


    ################################################################
############
    #
    #   SECTION: RAM Ledger
    #
    #   - This section applies to the configuration of the RAM ledger.
    #
    ################################################################
############
    RAMLedger:

        # History Size: The number of blocks that the RAM ledger is set to retain.
        # WARNING: Appending a block to the ledger might cause the oldest block in
        # the ledger to be dropped in order to limit the number total number
```

```
blocks
        # to HistorySize. For example, if history size is 10, when appending
block
        # 10, block 0 (the genesis block!) will be dropped to make room for
block 10.
        HistorySize: 1000


################################################################
############
    #
    #   SECTION: Kafka
    #
    #   - This section applies to the configuration of the Kafka-based orderer,
and
    #     its interaction with the Kafka cluster.
    #
################################################################
############
    Kafka:

        # Retry: What do if a connection to the Kafka cluster cannot be
established,
        # or if a metadata request to the Kafka cluster needs to be repeated.
        Retry:
            # When a new channel is created, or when an existing channel is
reloaded
            # (in case of a just-restarted orderer), the orderer interacts
with the
            # Kafka cluster in the following ways:
            # 1. It creates a Kafka producer (writer) for the Kafka partition
that
            #    corresponds to the channel.
            # 2. It uses that producer to post a no-op CONNECT message to that
            #    partition
            # 3. It creates a Kafka consumer (reader) for that partition.
            # If any of these steps fail, they will be re-attempted every
            # <ShortInterval> for a total of <ShortTotal>, and then every
            # <LongInterval> for a total of <LongTotal> until they succeed.
```

```
        # Note that the orderer will be unable to write to or read from a
        # channel until all of the steps above have been completed
successfully.
        ShortInterval: 5s
        ShortTotal: 10m
        LongInterval: 5m
        LongTotal: 12h
        # Affects the socket timeouts when waiting for an initial connection, a
        # response, or a transmission. See Config.Net for more info:
        # https://godoc.org/github.com/Shopify/sarama#Config
NetworkTimeouts:
            DialTimeout: 10s
            ReadTimeout: 10s
            WriteTimeout: 10s
        # Affects the metadata requests when the Kafka cluster is in the
middle
        # of a leader election.See Config.Metadata for more info:
        # https://godoc.org/github.com/Shopify/sarama#Config
Metadata:
            RetryBackoff: 250ms
            RetryMax: 3
        # What to do if posting a message to the Kafka cluster fails. See
        # Config.Producer for more info:
        # https://godoc.org/github.com/Shopify/sarama#Config
Producer:
            RetryBackoff: 100ms
            RetryMax: 3
        # What to do if reading from the Kafka cluster fails. See
        # Config.Consumer for more info:
        # https://godoc.org/github.com/Shopify/sarama#Config
Consumer:
            RetryBackoff: 2s

    # Verbose: Enable logging for interactions with the Kafka cluster.
    Verbose: false

    # TLS: TLS settings for the orderer's connection to the Kafka cluster.
    TLS:
```

```
        # Enabled: Use TLS when connecting to the Kafka cluster.
        Enabled: false

        # PrivateKey: PEM-encoded private key the orderer will use for
        # authentication.
        PrivateKey:
            # As an alternative to specifying the PrivateKey here, uncomment the
            # following "File" key and specify the file name from which to load the
            # value of PrivateKey.
            #File: path/to/PrivateKey

        # Certificate: PEM-encoded signed public key certificate the orderer will
        # use for authentication.
        Certificate:
            # As an alternative to specifying the Certificate here, uncomment the
            # following "File" key and specify the file name from which to load the
            # value of Certificate.
            #File: path/to/Certificate

        # RootCAs: PEM-encoded trusted root certificates used to validate
        # certificates from the Kafka cluster.
        RootCAs:
            # As an alternative to specifying the RootCAs here, uncomment the
            # following "File" key and specify the file name from which to load the
            # value of RootCAs.
            #File: path/to/RootCAs

    # Kafka protocol version used to communicate with the Kafka cluster brokers
    # (defaults to 0.10.2.0 if not specified)
    Version:
```

```
############################################################
###########
    #
    #   Debug Configuration
    #
    #   - This controls the debugging options for the orderer
    #
############################################################
###########
    Debug:

        # BroadcastTraceDir when set will cause each request to the Broadcast service
        # for this orderer to be written to a file in this directory
        BroadcastTraceDir:

        # DeliverTraceDir when set will cause each request to the Deliver service
        # for this orderer to be written to a file in this directory
        DeliverTraceDir:
```

4. core.yaml

```
# Copyright IBM Corp. All Rights Reserved.
#
# SPDX-License-Identifier: Apache-2.0
#


############################################################
##########
    #
    #   LOGGING section
    #
############################################################
##########
    logging:

        # Default logging levels are specified here.
```

```
# Valid logging levels are case-insensitive strings chosen from
#     CRITICAL | ERROR | WARNING | NOTICE | INFO | DEBUG

# The overall default logging level can be specified in various ways,
# listed below from strongest to weakest:
#
# 1. The --logging-level=<level> command line option overrides all other
#    default specifications.
#
# 2. The environment variable CORE_LOGGING_LEVEL otherwise applies to
#    all peer commands if defined as a non-empty string.
#
# 3. The value of `level` that directly follows in this file.
#
# If no overall default level is provided via any of the above methods,
# the peer will default to INFO (the value of defaultLevel in
# common/flogging/logging.go)

# Default for all modules running within the scope of a peer.
# Note: this value is only used when --logging-level or CORE_LOGGING_LEVEL
#       are not set
level:      debug

# The overall default values mentioned above can be overridden for the
# specific components listed in the override section below.

# Override levels for various peer modules. These levels will be
# applied once the peer has completely started. They are applied at this
# time in order to be sure every logger has been registered with the
# logging package.
# Note: the modules listed below are the only acceptable modules at this
#       time.
```

```
                cauthdsl:   debug
                gossip:     debug
                grpc:       debug
                ledger:     debug
                msp:        debug
                policies:   debug
                peer:
                    gossip: debug


        # Message format for the peer logs
        format: '%{color}%{time:2006-01-02 15:04:05.000 MST} [%{module}] %{shortfunc} -> %{level:.4s} %{id:03x}%{color:reset} %{message}'


    ####################################################################
    ###########
    #
    #   Peer section
    #
    ####################################################################
    ###########
    peer:

        # The Peer id is used for identifying this Peer instance.
        id: hosptial0


        # The networkId allows for logical seperation of networks
        networkId: dev


        # The Address at local network interface this Peer will listen on.
        # By default, it will listen on all network interfaces
        listenAddress: 0.0.0.0:7051


        # The endpoint this peer uses to listen for inbound chaincode connections.
        # If this is commented-out, the listen address is selected to be
        # the peer's address (see below) with port 7052
        # chaincodeListenAddress: 0.0.0.0:7052
```

```
# The endpoint the chaincode for this peer uses to connect to the peer.
# If this is not specified, the chaincodeListenAddress address is selected.
# And if chaincodeListenAddress is not specified, address is selected from
# peer listenAddress.
# chaincodeAddress: 0.0.0.0:7052

# When used as peer config, this represents the endpoint to other peers
# in the same organization. For peers in other organization, see
# gossip.externalEndpoint for more info.
# When used as CLI config, this means the peer's endpoint to interact with
address: 0.0.0.0:7051

# Whether the Peer should programmatically determine its address
# This case is useful for docker containers.
addressAutoDetect: false

# Setting for runtime.GOMAXPROCS(n). If n < 1, it does not change the
# current setting
gomaxprocs: -1

# Keepalive settings for peer server and clients
keepalive:
    # MinInterval is the minimum permitted time between client pings.
    # If clients send pings more frequently, the peer server will
    # disconnect them
    minInterval: 60s
    # Client keepalive settings for communicating with other peer nodes
    client:
        # Interval is the time between pings to peer nodes.  This must
        # greater than or equal to the minInterval specified by peer
        # nodes
        interval: 60s
        # Timeout is the duration the client waits for a response from
        # peer nodes before closing the connection
        timeout: 20s
```

```
# DeliveryClient keepalive settings for communication with ordering
# nodes.
deliveryClient:
    # Interval is the time between pings to ordering nodes.  This must
    # greater than or equal to the minInterval specified by ordering
    # nodes.
    interval: 60s
    # Timeout is the duration the client waits for a response from
    # ordering nodes before closing the connection
    timeout: 20s


# Gossip related configuration
gossip:
    # Bootstrap set to initialize gossip with.
    # This is a list of other peers that this peer reaches out to at startup.
    # Important: The endpoints here have to be endpoints of peers in the same
    # organization, because the peer would refuse connecting to these endpoints
    # unless they are in the same organization as the peer.
    bootstrap: 127.0.0.1:7051

    # NOTE: orgLeader and useLeaderElection parameters are mutual exclusive.
    # Setting both to true would result in the termination of the peer
    # since this is undefined state. If the peers are configured with
    # useLeaderElection=false, make sure there is at least 1 peer in the
    # organization that its orgLeader is set to true.

    # Defines whenever peer will initialize dynamic algorithm for
    # "leader" selection, where leader is the peer to establish
    # connection with ordering service and use delivery protocol
    # to pull ledger blocks from ordering service. It is recommended to
```

```
# use leader election for large networks of peers.
useLeaderElection: false
# Statically defines peer to be an organization "leader",
# where this means that current peer will maintain connection
# with ordering service and disseminate block across peers in
# its own organization
orgLeader: true

# Overrides the endpoint that the peer publishes to peers
# in its organization. For peers in foreign organizations
# see 'externalEndpoint'
endpoint:
# Maximum count of blocks stored in memory
maxBlockCountToStore: 100
# Max time between consecutive message pushes(unit: millisecond)
maxPropagationBurstLatency: 10ms
# Max number of messages stored until a push is triggered to remote peers
maxPropagationBurstSize: 10
# Number of times a message is pushed to remote peers
propagateIterations: 1
# Number of peers selected to push messages to
propagatePeerNum: 3
# Determines frequency of pull phases(unit: second)
pullInterval: 4s
# Number of peers to pull from
pullPeerNum: 3
# Determines frequency of pulling state info messages from peers(unit: second)
requestStateInfoInterval: 4s
# Determines frequency of pushing state info messages to peers(unit: second)
publishStateInfoInterval: 4s
# Maximum time a stateInfo message is kept until expired
stateInfoRetentionInterval:
# Time from startup certificates are included in Alive messages(unit: second)
publishCertPeriod: 10s
```

```
            # Should we skip verifying block messages or not (currently not in use)
            skipBlockVerification: false
            # Dial timeout(unit: second)
            dialTimeout: 3s
            # Connection timeout(unit: second)
            connTimeout: 2s
            # Buffer size of received messages
            recvBuffSize: 20
            # Buffer size of sending messages
            sendBuffSize: 200
            # Time to wait before pull engine processes incoming digests (unit: second)
            digestWaitTime: 1s
            # Time to wait before pull engine removes incoming nonce (unit: second)
            requestWaitTime: 1s
            # Time to wait before pull engine ends pull (unit: second)
            responseWaitTime: 2s
            # Alive check interval(unit: second)
            aliveTimeInterval: 5s
            # Alive expiration timeout(unit: second)
            aliveExpirationTimeout: 25s
            # Reconnect interval(unit: second)
            reconnectInterval: 25s
            # This is an endpoint that is published to peers outside of the organization.
            # If this isn't set, the peer will not be known to other organizations.
            externalEndpoint:
            # Leader election service configuration
            election:
                # Longest time peer waits for stable membership during leader election startup (unit: second)
                startupGracePeriod: 15s
                # Interval gossip membership samples to check its stability (unit: second)
                membershipSampleInterval: 1s
                # Time passes since last declaration message before peer decides
```

```
to perform leader election (unit: second)
            leaderAliveThreshold: 10s
            # Time between peer sends propose message and declares itself
as a leader (sends declaration message) (unit: second)
            leaderElectionDuration: 5s

        pvtData:
            # pullRetryThreshold determines the maximum duration of time
private data corresponding for a given block
            # would be attempted to be pulled from peers until the block
would be committed without the private data
            pullRetryThreshold: 60s
            # As private data enters the transient store, it is associated
with the peer's ledger's height at that time.
            # transientstoreMaxBlockRetention defines the maximum
difference between the current ledger's height upon commit,
            # and the private data residing inside the transient store that
is guaranteed not to be purged.
            # Private data is purged from the transient store when blocks
with sequences that are multiples
            # of transientstoreMaxBlockRetention are committed.
            transientstoreMaxBlockRetention: 1000
            # pushAckTimeout is the maximum time to wait for an
acknowledgement from each peer
            # at private data push at endorsement time.
            pushAckTimeout: 3s

    # EventHub related configuration
    events:
        # The address that the Event service will be enabled on the peer
        address: 0.0.0.0:7053

        # total number of events that could be buffered without blocking
send
        buffersize: 100

        # timeout duration for producer to send an event.
        # if < 0, if buffer full, unblocks immediately and not send
```

```
                # if 0, if buffer full, will block and guarantee the event will
be sent out
                # if > 0, if buffer full, blocks till timeout
                timeout: 10ms

                # timewindow is the acceptable difference between the peer's current
                # time and the client's time as specified in a registration event
                timewindow: 15m

                # Keepalive settings for peer server and clients
                keepalive:
                    # MinInterval is the minimum permitted time in seconds which
clients
                    # can send keepalive pings.  If clients send pings more
frequently,
                    # the events server will disconnect them
                    minInterval: 60s

        # TLS Settings
        # Note that peer-chaincode connections through chaincodeListenAddress
is
        # not mutual TLS auth. See comments on chaincodeListenAddress for more
info
        tls:
            # Require server-side TLS
            enabled:  false
            # Require client certificates / mutual TLS.
            # Note that clients that are not configured to use a certificate
will
            # fail to connect to the peer.
            clientAuthRequired: false
            # X.509 certificate used for TLS server
            cert:
                file: tls/server.crt
            # Private key used for TLS server (and client if clientAuthEnabled
            # is set to true
            key:
                file: tls/server.key
```

```
        # Trusted root certificate chain for tls.cert
        rootcert:
            file: tls/ca.crt
        # Set of root certificate authorities used to verify client certificates
        clientRootCAs:
            files:
              - tls/ca.crt
        # Private key used for TLS when making client connections. If
        # not set, peer.tls.key.file will be used instead
        clientKey:
            file:
        # X.509 certificate used for TLS when making client connections.
        # If not set, peer.tls.cert.file will be used instead
        clientCert:
            file:

    # Authentication contains configuration parameters related to authenticating
    # client messages
    authentication:
        # the acceptable difference between the current server time and the
        # client's time as specified in a client request message
        timewindow: 15m

    # Path on the file system where peer will store data (eg ledger). This
    # location must be access control protected to prevent unintended
    # modification that might corrupt the peer operations.
    fileSystemPath: /var/hyperledger/production

    # BCCSP (Blockchain crypto provider): Select which crypto implementation or
    # library to use
    BCCSP:
        Default: SW
        SW:
            # TODO: The default Hash and Security level needs refactoring
```

```
              to be
                  # fully configurable. Changing these defaults requires coordination
                  # SHA2 is hardcoded in several places, not only BCCSP
                  Hash: SHA2
                  Security: 256
                  # Location of Key Store
                  FileKeyStore:
                      # If "", defaults to 'mspConfigPath'/keystore
                      # TODO: Ensure this is read with fabric/core/config.GetPath() once ready
                  KeyStore:

        # Path on the file system where peer will find MSP local configurations
        #mspConfigPath: crypto-config/peerOrganizations/hosptial.case.com/peers/peer0.hosptial.case.com/msp
        mspConfigPath: crypto-config/peerOrganizations/hosptial.case.com/users/Admin@hosptial.case.com/msp
        #mspConfigPath: crypto-config/peerOrganizations/hosptial.case.com/users/Admin@hosptial.case.com

        # Identifier of the local MSP
        # ----!!!!IMPORTANT!!!-!!!IMPORTANT!!!-!!!IMPORTANT!!!!----
        # Deployers need to change the value of the localMspId string.
        # In particular, the name of the local MSP ID of a peer needs
        # to match the name of one of the MSPs in each of the channel
        # that this peer is a member of. Otherwise this peer's messages
        # will not be identified as valid by other nodes.
        localMspId: hosptialMSP

        # Delivery service related config
        deliveryclient:
            # It sets the total time the delivery service may spend in reconnection
            # attempts until its retry logic gives up and returns an error
```

```
        reconnectTotalTimeThreshold: 3600s


        # Type for the local MSP - by default it's of type bccsp
        localMspType: bccsp
        #localMspType: idemix


        # Used with Go profiling tools only in none production environment. In
        # production, it should be disabled (eg enabled: false)
        profile:
            enabled:     false
            listenAddress: 0.0.0.0:6060


        # Handlers defines custom handlers that can filter and mutate
        # objects passing within the peer, such as:
        #   Auth filter - reject or forward proposals from clients
        #   Decorators  - append or mutate the chaincode input passed to the chaincode
        # Valid handler definition contains:
        #   - A name which is a factory method name defined in
        #         core/handlers/library/library.go for statically compiled handlers
        #   - library path to shared object binary for pluggable filters
        # Auth filters and decorators are chained and executed in the order that
        # they are defined. For example:
        # authFilters:
        #   -
        #     name: FilterOne
        #     library: /opt/lib/filter.so
        #   -
        #     name: FilterTwo
        # decorators:
        #   -
        #     name: DecoratorOne
        #   -
        #     name: DecoratorTwo
        #     library: /opt/lib/decorator.so
```

```yaml
        handlers:
            authFilters:
              -
                name: DefaultAuth
              -
                name: ExpirationCheck    # This filter checks identity x509 certificate expiration
            decorators:
              -
                name: DefaultDecorator

        # Number of goroutines that will execute transaction validation in parallel.
        # By default, the peer chooses the number of CPUs on the machine. Set this
        # variable to override that choice.
        # NOTE: overriding this value might negatively influence the performance of
        # the peer so please change this value only if you know what you're doing
        validatorPoolSize:

###################################################################
#
#    VM section
#
###################################################################
    vm:

        # Endpoint of the vm management system.  For docker can be one of the following in general
        # unix:///var/run/docker.sock
        # http://localhost:2375
        # https://localhost:2376
        endpoint: unix:///var/run/docker.sock
```

```yaml
        # settings for docker vms
        docker:
            tls:
                enabled: false
                ca:
                    file: docker/ca.crt
                cert:
                    file: docker/tls.crt
                key:
                    file: docker/tls.key

            # Enables/disables the standard out/err from chaincode containers for
            # debugging purposes
            attachStdout: false

            # Parameters on creating docker container.
            # Container may be efficiently created using ipam & dns-server for cluster
            # NetworkMode - sets the networking mode for the container. Supported
            # standard values are: `host`(default), `bridge`, `ipvlan`, `none`.
            # Dns - a list of DNS servers for the container to use.
            # Note: `Privileged` `Binds` `Links` and `PortBindings` properties of
            # Docker Host Config are not supported and will not be used if set.
            # LogConfig - sets the logging driver (Type) and related options
            # (Config) for Docker. For more info,
            # https://docs.docker.com/engine/admin/logging/overview/
            # Note: Set LogConfig using Environment Variables is not supported.
            hostConfig:
                NetworkMode: host
                Dns:
                    # - 192.168.0.1
                LogConfig:
                    Type: json-file
                    Config:
                        max-size: "50m"
```

```yaml
            max-file: "5"
    Memory: 2147483648


###################################################################
###########
#
#   Chaincode section
#
###################################################################
###########
chaincode:

    # The id is used by the Chaincode stub to register the executing Chaincode
    # ID with the Peer and is generally supplied through ENV variables
    # the `path` form of ID is provided when installing the chaincode.
    # The `name` is used for all other requests and can be any string.
    id:
        path:
        name:

    # Generic builder environment, suitable for most chaincode types
    builder: $(DOCKER_NS)/fabric-ccenv:$(ARCH)-$(PROJECT_VERSION)

    # Enables/disables force pulling of the base docker images (listed below)
    # during user chaincode instantiation.
    # Useful when using moving image tags (such as :latest)
    pull: false

    golang:
        # golang will never need more than baseos
        runtime: $(BASE_DOCKER_NS)/fabric-baseos:$(ARCH)-$(BASE_VERSION)

        # whether or not golang chaincode should be linked dynamically
        dynamicLink: false

    car:
```

```
            # car may need more facilities (JVM, etc) in the future as the
catalog
            # of platforms are expanded.  For now, we can just use baseos
            runtime:
$(BASE_DOCKER_NS)/fabric-baseos:$(ARCH)-$(BASE_VERSION)

        java:
            # This is an image based on java:openjdk-8 with addition compiler
            # tools added for java shim layer packaging.
            # This image is packed with shim layer libraries that are necessary
            # for Java chaincode runtime.
            Dockerfile: |
                from $(DOCKER_NS)/fabric-javaenv:$(ARCH)-$(PROJECT_VERSION)

        node:
            # need node.js engine at runtime, currently available in baseimage
            # but not in baseos
            runtime:
$(BASE_DOCKER_NS)/fabric-baseimage:$(ARCH)-$(BASE_VERSION)


        # Timeout duration for starting up a container and waiting for Register
        # to come through. 1sec should be plenty for chaincode unit tests
        startuptimeout: 300s


        # Timeout duration for Invoke and Init calls to prevent runaway.
        # This timeout is used by all chaincodes in all the channels, including
        # system chaincodes.
        # Note that during Invoke, if the image is not available (e.g. being
        # cleaned up when in development environment), the peer will
automatically
        # build the image, which might take more time. In production environment,
        # the chaincode image is unlikely to be deleted, so the timeout could
be
        # reduced accordingly.
        executetimeout: 30s


        # There are 2 modes: "dev" and "net".
        # In dev mode, user runs the chaincode after starting peer from
```

```
        # command line on local machine.
        # In net mode, peer will run chaincode in a docker container.
        mode: net

        # keepalive in seconds. In situations where the communiction goes through a
        # proxy that does not support keep-alive, this parameter will maintain connection
        # between peer and chaincode.
        # A value <= 0 turns keepalive off
        keepalive: 0

        # system chaincodes whitelist. To add system chaincode "myscc" to the
        # whitelist, add "myscc: enable" to the list below, and register in
        # chaincode/importsysccs.go
        system:
            cscc: enable
            lscc: enable
            escc: enable
            vscc: enable
            qscc: enable

        # System chaincode plugins: in addition to being imported and compiled
        # into fabric through core/chaincode/importsysccs.go, system chaincodes
        # can also be loaded as shared objects compiled as Go plugins.
        # See examples/plugins/scc for an example.
        # Like regular system chaincodes, plugins must also be white listed in the
        # chaincode.system section above.
        systemPlugins:
          # example configuration:
          # - enabled: true
          #   name: myscc
          #   path: /opt/lib/myscc.so
          #   invokableExternal: true
          #   invokableCC2CC: true
```

```
    # Logging section for the chaincode container
    logging:
      # Default level for all loggers within the chaincode container
      level: info
      # Override default level for the 'shim' module
      shim:   warning
      # Format for the chaincode container logs
      format:      '%{color}%{time:2006-01-02     15:04:05.000     MST}
[%{module}]                                                 %{shortfunc}
-> %{level:.4s} %{id:03x}%{color:reset} %{message}'


    ###################################################################
    ##########
    #
    #   Ledger section - ledger configuration encompases both the blockchain
    #   and the state
    #
    ###################################################################
    ##########
    ledger:

      blockchain:

      state:
        # stateDatabase - options are "goleveldb", "CouchDB"
        # goleveldb - default state database stored in goleveldb.
        # CouchDB - store state database in CouchDB
        stateDatabase: goleveldb
        couchDBConfig:
           # It is recommended to run CouchDB on the same server as the peer, and
           # not map the CouchDB container port to a server port in docker-compose.
           # Otherwise proper security must be provided on the connection between
           # CouchDB client (on the peer) and server.
           couchDBAddress: 127.0.0.1:5984
           # This username must have read and write authority on CouchDB
           username:
```

```
            # The password is recommended to pass as an environment variable
            # during start up (eg LEDGER_COUCHDBCONFIG_PASSWORD).
            # If it is stored here, the file must be access control protected
            # to prevent unintended users from discovering the password.
            password:
            # Number of retries for CouchDB errors
            maxRetries: 3
            # Number of retries for CouchDB errors during peer startup
            maxRetriesOnStartup: 10
            # CouchDB request timeout (unit: duration, e.g. 20s)
            requestTimeout: 35s
            # Limit on the number of records to return per query
            queryLimit: 10000
            # Limit on the number of records per CouchDB bulk update batch
            maxBatchUpdateSize: 1000
            # Warm indexes after every N blocks.
            # This option warms any indexes that have been
            # deployed to CouchDB after every N blocks.
            # A value of 1 will warm indexes after every block commit,
            # to ensure fast selector queries.
            # Increasing the value may improve write efficiency of peer and CouchDB,
            # but may degrade query response time.
            warmIndexesAfterNBlocks: 1

      history:
         # enableHistoryDatabase - options are true or false
         # Indicates if the history of key updates should be stored.
         # All history 'index' will be stored in goleveldb, regardless if using
         # CouchDB or alternate database for the state.
         enableHistoryDatabase: true


   ###############################################################################
   ###########
   #
   #    Metrics section
   #
   #
```

```yaml
##################################################################
############
    metrics:
        # enable or disable metrics server
        enabled: false

        # when enable metrics server, must specific metrics reporter type
        # currently supported type: "statsd","prom"
        reporter: statsd

        # determines frequency of report metrics(unit: second)
        interval: 1s

        statsdReporter:

            # statsd server address to connect
            address: 0.0.0.0:8125

            # determines frequency of push metrics to statsd server(unit: second)
            flushInterval: 2s

            # max size bytes for each push metrics request
            # intranet recommend 1432 and internet recommend 512
            flushBytes: 1432

        promReporter:

            # prometheus http server listen address for pull metrics
            listenAddress: 0.0.0.0:8080
```

C.3 智能合约：nsyy.go

```go
package main
import (
    "fmt"
    "encoding/json"
```

```go
        "github.com/hyperledger/fabric/core/chaincode/shim"
        pb "github.com/hyperledger/fabric/protos/peer"
)

type NsyyChaincode struct {
}

type NsyyCase struct{
    OrgCode string    //机构代码
    CaseNo  string    //病案编号
    InTime  string    //入院时间
    OutTime string    //出院时间
    Coder   string    //编码员
    Diags   string    //主要诊断
    Oper    string    //手术编码
    Antype  string    //麻醉方式
}

type CommonResult struct{
    ErrCode string   //0--成功 1--失败
    ErrMsg  string   //错误消息
    Data    string   //返回数据,一个JSON数据
}

func processError(errorMsg string) []byte{
    result:=CommonResult{
        ErrCode:"1",
        ErrMsg:errorMsg,
        Data:"{}",
    }
    resultStr, err := json.Marshal(result)
    if err != nil {
        return ([]byte("ERROR1"))
    }
    return resultStr
```

data string) []byte{

```go
        result:=CommonResult{
            ErrCode:"0",
            ErrMsg:"success",
            Data:data,
        }
        resultStr, err := json.Marshal(result)
        if err != nil {
            return ([]byte("ERROR"))
        }
        return resultStr
    }

    func (t *NsyyChaincode) Init(stub shim.ChaincodeStubInterface) pb.Response {
        return shim.Success(nil)
    }

    func (t *NsyyChaincode) Invoke(stub shim.ChaincodeStubInterface) pb.Response {
        function, args := stub.GetFunctionAndParameters()
        if function == "insert" {
            return t.insert(stub, args)
        } else if function == "query" {
            return t.query(stub, args)
        }
        rs:=processError("Invalid invoke function name. Expecting insert query")
        return shim.Success(rs)
    }

    func (t *NsyyChaincode) insert(stub shim.ChaincodeStubInterface, args []string) pb.Response {
        if len(args) != 8 {
            return shim.Success(processError("Incorrect number of arguments. Expecting 8"))
        }
        nsyycase:=new (NsyyCase)
        nsyycase.OrgCode=args[0]
```

```go
        nsyycase.CaseNo=args[1]
        nsyycase.InTime=args[2]
        nsyycase.OutTime=args[3]
        nsyycase.Coder=args[4]
        nsyycase.Diags=args[5]
        nsyycase.Oper=args[6]
        nsyycase.Antype=args[7]
        nsyyJsonByte, err := json.Marshal(nsyycase)
        if err != nil {
            return shim.Success(processError("insert 序列化病例对象失败"))
        }
        err= stub.PutState(args[0]+args[1],nsyyJsonByte)
        if(err!=nil){
            return shim.Success(processError("存储病例资料失败"))
        }
        fmt.Printf("insert successfully:%s",nsyyJsonByte)
        return shim.Success(processSuccess(string(nsyyJsonByte)))
    }

func (t *NsyyChaincode) query(stub shim.ChaincodeStubInterface, args []string) pb.Response {
        var key string
        var err error
        if len(args) != 1 {
            return shim.Success(processError("Incorrect number of arguments. Expecting name of the caseNo to query"))
        }
        key = args[0]
        nsyycaseBytes, err := stub.GetState(key)
        if err != nil {
            jsonResp := "查找"+key+"失败"
            return shim.Success(processError(jsonResp))
        }
        if nsyycaseBytes == nil {
            jsonResp := "对应的记录不存在！"
            return shim.Success(processError(jsonResp))
        }
        var nsyycase NsyyCase
```

```go
        err=json.Unmarshal(nsyycaseBytes,&nsyycase)
        if err != nil {
            jsonResp := "序列化对象失败"+key
            return shim.Success(processError(jsonResp))
        }
        fmt.Printf("query successfully(%s):%s",key,nsyycaseBytes)
        return shim.Success(processSuccess(string(nsyycaseBytes)))
}

func main() {
    err := shim.Start(new(NsyyChaincode))
    if err != nil {
        fmt.Printf("Error starting nsyy chaincode: %s", err)
    }
}
```

C.4 调用 java sdk 运行链码：InvokeChainCode.java

```java
package com.bankledger.fabricSdk;
import static java.nio.charset.StandardCharsets.UTF_8;
import java.io.File;
import java.io.FileInputStream;
import java.io.FileNotFoundException;
import java.io.IOException;
import java.io.Reader;
import java.io.Serializable;
import java.io.StringReader;
import java.security.NoSuchAlgorithmException;
import java.security.NoSuchProviderException;
import java.security.PrivateKey;
import java.security.spec.InvalidKeySpecException;
import java.util.Collection;
import java.util.HashMap;
import java.util.LinkedList;
import java.util.Map;
import java.util.Set;
import java.util.concurrent.ExecutionException;
import java.util.concurrent.TimeUnit;
import java.util.concurrent.TimeoutException;
```

```java
import org.apache.commons.io.IOUtils;
import org.bouncycastle.asn1.pkcs.PrivateKeyInfo;
import org.bouncycastle.jce.provider.BouncyCastleProvider;
import org.bouncycastle.openssl.PEMParser;
import org.bouncycastle.openssl.jcajce.JcaPEMKeyConverter;
import org.hyperledger.fabric.sdk.BlockEvent.TransactionEvent;
import org.hyperledger.fabric.sdk.ChaincodeID;
import org.hyperledger.fabric.sdk.Channel;
import org.hyperledger.fabric.sdk.Enrollment;
import org.hyperledger.fabric.sdk.EventHub;
import org.hyperledger.fabric.sdk.HFClient;
import org.hyperledger.fabric.sdk.Orderer;
import org.hyperledger.fabric.sdk.Peer;
import org.hyperledger.fabric.sdk.ProposalResponse;
import org.hyperledger.fabric.sdk.TransactionProposalRequest;
import org.hyperledger.fabric.sdk.User;
import org.hyperledger.fabric.sdk.exception.CryptoException;
import org.hyperledger.fabric.sdk.exception.InvalidArgumentException;
import org.hyperledger.fabric.sdk.exception.ProposalException;
import org.hyperledger.fabric.sdk.exception.TransactionException;
import org.hyperledger.fabric.sdk.security.CryptoSuite;
import net.sf.json.JSONObject;
/**
 * 简单调用 ChainCode
 * @author huangruifeng
 *
 */
public class InvokeChainCode {

    public static String peerMspId=MyProperties.getMyProperties().getProperty("peerMspId");
    public static String peerName=MyProperties.getMyProperties().getProperty("peerName");
    public static String peerGrpc=MyProperties.getMyProperties().getProperty("peerGrpc");
    public static String orderName=MyProperties.getMyProperties().getProperty("orderName");
    public static String orderGrpc=MyProperties.getMyProperties().
```

```java
getProperty("orderGrpc");
    public static String peerEventHubName=MyProperties.getMyProperties().getProperty("peerEventHubName");
    public static String peerEventHubNameGprc=MyProperties.getMyProperties().getProperty("peerEventHubNameGprc");
    public static String CHAIN_CODE_NAME = MyProperties.getMyProperties().getProperty("CHAIN_CODE_NAME");
    public static String CHANNEL_NAME = MyProperties.getMyProperties().getProperty("CHANNEL_NAME");
    public static String peerSignCertPath=MyProperties.getMyProperties().getProperty("peerSignCertPath");
    public static String peerPrivKeyPath=MyProperties.getMyProperties().getProperty("peerPrivKeyPath");
    public static MyUser myUser;
    private static final byte[] EXPECTED_EVENT_DATA = "!".getBytes(UTF_8);
    private static final String EXPECTED_EVENT_NAME = "event";
    /**
     * 实例化 Hyperledger Fabric Client,并返回
     * 1.创建 HFClient 实例
     * 2.设置 UserContext
     *   2.1. 设置 enrollment
     *   2.2. 设置 mspId
     *
     * @return HFClient
     * @throws InvalidArgumentException
     * @throws CryptoException
     * @throws IOException
     * @throws FileNotFoundException
     * @throws InvalidKeySpecException
     * @throws NoSuchAlgorithmException
     * @throws NoSuchProviderException
     */
    public static HFClient getHFClient() throws CryptoException, InvalidArgumentException, NoSuchProviderException, NoSuchAlgorithmException, InvalidKeySpecException, FileNotFoundException, IOException {
        HFClient hfClient=HFClient.createNewInstance();
```

```java
        hfClient.setCryptoSuite(CryptoSuite.Factory.getCryptoSuite());
        String peerSignCert = InvokeChainCode.class.getClassLoader().getResource(peerSignCertPath).getPath();
        String certificate = new String(IOUtils.toByteArray(new FileInputStream(new File(peerSignCert))), "UTF-8");
        String peerPrivKey = InvokeChainCode.class.getClassLoader().getResource(peerPrivKeyPath).getPath();
        PrivateKey privateKey = getPrivateKeyFromBytes(IOUtils.toByteArray(new FileInputStream(new File(peerPrivKey))));
        Enrollment enrollment = new MyEnrollement(privateKey,certificate);
        myUser= new MyUser();
        myUser.setEnrollment(enrollment);
        myUser.setMspId(peerMspId);
        myUser.setName(peerName);
        hfClient.setUserContext(myUser);
        return hfClient;
    }
    /**
     * 实例化并返回 Channel
     * 1.设置 Channel 所包含的 order
     * 2.设置 Channel 所包含的 peer
     * 3.设置 Channel 所包含的 evnetHub
     * @throws InvalidArgumentException
     * @throws TransactionException
     * @throws IOException
     * @throws ProposalException
     */
    public static Channel getChannel(HFClient hfClient) throws InvalidArgumentException, TransactionException, IOException, ProposalException {
        Channel nsyyChannel=hfClient.newChannel(CHANNEL_NAME);
        setChannelOrder(hfClient,nsyyChannel);
        setChannelPeer(hfClient,nsyyChannel);
        setChannelEventHub(hfClient,nsyyChannel);
        nsyyChannel.initialize();
        return nsyyChannel;
    }
    public static void setChannelOrder(HFClient hfClient,Channel nsyyChannel) throws InvalidArgumentException {
```

```java
        Orderer orderer=hfClient.newOrderer(orderName, orderGrpc);
        nsyyChannel.addOrderer(orderer);
    }
    public static void setChannelOrder(Channel nsyyChannel,Orderer orderer) throws InvalidArgumentException {

        nsyyChannel.addOrderer(orderer);
    }
    public static void setChannelPeer(HFClient hfClient,Channel nsyyChannel) throws InvalidArgumentException, ProposalException {
        Peer peer =hfClient.newPeer(peerName, peerGrpc);
        nsyyChannel.addPeer(peer);
    }
    public static void setChannelEventHub(HFClient hfClient,Channel nsyyChannel) throws InvalidArgumentException {
        EventHub   eventHub=hfClient.newEventHub(peerEventHubName, peerEventHubNameGprc);
        nsyyChannel.addEventHub(eventHub);
    }
    /**
     * 调用 ChainCode 并返回结果
     * @param args
     * @return
     * @throws InvalidArgumentException
     * @throws TimeoutException
     * @throws ExecutionException
     * @throws InterruptedException
     * @throws ProposalException
     */
    public static String invokeChainCode(HFClient hfClient,Channel nsyyChannel,String[] args,String method) throws InvalidArgumentException, InterruptedException, ExecutionException, TimeoutException, ProposalException {
        nsyyChannel.setTransactionWaitTime(120000);
        nsyyChannel.setDeployWaitTime(120000);
        final ChaincodeID chaincodeID;
        chaincodeID = ChaincodeID.newBuilder().setName(CHAIN_CODE_NAME).build();
```

```java
            TransactionProposalRequest    transactionProposalRequest    =
hfClient.newTransactionProposalRequest();
            transactionProposalRequest.setChaincodeID(chaincodeID);
            transactionProposalRequest.setFcn(method);
            transactionProposalRequest.setProposalWaitTime(120000);
            transactionProposalRequest.setUserContext(myUser);
            transactionProposalRequest.setArgs(args);
            Map<String, byte[]> tm2 = new HashMap<>();
            tm2.put("HyperLedgerFabric",
"TransactionProposalRequest:JavaSDK". getBytes(UTF_8));
            tm2.put("method",
"TransactionProposalRequest".getBytes(UTF_8));
            tm2.put("result", ":)".getBytes(UTF_8));
            tm2.put(EXPECTED_EVENT_NAME, EXPECTED_EVENT_DATA);
            transactionProposalRequest.setTransientMap(tm2);
            Collection<ProposalResponse> successful = new LinkedList<>();
            Collection<ProposalResponse> failed = new LinkedList<>();
            Collection<ProposalResponse> transactionPropResp = nsyyChannel
                    .sendTransactionProposal(transactionProposalRequest,
nsyyChannel.getPeers());
            String Payload = "";
            for (ProposalResponse response : transactionPropResp) {
                if (response.getStatus() == ProposalResponse.Status.SUCCESS)
{
                    Payload = new String(response.getChaincodeActionResponsePayload());
                    successful.add(response);
                } else {
                    failed.add(response);
                    System.out.println("invoke chaincode is erroer, name: " +
CHAIN_CODE_NAME );
                    Payload = new String(response.getMessage());
                    return new String(response.getChaincodeActionResponsePayload());
                }
            }
            TransactionEvent transactionEvent = nsyyChannel.sendTransaction
(successful)
                    .get(30, TimeUnit.SECONDS);
            if (transactionEvent != null && transactionEvent.getTransactionID() !=
```

```java
null
                && !transactionEvent.getTransactionID().isEmpty()) {
            System.out.println("successed to invoke chaincode, name: " +
CHAIN_CODE_NAME );
            return Payload;
        }
        System.out.println("failed to invoke chaincode, name: " +
CHAIN_CODE_NAME );
        return null;
    }
    private static PrivateKey getPrivateKeyFromBytes(byte[] data) throws
IOException, NoSuchProviderException, NoSuchAlgorithmException, InvalidKeySpecException
{
            final Reader pemReader = new StringReader(new String(data));
            final PrivateKeyInfo pemPair;
            try (PEMParser pemParser = new PEMParser(pemReader)) {
                pemPair = (PrivateKeyInfo) pemParser.readObject();
            }
            PrivateKey privateKey = new JcaPEMKeyConverter().setProvider
(BouncyCastleProvider.PROVIDER_NAME).getPrivateKey(pemPair);
            return privateKey;
    }
    private static final class MyEnrollement implements Enrollment,
Serializable {
            private static final long serialVersionUID=-2784835212445309006L;
            private final PrivateKey privateKey;
            private final String certificate;
            MyEnrollement(PrivateKey privateKey, String certificate) {
                this.certificate = certificate;
                this.privateKey = privateKey;
            }
            @Override
            public PrivateKey getKey() {
                return privateKey;
            }
            @Override
            public String getCert() {
                return certificate;
```

```java
        }
    }
    @SuppressWarnings("unused")
    private static final class MyUser implements User,Serializable{
        private static final long serialVersionUID = 1L;
        private String name;
        private Set<String> roles;
        private String account;
        private String affiliation;
        private Enrollment enrollment = null;
        private String mspId;
        @Override
        public String getName() {
            return name;
        }

        @Override
        public Set<String> getRoles() {
            return roles;
        }
        @Override
        public String getAccount() {
            return account;
        }
        @Override
        public String getAffiliation() {
            return affiliation;
        }
        @Override
        public Enrollment getEnrollment() {
            return enrollment;
        }
        @Override
        public String getMspId() {
            return mspId;
        }
        public void setName(String name) {
            this.name = name;
```

```java
    }
    public void setRoles(Set<String> roles) {
        this.roles = roles;
    }
    public void setAccount(String account) {
        this.account = account;
    }
    public void setAffiliation(String affiliation) {
        this.affiliation = affiliation;
    }
    public void setEnrollment(Enrollment enrollment) {
        this.enrollment = enrollment;
    }
    public void setMspId(String mspId) {
        this.mspId = mspId;
    }



}

/**
 * 1.构建 HFClient
 * 2.构建 Channel
 * 3.调用 ChainCode
 * @param args
 * @throws TransactionException
 * @throws Exception
 */
public static void main(String[] args) throws Exception{
    HFClient hfClient =getHFClient();
    Channel nsyyChannel=getChannel(hfClient);
    String[] chaincodeArgs = new String[1];
    chaincodeArgs[0] = "1";
    String result=invokeChainCode(hfClient, nsyyChannel, chaincodeArgs, "query");
    System.out.println("111111111111111: "+result);
    JSONObject obj = JSONObject.fromObject(result);
    JSONObject dataJson = JSONObject.fromObject(obj.get("Data"));
```

```
            System.out.println(dataJson.getString("OrgCode"));
            System.out.println(dataJson.getString("InTime"));
            System.out.println(dataJson.getString("OutTime"));
        }
    }
```

C.5　查询和比对功能：QueryMedicalRecoreController.java

```
package com.bankledger.controller;
import java.util.HashMap;
import java.util.List;
import java.util.Map;
import javax.annotation.Resource;
import org.hyperledger.fabric.sdk.Channel;
import org.hyperledger.fabric.sdk.HFClient;
import org.springframework.jdbc.core.JdbcTemplate;
import org.springframework.stereotype.Controller;
import org.springframework.web.bind.annotation.RequestBody;
import org.springframework.web.bind.annotation.RequestMapping;
import org.springframework.web.bind.annotation.ResponseBody;
import org.springframework.web.servlet.ModelAndView;
import com.bankledger.bean.MedicalRecordBean;
import com.bankledger.fabricSdk.InvokeChainCode;
import com.bankledger.scheduler.BeanMapper;
import com.bankledger.util.Sha256Util;
import net.sf.json.JSONObject;
@Controller
public class QueryMedicalRecoreController {
    @Resource(name = "jdbcTemplate")
    JdbcTemplate jdbcTemplate;
    public static HFClient hfClient = null;
    public static Channel nsyyChannel = null;
    public synchronized static HFClient getClient() throws Exception{
        if(null ==hfClient ){
            hfClient =InvokeChainCode.getHFClient();
        }
        return hfClient;
    }
    public synchronized static Channel geChannel(HFClient hfClient)
```

```java
throws Exception{
        if(null ==nsyyChannel ){
            nsyyChannel = InvokeChainCode.getChannel(hfClient);
        }
        return nsyyChannel;
    }
    @RequestMapping({ "/redicalRecorePage" })
    public ModelAndView redicalRecorePage(String orgCode, String caseNo) {
        ModelAndView mv = new ModelAndView("mobileIndex");
        try {
            hfClient = getClient();
            nsyyChannel = geChannel(hfClient);
            String[] chaincodeArgs = new String[1];
            chaincodeArgs[0] = Sha256Util.getSHA256Str(orgCode) + Sha256Util.getSHA256Str(caseNo);
            String result = InvokeChainCode.invokeChainCode(hfClient, nsyyChannel, chaincodeArgs, "query");
            JSONObject obj = JSONObject.fromObject(result);
            String errCode = (String) obj.get("ErrCode");
            if ("0".equals(errCode)) {
                String queryOne =
 "select orgCode,caseNo,inTime,outTime,coder,diags,oper,antype
    from BL_HP_MEDICALRECORD where caseNo =? and orgCode=?";
                List<MedicalRecordBean> medicalRecordBean = jdbcTemplate.query(queryOne, new BeanMapper(), caseNo, orgCode);
                if (medicalRecordBean.size() == 0) {
                    mv.addObject("message", "数据已被删除");
                    return mv;
                }
                String OrgCode = Sha256Util.getSHA256Str(medicalRecordBean.get(0).getOrgCode());
                String CaseNo = Sha256Util.getSHA256Str(medicalRecordBean.get(0).getCaseNo());
                String InTime = Sha256Util.getSHA256Str(medicalRecordBean.get(0).getInTime());
                String OutTime = Sha256Util.getSHA256Str(medicalRecordBean.get(0).getOutTime());
```

```
                String Coder =
Sha256Util.getSHA256Str(medicalRecordBean.get(0).getCoder());
                String Diags =
 Sha256Util.getSHA256Str(medicalRecordBean.get(0).getDiags());
                String Oper
= Sha256Util.getSHA256Str(medicalRecordBean.get(0).getOper());
                String Antype =
Sha256Util.getSHA256Str(medicalRecordBean.get(0).getAntype());
                JSONObject          dataJson          =
JSONObject.fromObject(obj.get("Data"));
                if (!OrgCode.equals(dataJson.getString("OrgCode"))) {
                    OrgCode = OrgCode + "(数据被篡改)";
                }
                if (!CaseNo.equals(dataJson.getString("CaseNo"))) {
                    CaseNo = CaseNo + "(数据被篡改)";
                }
                if (!InTime.equals(dataJson.getString("InTime"))) {
                    InTime = InTime + "(数据被篡改)";
                }
                if (!OutTime.equals(dataJson.getString("OutTime"))) {
                    OutTime = OutTime + "(数据被篡改)";
                }
                if (!Coder.equals(dataJson.getString("Coder"))) {
                    Coder = Coder + "(数据被篡改)";
                }
                if (!Diags.equals(dataJson.getString("Diags"))) {
                    Diags = Diags + "数据被篡改";
                }
                if (!Oper.equals(dataJson.getString("Oper"))) {
                    Oper = Oper + "(数据被篡改)";
                }
                if (!Antype.equals(dataJson.getString("Antype"))) {
                    Antype = Antype + "(数据被篡改)";
                }
                mv.addObject("OrgCode", OrgCode);
                mv.addObject("CaseNo", CaseNo);
                mv.addObject("InTime", InTime);
                mv.addObject("OutTime", OutTime);
```

```java
                mv.addObject("Coder", Coder);
                mv.addObject("Diags", Diags);
                mv.addObject("Oper", Oper);
                mv.addObject("Antype", Antype);
                return mv;
            }
        } catch (Exception e) {
            e.printStackTrace();
        }
        mv.addObject("message", "暂无数据");
        return mv;
    }

    // 配置
    @RequestMapping({ "/queryRedicalRecore" })
    @ResponseBody
    public Map<String, Object> queryRedicalRecore(@RequestBody Map<String, Object> options) throws Exception {
        Map<String, Object> map = new HashMap<String, Object>();
        MedicalRecordBean bean = new MedicalRecordBean();
        String caseNo = (String) options.get("caseNo");
        String orgCode = (String) options.get("orgCode");
        hfClient = getClient();
        nsyyChannel = geChannel(hfClient);
        String[] chaincodeArgs = new String[1];
        chaincodeArgs[0] = Sha256Util.getSHA256Str(orgCode) + Sha256Util.getSHA256Str(caseNo);
        String result = InvokeChainCode.invokeChainCode(hfClient, nsyyChannel, chaincodeArgs, "query");
        JSONObject obj = JSONObject.fromObject(result);
        String errCode = (String) obj.get("ErrCode");
        if ("0".equals(errCode)) {
            String queryOne =
                "select orgCode,caseNo,inTime,outTime,coder,diags,oper,antype from BL_HP_MEDICALRECORD where caseNo =? and orgCode=?";
            List<MedicalRecordBean> medicalRecordBean = jdbcTemplate.query(queryOne, new BeanMapper(), caseNo, orgCode);
            if (medicalRecordBean.size() == 0) {
```

```java
            map.put("code", "500");
            map.put("message", "数据已被删除");
            return map;
        }
        String OrgCode =
Sha256Util.getSHA256Str(medicalRecordBean.get(0).getOrgCode());
        String CaseNo =
Sha256Util.getSHA256Str(medicalRecordBean.get(0).getCaseNo());
        String InTime =
Sha256Util.getSHA256Str(medicalRecordBean.get(0).getInTime());
        String OutTime =
Sha256Util.getSHA256Str(medicalRecordBean.get(0).getOutTime());
        String Coder =
Sha256Util.getSHA256Str(medicalRecordBean.get(0).getCoder());
        String Diags =
Sha256Util.getSHA256Str(medicalRecordBean.get(0).getDiags());
        String Oper = Sha256Util.getSHA256Str(medicalRecordBean.get(0).getOper());
        String Antype =
Sha256Util.getSHA256Str(medicalRecordBean.get(0).getAntype());
        JSONObject dataJson = JSONObject.fromObject(obj.get("Data"));
        if (!OrgCode.equals(dataJson.getString("OrgCode"))) {
            OrgCode = OrgCode + "(数据被篡改)";
        }
        if (!CaseNo.equals(dataJson.getString("CaseNo"))) {
            CaseNo = CaseNo + "(数据被篡改)";
        }
        if (!InTime.equals(dataJson.getString("InTime"))) {
            InTime = InTime + "(数据被篡改)";
        }
        if (!OutTime.equals(dataJson.getString("OutTime"))) {
            OutTime = OutTime + "(数据被篡改)";
        }
        if (!Coder.equals(dataJson.getString("Coder"))) {
            Coder = Coder + "(数据被篡改)";
        }
        if (!Diags.equals(dataJson.getString("Diags"))) {
            Diags = Diags + "数据被篡改";
```

```
            }
            if (!Oper.equals(dataJson.getString("Oper"))) {
                Oper = Oper + "(数据被篡改)";
            }
            if (!Antype.equals(dataJson.getString("Antype"))) {
                Antype = Antype + "(数据被篡改)";
            }
            bean.setOrgCode(OrgCode);
            bean.setCaseNo(CaseNo);
            bean.setInTime(InTime);
            bean.setOutTime(OutTime);
            bean.setCoder(Coder);
            bean.setDiags(Diags);
            bean.setOper(Oper);
            bean.setAntype(Antype);

            map.put("code", "200");
            map.put("json", bean);
            return map;
        }
        map.put("code", "500");
        map.put("message", "暂无数据");
        return map;
    }
}
```

附录 D　大文件哈希校验评测

由于后期项目中可能存在大文件(例如 pacs 影像、电子证据实体等)的哈希采集,为保证测试效果,在研发系统之前对各种量级的文件(10MB~3GB)进行了哈希模拟测试,测试过程及性能报告如图 D-1 和图 D-2 所示。

分析得出,文件大小与哈希时间的曲线大概满足 $t=0.026s$,其中 s 为文件大小(单位为 MB), t 为所需要的时间(单位为 s)。即便 3GB 的大文件,也能在 1min 内完成加密,时间上是可以接受的。项目前期主要涉及几条关键字段记录,在性能上可以得到非常好的保障。

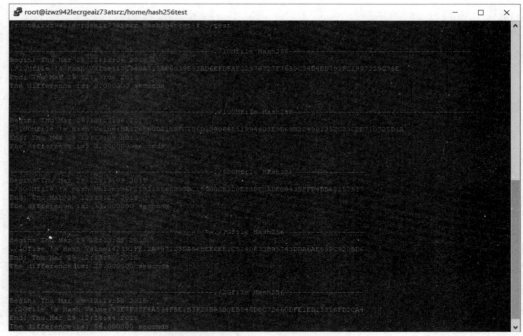

图 D-1 大文件哈希测试

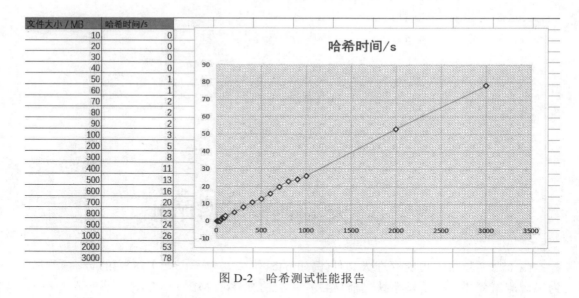

图 D-2 哈希测试性能报告

附录 E 区块链相关企业和组织

E.1 国际企业

- IBM：贡献区块链平台代码到 HyperLedger 项目，推动区块链产业发展，与多家银行和企业进行区块链项目合作。
- DTCC：贡献区块链代码到 HyperLedger 项目。
- Circle：基于区块链的支付应用公司，已获得 6000 万美元 D 轮投资，投资者包括 IDG、百度、中金甲子、广大投资等，目前年交易额超过 10 亿美元。
- Consensus：区块链创业团队，试图打造区块链平台技术和应用支撑，获得多家投资。

E.2 国际组织

- R3 CEV：创立于 2015 年 9 月，总部位于纽约的金融联盟组织，专注于研究和评估基于区块链的金融技术解决方案，由 40 多家国际金融机构组成，包括 Citi、BOA、高盛、摩根、瑞银、IBM、微软等。R3 开源技术已经宣布加入 HyperLedger 项目。
- HyperLedger 社区(https://hyperledger.org)：创立于2015 年 12 月的技术社区，由 Linux 基金会管理，IBM、Accenture、Intel、J.P.Morgan、R3、DAH、DTCC、FUJITSU、HITACHI、SWIFT、Cisco 等多家企业参与成立，试图打造面向企业应用场景的分布式账本平台。
- Ethereum 社区：围绕以太坊区块链平台的开放社区。
- DAO(distributed autonomous organization)：基于以太坊平台的公募基金(众筹)组织或去中心化的风投。众筹资金超过 1.6 亿美元。

E.3 国内学术界

- 清华大学区块链研究中心。
- 北京大学信息科学技术学院区块链中心。
- 武汉大学国家网络安全学院密码学与区块链技术实验室。
- 深圳大学传播学院科技传播研究所。

E.4 国内企业

- 中国电信：研究区块链相关技术，包括去中心化共享经济平台等。
- 世纪互联：投资区块链技术团队，牵头成立"中关村区块链产业联盟"。
- 银联：关注区块链相关技术，尝试引入基于区块链的银行业积分系统。
- 能链：专注于能源产品相关的区块链应用。
- 恒生电子：2016 年牵头成立"金链盟"，希望通过区块链技术为金融行业提供更简单的产品。
- 布比：主要关注数字资产管理的技术型创业企业，区块链相关平台和产品。
- 小蚁：主要关注对资产和权益进行数字化，2014 年组建于上海。
- 火币：国内较大的比特币交易代理平台。
- BeLink：关注保险行业积分系统，主要产品为数贝荷包。
- BitSe：主要产品为唯链(Vechain)，面向物品防伪追踪、数字版权管理相关业务。

- 万向集团：投资多家区块链创业团队，致力于推动产业发展。

腾讯、阿里、微众银行、平安、华为也都组建了区块链研发团队，其中阿里云服务也推出了一系列基于区块链架构的业务云服务。

E.5 国内组织

- 中关村区块链产业联盟：2016年2月3日成立于北京，由世纪互联联合清华大学、北京邮电大学等高校，中国通信学会、中国联通研究院等运营商，以及集佳、布比网络等公司发起。
- ChinaLedger：2016年4月成立于上海，成员包括中证机构间报价系统股份有限公司、中钞信用卡产业发展有限公司、北京智能卡技术研究院、万向区块链实验室、浙江股权交易中心、深圳招银前海金融资产交易中心、厦门国际金融资产交易中心、大连飞创信息技术有限公司、通联支付网络服务股份有限公司、上海矩真金融信息服务有限公司、深圳瀚德创客金融投资有限公司、乐视金融等。
- 金融区块链合作联盟(金链盟)：2016年5月31日成立于深圳，包括平安银行、恒生电子、京东金融、腾讯微众银行、华为、南方基金、国信证券、安信证券、招商证券、博时基金等25家公司或机构。

参考文献

[1] 章宁，钟珊. 基于区块链的个人隐私保护机制[J]. 计算机应用，2017.

[2] 黄晓艳. 区块链创建信任——访中国工程院院士陈纯[J]. 高科技与产业化，2017(7).

[3] 结城浩. 图解密码技术[M]. 北京：人民邮电技术，2016.

[4] 申屠青春. 区块链开发指南[M]. 北京：机械工业出版社，2019.

[5] 徐明星. 通证经济[M]. 北京：中信出版集团，2017.

[6] 纳拉扬-普鲁斯蒂. 区块链项目开发指南[M]. 北京：机械工业出版社，2018.

[7] 郑雷. 区块链时代[M]. 北京：化学工业出版社，2019.

[8] 朱志文. Node.js 区块链开发[M]. 北京：机械工业出版社，2018.

[9] 邹均，张海宁，等. 区块链技术指南[M]. 北京：机械工业出版社，2016.

[10] 大数据战略重点实验室. 秩序互联网与主权区块链(块数据 3.0)[M]. 北京：中信出版社，2017.

[11] 蒋勇，文延续，等. 白话区块链[M]. 北京：机械工业出版社，2017.

[12] 黄振东. 从零开始学区块链[M]. 北京：清华大学出版社，2017.

[13] 张增骏，董宁，等. 深度探索区块链[M]. 北京：机械工业出版社，2018.

[14] 长铗，韩锋，等. 区块链——从数字货币到信用社会[M]. 北京：中信出版社，2016.

[15] 黄连金，吴思进，等. 区块链安全技术指南[M]. 北京：机械工业出版社，2019.

[16] 杨保华. 区块链原理、设计与应用[M]. 北京：机械工业出版社，2017.

[17] 罗金海. 人人都懂区块链[M]. 北京：北京大学出版社，2018.

[16] 裴尧尧. 从零开始自己动手写区块链[M]. 北京：机械工业出版社，2020.

[16] 华为区块链技术开发团队. 区块链技术及应用[M]. 北京：清华大学出版社，2020.

[17] https://en.wikipedia.org/wiki/Hashcash.

[18] https://en.bitcoin.it/wiki/Proof_of_work.

[19] https://en.bitcoin.it/wiki/Block_hashing_algorithm.

[20] https://en.bitcoin.it/wiki/Difficulty.

[21] https://en.bitcoin.it/wiki/Target.

[22] https://en.bitcoin.it/wiki/Address.

[23] https://en.bitcoin.it/wiki/Transaction.

[24] https://en.bitcoin.it/wiki/Script.

[25] https://en.bitcoin.it/wiki/Network.

[26] https://en.bitcoin.it/wiki/Block.